创业公共管理导论

韩晨光 曲绍卫 著

中国社会科学出版社

图书在版编目（CIP）数据

创业公共管理导论／韩晨光，曲绍卫著．—北京：中国社会科学出版社，
2017.1

ISBN 978 - 7 - 5161 - 9829 - 2

Ⅰ.①创… Ⅱ.①韩… ②曲… Ⅲ.①企业管理—研究—中国 Ⅳ.①F279.23

中国版本图书馆 CIP 数据核字（2017）第 025284 号

出 版 人	赵剑英	
责任编辑	刘 芳	
责任校对	刘 娟	
责任印制	李寡寡	

出 版	中国社会科学出版社	
社 址	北京鼓楼西大街甲 158 号	
邮 编	100720	
网 址	http://www.csspw.cn	
发 行 部	010 - 84083685	
门 市 部	010 - 84029450	
经 销	新华书店及其他书店	

印 刷	北京明恒达印务有限公司	
装 订	廊坊市广阳区广增装订厂	
版 次	2017 年 1 月第 1 版	
印 次	2017 年 1 月第 1 次印刷	

开 本	710×1000 1/16	
印 张	17.75	
插 页	2	
字 数	298 千字	
定 价	68.00 元	

序　一

"双创时代"来临,是国家和民族的幸事。面对复杂多变的国内外经济形势,我们从过度依赖资源消耗型的经济结构,向人力资源驱动的经济模式转变,必然要走创新驱动的发展战略。在这样的发展框架下,近年来创新创业逐步成为学术研究的热点。

以往我们对创业管理的认识,无论是在创业学研究领域,还是在管理学、经济学、心理学等交叉学科领域,对于初创型企业管理方面的研究可谓成果丰富。一大批学者,从创业的元认知、创业过程模型建构、创业要素组合、创业人才培养等方面开展了多维度的分析,在研究方法上也渐趋成熟。

近年来研究的趋势,也从创业的一般内部规律发展到创业与环境的互动层面。学者们开始关注创业生态体系,开始关注创业政策体系,开始关注创业教育培养体系。我们的研究视域,关注到微观形态和宏观形态的交互环节。在这样的背景下,韩晨光博士的这本《创业公共管理导论》适时推出了。

这本书,从公共管理的基本内容谈起,串联和总结了"政策""责任""治理""绩效"等公共管理重要概念在创业领域内的体现,并适当加以评价。这本书体系严谨,内容丰富,大量采用了政策、数据、案例等客观分析材料。我认为,中国经济正在探索科技型创业、指数型创业的新模式,这当中,很重要的是要发掘依托高科技创新的创业元素。高校作为大学生创业管理机构,应该对"人"的要素进行靶向式的定位研究,在这样的基础上充分发挥教育的作用,培养出一批批具有创业素质的科技型青年人才。

我认识韩博士多年,和他在教育部创业培训课程研发上有过合作。他是创业教育的一线教师，也具有丰富的创业项目评审经验，同时从事创业指导工作。这本书的出版，是他工作和研究的总结，更是他创业公共管理研究的新起点。

我衷心希望这本书，可以为承担创业管理职责的各级政府、职能机构、各类高校及创业孵化园区的管理人员，提供有益的参考。

李家华

2016 年 10 月

序　二

　　创新创业是我国经济社会发展到一定阶段的必然选择。在知识经济和IT网络信息化时代，实施创新驱动发展战略是我国到 2020 年进入创新型国家的战略决策。高等学校创业教育正是培养具有创新性的创业人才、促进科技成果转化、造就高技术含量企业的有效途径。大学创业教育不仅是一种教育理念，也是一种符合未来社会发展要求的新型教育模式，着重强调培养学生勇于探索、开拓创新精神和适应科技与社会发展的能力，探索高等教育大众化乃至普及化阶段的人才培养模式，促进大学生巨大潜在能量开发并实现自由全面发展。

　　创业教育必然涉及创业教育管理的问题。从学术和现实的角度来看，教育管理是公共管理的研究范畴。近年来，伴随我国大学生创新创业教育的深化和实践探索，不少学者从创业教育的体系、课程、制度设计等视角进行了深入且富有见地的研究，也有学者从教育政策的范畴探讨了创业教育的环境支持问题。《创业公共管理导论》即是公共管理研究在创新创业研究领域的新探索。本书将公共管理当中的一些主流研究内容，引入创业管理尤其是创业教育的管理领域，结合定性分析与定量分析的方法，并针对北京、天津、重庆等地高校和教育主管部门创业教育管理的实践，进行了系统而深入的研究论证，这些内容无疑将为创业教育管理决策提供有益参考。

　　韩晨光是我的硕士和博士生弟子，看到他在学术的海洋里高屋建瓴，以其独特的学术视角和论述风格，写出这部很有学术分量的专著，看到他的进步我非常高兴，值得我很好的学习和思考，同时奉献给读者共享并期待争鸣与雅正。

曲绍卫

2016 年 10 月

目　　录

第 一 章

创业公共管理研究的缘起

> 虽说路途遥远，但已经上路，正在走来。告诉你，他绝不会后退，也不会停下。
>
> ——《双城记》

本书在内容当中没有什么称得上原创性的理论，更多采用的是目前创业学，以及公共管理学当中的一些基本理论。至于实例和数据，一部分取自国家公开数据和学者成果，一部分来自于我这几年从事创业研究的积累。希望这本书可以唤醒公共管理学学者对创业公共管理研究的热情，多出一些精彩的成果。那么附骥者如我，则与有荣焉。

第一节　创业公共管理：创业研究新视野

2012 年中国的创业教育热度已起，2012 年 8 月教育部印发了《普通本科学校创业教育教学基本要求（试行）》，第一次从必修课的定位要求具备条件的高校开展创业教育。这对于全国高校来说绝对是重磅炸弹。

但后来的发展证明，这只不过是中国创业事业发展的前奏。

2014 年，李克强总理在夏季达沃斯论坛及国务院常务会议中，将当下的创业事业与 30 年前改革开放事业相联系，指出以技术创新为代表的多样化创新所体现的创业浪潮，势将带动中国新一轮经济"破茧成蝶"。"大众创业、万众创新"八个字，自此成为各级政府和所有从事创业教育服务人员耳熟能详的时代口号。这样的背景下，挑战伴随机遇暗影潜来。

2016 年初春，我拜访北京科技大学公共管理专业的许放教授。闲谈时他问我，创业管理到底是什么？创业企业的微观管理就是创业管理的全部吗？

国家发改委编写的《2015 年中国大众创业万众创新发展报告》中称，截至 2015 年年末，我国共成立 780 支政府引导基金，已经披露的基金总目标规模达到 21834 亿元。其中，2015 年新设政府引导基金 297 支，已披露的基金总目标规模达到 15090 亿元，实际募资基金已达到 4254 亿元，分别是 2014 年的 2.8 倍、5.2 倍和 2.3 倍。在这样的投入力度下，我们的创业公共管理者们显得有点跟不上节奏。2015 年秋天，我参加教育部在浙江大学举办的全国创业工作培训时，听高校创业教育行政主管们抱怨："创业教育经费投入力度倒是不小，开课也开了不少，效果怎么样还真不清楚，反正别人怎么干咱也怎么干。"主管众创空间的科技管理人员也有疑惑："这几年建立的孵化器和众创空间挺多，省市也给了不少场地补贴，可是孵化效果怎么样？还有一些孵化机构到后来是靠收房租和政府补贴存活的，离孵化的初衷是越来越远了。"

在翻阅了一些资料后，我发现个别问题，如创业环境（主要是政策环境）问题已经有学者做过比较深入的研究，其他的问题也有学者在探索，但大多是在自己的学科领域内耕耘。于是想做一个衔珠串帘的工作，把目前涉及公共管理的创业领域研究引介一些，这就是撰写这本书的初衷。

第二节　创业公共管理研究背景

本书开展的创业公共管理研究，基于三个基本判断。第一，国家启动由就业时代迈向创业时代的步伐。第二，新时期创业浪潮是由政府主导的，其发展的程度考验公共管理的水平。第三，当前的创业学研究方向转变适合开展创业公共管理研究。

早在 10 年前，清华大学发布的《全球创业观察中国报告》中显示，2006 年中国创业指数（百名 18—64 岁的劳动力中参与创业的人数比例）

为 16.2%，属于创业活跃的国家。中国经过 30 年改革开放和市场经济建设积累已经进入一个赶超时代，部分科技领域已经处于国际领先水平。在此大背景下，青年人创业意识已初步建立，创业活动渐成气候。老一辈的柳传志、中生代的马云，一大批创业者以典范的形式被树立，感召了越来越多的青年人投身于创业当中。与之呼应，我国大学生毕业后从事创业活动也渐具规模：2012 年全国大学生当中已有 3.4% 的毕业生选择自己创业。可见，中国正在由就业时代向创业时代迈进，国家也深刻意识到这种转变并努力将其转化为切实的发展动力。

政府推动的创新创业活动，就是要促使青年，尤其是大学生高素质人才，逐步从被动就业向主动创业转型，凭借其创新思维和知识优势，日渐发展成为国家创新创业活动的主体，并担当起带动一般劳动力就业的历史重任。政府从产业结构调整的角度考虑，中国在长期工业发展中得到了全方位的技术积累，在全球竞争中调整产业结构，从工业化向信息化的转型的思路逐步明晰。我国正在由传统的制造大国，向以空天技术、生物技术、深海探索等超级工程为代表的信息化技术型强国之路迈进。这个转型的过程需要大量的创新创意人才储备。我国政府通过政策制定、财政拨款、高校教育、科技专项、孵化器建设等一系列措施主导了这场创新创业活动，而目前创业者的创业活动还远远不能满足国家信息化、技术化的发展诉求，大量的高学历创业者与一般劳动力争夺技术含金量同等的创业领域，其创业的思路仍停留在就业的层面而非基于创新的开创事业。这样的创业结构是和国家发展战略严重不符的。如何扭转这一现象，保证各个层面创业的良性发展，考验政府创业公共管理的水平。

美国管理学家德鲁克提出，通过学习和实践可以获得创业和创新所需要的能力。这就意味着创业研究开始关注创业现象本身，将创业从个别人的传奇还原给一般大众，这是创业研究取得重大进展的前提。随着创业活动在全球范围内活跃程度的加强，创业研究也蓬勃发展起来。早期的创业研究者认为，创业是少数人具有天赋的特殊活动，其研究的方向主要集中在创业者与管理者以及其他群体之间的差异，识别创业者在成就感、风险承担等方面的心理素质，并且形成了创业研究的特质学派。在相当长的一段时间里，特质论派片面地把创业归结为少数人的基于天赋的特殊行为，抑制了创业研究为管理理论做出学术贡献的能力，从而导致创业研究沦为心理学与行为科学研究的附属品。随着研究的不断深入，学界开始关注创业者行为和总结创业过程的规律，将创业作为一个涵盖社会学、经济学、心理学、管理学等众多学科领域的交叉学科而成为一个独立学术领域的呼声越来越强。总结过去的创业研究成果，不难发现创业研究越来越关注创业现象，从简单描述创业过程逐渐发展到深入揭示创业过程的内在机理，于此开展针对性强的创业公共管理研究可谓恰逢其时。

第三节　创业公共管理文献梳理

一　创业研究概况

20 世纪后半叶以降，国内外对于创业的研究得到了快速发展，吸引众多学者在此领域不断进行探索。这些学科包括管理学、经济学、法学、教育学、心理学、商业伦理学、社会学等。纵观这些不同角度的创业理论，大致可以将其分成"四大视角七个方向"。在创业研究走向分化的过程中，"创业"理念逐步体现出创业者（创业）区别于企业家（经营）的特性。

（一）经济学视角的创业研究

经济学家关注的创业，聚焦于"决策与风险""创新与发展"。

法国经济学家 Cantillon 早在 1755 年就把 entrepreneur（创业者，企业家）一词作为术语引入经济学。他认为，创业者要承担以固定价格买入商品并以不确定的价格将其卖出的风险，创业者的报酬就是卖出价与买入价之差。如果创业者准确地洞察把握了市场机会则赚取利润，反之则承担了风险。奈特赋予了创业者不确定性决策者的角色，他认为有更好管理才能（特指远见和统治他人）的人具有控制权，而其他人在他们的指挥下工作。对自己的判断有自信心和在行动中能坚持这一判断的人擅长承担风险。在企业中存在着一个特殊的创业者阶层负责指导企业的经济活动，创业者向那些提供生产服务的人（多疑和胆小的人）保证一份固定的收入，以换取对实际结果的拥有。熊彼特赋予创业者以"创新者"的形象，认为创业者的职能就是实现生产要素重新组合。创业是实现创新的过程，而创新是创业的本质和手段。熊彼特强调创业者的职能主要不在于发明某种东西或创造供企业利用的条件，而在于有办法促使人们去完成这些事情。他进一步认为经济体系发展的根源在于创业活动，创业是经济过程本身的主要推动力。①

（二）战略管理学视角的创业研究

近几年来，一些战略管理方面的学者广泛采用战略管理方法研究创业活动，把创业过程视为初创企业成长过程中的战略管理过程。Hitt、Ireland、Camp 和 Sexton 认为创造企业财富是创业和战略管理共同的核心问题，创业和战略管理可以在以下 6 种手段上进行融合：创新、网络、国际化、组织学习、高层管理团队及其治理、企业增长。② Zahra 和 Dess 认为不应该严格区分创业研究与战略管理，相反，存在着很多整合战略管理研究和创业研究的机会。③

（三）社会学视角的创业研究

社会学者关注"环境与网络""个人与机会"语境下的创业。

一些社会学者探讨了社会环境网络对于企业创业的影响。Woodward 认为社会网络在帮助创业者建立和发展企业时扮演了积极的角色，例如个人的社会网络特性可以提高他去实际开办一家企业的概率，而成功的创业者往往会花费大量的时间去建立个人的社会网络，以此帮助新创企业的成长，当创业者能够通过社会网络得到充足而及时的资源时，他就容易取得成功。④

还有一些社会学者从个体的角度探讨社会环境下"存在有利可图的机会"和"存在有进取心的个人"这两者如何相结合。Shane 和 Venkataraman 指出，不同人所识别的创业机会在质量上是有变化的，进一步提出

---

① 林强、姜彦福、张健：《创业理论及其架构分析》，《经济研究》2001 年第 9 期，第 85—93 页。

② Ireland R.，Hitt M.，Camp S. &Sexton D，"Integrating Entrepreneurship and Strategic Management Actions to Create Firm Wealth"，*Academy of Management Executive*，2001，Vol. 15，pp. 49—64.

③ Zahra，S.，&Dess G.，*Entrepreneurship as a Field of Research：Encouraging Dialogue and Debate*，*Academy of Management Review*，2001，Vol. 26，pp. 8—10.

④ 参见 Woodward W.，*A Social Network Theory of Entrepreneurship：an Empirical Study*，University of North Carolina at Chapel Hill. 1988。

了创业研究应该以机会为线索展开。① Singh 认为以往的创业研究缺乏清晰的边界和独特的变量。对于创业机会的识别和利用可以是支撑创业这一独特领域的概念，而且应该成为该领域研究的核心问题。②

（四）心理学视角的创业研究。

心理学者强调从创业者的心理特性，特别是认知特性角度来研究创业，并强调创业者的认知想象力等主观因素。Casson 认为，创业者是擅长于对稀缺资源的协调利用做出明智决断的人。③ 柯斯纳认为创业者具有一般人所不具有的能够敏锐地发现市场获得机会的"敏感"，只有具备这种敏感的人才能被称为创业者。这种敏感使得创业者能够以高于进价的售价销售商品。发现未被利用的机会需要敏感，计算能力无济于事，节俭和追求最大产出也不是创业者所需具备的特点。④

二　创业微观管理研究

国内目前开展创业管理的研究，主要围绕企业微观层面的管理。这当中主流的研究，主要是在蒂蒙斯创业过程管理理论的基础上有所增益。因此本书将对蒂蒙斯的创业过程管理理论进行介绍。

（一）创业过程管理理论的创立

蒂蒙斯（J. A. Timmons）是美国创业教育和研究的标志性人物，也是创业过程管理理论的主要提出者。20 世纪 70 年代以来开始的石油危机严重影响了西方经济，高失业率迫使许多人选择创业来摆脱经济和生活困境。蒂蒙斯在 1973 年针对当时新企业创建的一系列问题进行探讨和总结，例如创业团队建立时应采用何种方式、掌握何种技能，所有权和行使权应如何分配，应投入多少资金和资源等，以帮助创业者和管理团队避免陷入误区。另外蒂蒙斯提出创建和发展企业是一个动态的过程，没有动态发展

---

① Shane S. &Venkataraman S. , the Promise of Entrepreneurship as a Field of Research. Academy of Management Review , 2000 , Vol. 25 , pp. 217—226.

② Singh R. , A Comment on Developing the Field of Entrepreneurship through the Study of Opportunity Recognition and Exploitation , Academy of Management Review , 2001 , Vol. 26 , pp. 20—22.

③ 参见 Casson M. , the Entrepreneur, an Economic Theory, and Totowa, NJ: Barnes&Noble Boos, 1982。

④ 参见黄群慧《企业家激励约束与国有企业改革》，中国人民大学出版社 2000 年版。

观念的企业团队无法建立完善的机制进行内部调节，这在一定程度上让学界对创业过程有了新的认识。

蒂蒙斯提出的创业管理模式主要是将机会、创业团队和资源三者做出最适当搭配，且要根据事业发展做出动态平衡。创业流程由机会所启动，在组成创业团队之后取得必要的资源，创业计划方能顺利开展。① 在创业前期机会的发掘与选择最为关键，创业初期的重点则在于团队的组成，当新事业顺利启动后才会增加对于资源的需求。由此可见蒂蒙斯的模型十分强调弹性与动态平衡，他认为创业活动随着时空变迁，机会、团队、资源等三项因素会因比重发生变化而产生失衡的现象。良好的创业管理必须要能及时地进行调整掌握当时的活动重心，使创业活动重新获得平衡。创业过程中由于机会的模糊、市场的不确定性、资本市场的风险以及外在环境的变迁等经常影响到创业活动，使得创业过程充满了风险，因此就必须要依靠创业者的领导、创造力与沟通能力来发掘问题，掌握关键要素，弹性调整机会、资源、团队三个层面的搭配组合以使新事业能够顺利进行。

在蒂蒙斯创业过程管理模型图当中，三个核心要素构成一个倒立的三角形，创业团队位于三角形的底部。创业初始阶段商业机会较大而资源较为缺乏，三角形将向左边倾斜；随着企业的发展企业拥有较多的资源，但这时原有的商业机会可能变得相对有限，这就导致另一种不均衡。创业领导者及创业需要不断探求更大的商业机会，进行资源的合理运用，使企业发展保持合适的平衡。这三者的不断调整最终实现了动态均衡，这就是新创企业发展的实际过程。蒂蒙斯创业过程管理模型始终坚持三要素间的动态性、连续性和互动性。②

此模型认为创业是一个高度动态的过程，其中机会、资源、创业团队是创业过程最重要的驱动因素：商业机会是创业过程的核心要素，创业的核心是发现和开发机会，并利用机会实施创业，因此，识别与评估市场机会是创业过程的起点，也是创业过程中一个具有关键意义的阶段；资源是创业过程的必要支持，为了合理利用和控制资源创业者往往要竭力设计创

---

① 参见 Timmons, J. A., *New venture creation*, Singapore：McGraw-Hilh, 1999。
② 董保宝、葛宝山：《经典创业模型回顾与比较》，《外国经济与管理》2008 年第 3 期，第19—28 页。

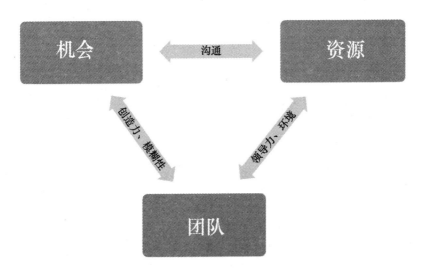

图1-1 蒂蒙斯创业过程管理模型图

业精巧、用资谨慎的战略,这种战略往往对新创企业极为重要;创业团队是新创企业的关键组织要素。创业领导人和创业团队必备的基本素质包括较强的学习能力、能够自如地对付逆境、有正直诚实的品质、富有决心与恒心、创造力、领导能力、沟通能力,但最为重要的是团队要具有柔性能够适应市场环境的变化。

(二)创业过程管理理论的完善

创业过程管理理论自提出后,就得到了创业研究领域的认可和深入研究。蒂蒙斯本人在创业过程理论研究中也具有留待后人发展的空间。例如,蒂蒙斯强调机会与资源之间的互动关系,但由于受到当时公共管理学科的发展局限,导致在早期没有将资源(包括政府资源)作为主导要素,仅在著作中介绍了资源的需求特征与方式以及商业计划的制作等,这与当下创业研究视域中的资源观有很大不同。克里斯蒂安在2000年发展了蒂蒙斯理论,他认为创业管理的整个焦点应该放在创业者(Entrepreneur)与新事业(New Venture)之间的互动。① 克里斯蒂安理论说明如何发展创

---

① Christian B., and P-A. Julien, "Defining the field of research in entrepreneurship", *Journal of Business Review*, 2000, Vol. 16, pp. 165—180.

业者的创业能力将是创业管理工作上的一大重点。其所强调的"创业者随着环境变迁而动态调整创业模式的能力"都与人格特质的关联性不高，也可说明创业者的创业行为确实可以经由系统的创业管理加以影响。

三 创业公共管理研究

公共管理的范畴目前存在两种观点：广义观点认为，公共管理不仅包含政府政治和行政两个方面，还包括其他非政府部门对公共事务的管理；狭义观点认为公共管理只是政府行政管理的一个方面。本书重点关注的是狭义公共管理。

20 世纪 30 年代的经济大萧条，宣告了斯密传统的古典经济自由主义的终结。凯恩斯在《国家经济论》中提出，在 1929 年，无论是政府官僚，还是总统伟人，都不可能再推行那种强有力的经济自由主义思潮，巨大的转向注定了一个更具干涉主义色彩的时代必然来临。[①] 此时，凯恩斯主义摒弃了经济自由主义的"政府守夜人"的教条，主张政府对私有经济进行积极干预与管理，以避免经济形态遭遇灭顶之灾。在这种时代背景下，传统公共管理理论得到了迅速发展。这也是创业作为市场经济行为接受公共管理的历史背景。

时至 20 世纪 70 年代，全球化、信息化与国际竞争加剧，政府自身面临财政、管理与信任危机，西方要求政府改革的呼声渐起。在这种情况下，以官僚制为基础的传统公共行政模式遭到了普遍的质疑和批判。澳大利亚莫纳什大学公共管理学教授休斯（Owen. E. Hughes）认为，传统公共行政管理模式存在三大问题：第一，传统的行政模式无法反映出现代公共服务所承担的广泛的、管理的及政策制定的角色；第二，韦伯的官僚制模式强调不透明性、组织僵化及等级制的特性，使得它不可避免地会与民主制发生冲突；第三，政府官僚制大大限制了个人自由，官僚制模式显然不如市场过程更有效率。[②]

---

① ［美］约翰·沃克、哈罗德·瓦特：《美国大政府的兴起》，刘进、毛喻原译，重庆出版社 2001 年版，"序言"。

② ［澳］欧文·休斯：《公共管理导论》，彭和平等译，中国人民大学出版社 2001 年版，第46—53 页。

从 20 世纪 80 年代开始，世界各主要发达国家掀起了政府改革运动。这场运动起源于英国、美国、澳大利亚和新西兰，目前，这场改革运动在持续的探索中正表现出由浅及深、由窄到广的加速度推进态势。这场政府改革运动有许多不同的称谓："管理主义""新公共管理""重塑政府""再造政府""以市场为基础的公共行政""后官僚制典范""企业型政府"等，到 20 世纪 90 年代后期，人们越来越倾向于使用"新公共管理"这一概念。与这种改革措施相适应，西方国家逐渐产生、发展起来一些关于公共管理的新的理论。这些理论扬弃了传统公共行政的官僚制的基本信条，依据西方经济学、工商管理、政策分析理论等的前提性假设、理论和方法，提出了一整套不同于以前的政府改革思路。①

欧文·休斯总结："新公共管理存在以下 6 个共同点：第一，都代表着一种与传统的公共行政不同的重大变化，较为引人注意的是新公共管理注重结果的实现和管理者个人的责任。第二，明确表示了脱离古典官僚制的意图，欲使组织、人事、任期和条件更有灵活性。第三，明确规定组织和人事目标，以便根据绩效指标对工作任务的完成情况进行测量，对计划议案进行系统评估，追求政府管理的三 E（经济、效率和效能）。第四，资源管理人员不必坚持政治上的中立或无党派立场。第五，运用市场方法管理公共事务，使政府职能更有可能受到市场检验。最后，通过民营化、市场检验和签订合同等方式减少政府职能的趋势。"② 新公共管理的理论尽管遭到了包括休斯教授在内的学者们的质疑，但是，其在世界范围内的影响是毋庸置疑的。其所关注的责任观点、绩效观点、委托代理观点、技术发展观点，都成为创业事业公共管理的重要理论基础。

我国对创业公共管理方面的直接综合性研究目前较少见，较为接近的领域是创业政策研究。国内外目前对创业政策的研究，理论基点多始于瑞典学者 Lundstrom 和 Stevenson 在 2005 年的研究。在对多个国家的情况进行研究之后，他们对创业公共政策进行了归类并提出了关于创业公共政策

①　参见徐增辉《新公共管理研究：兼论其对我国行政改革的启示》，博士学位论文，吉林大学，2005 年。

②　［澳］欧文·休斯：《公共管理导论》，彭和平等译，中国人民大学出版社 2001 年版，第 46—53 页。

的理论框架，根据其框架，创业公共政策主要集中于六个方面：创业促进（entrepreneurship promotion）、创业教育（entrepreneurship education）、启动环境（environment for start-ups）、启动期与种子期融资（start-up and seed capital financing）、启动期的商业支持措施（business support measures for start-ups）和目标群体战略（target group strategies）。这些公共政策的目标主要是为了培育创业文化和培养潜在的创业者群体，减少企业建立所遭遇的壁垒，降低启动和早期阶段的资本约束，加强对于启动项目的商业支持，以及增加非目标群体的创业率。另外，在创业公共政策的类型方面，主要包括中小企业政策的推广、新企业的创业政策、细分创业政策和全面的创业政策。①

第四节　内容安排

本书共分 10 章，第一章和第二章是基本背景介绍。

第一章对为何选择创业的公共管理开展研究进行解释，简单介绍目前创业研究、公共管理研究、创业公共管理研究的相关进展。

第二章以中国创业事业的发展与现状作为本书的基本背景。本书将从创业动因、创业价值、创业活动、创业教育以及创业环境等五个方面梳理 20 世纪末中国创业事业兴起的脉络。

第三章到第八章进入了创业公共管理的理论研究部分，我们要就公共管理当中的几个重要概念在创业领域中的表现进行分析。

第三章介绍公共管理的理论变迁，介绍公共领域中的行政管理，当代公共管理中的基本要素有哪些，以及近年来"治理"语境下公共管理的发展。

第四章要对创业公共政策进行分析。政策是创业公共管理的重要载体，政府通过政策的制定、实行、评价来实施管理行为。本章以 Lundstrom 和 Stevenson 的理论作为分析的经线，从资本政策、门槛政策、商业服务政策、教育政策、特殊群体战略政策等方面梳理我国的创业政策；又

---

① 高建、盖罗它：《国外创业政策的理论研究综述》，《国外社会科学》2007 年第 1 期，第 70—74 页。

以中国市场经济的发展作为纬线，考察我国创业公共管理政策的成长历程与特色。

第五章重点考察"责任"是如何在创业公共管理中发挥核心作用的。现代公共管理围绕责任的分配进行了一系列改革，本章以委托—代理理论、交易成本理论为基础，探讨创业公共管理中的责任内涵、管制行为。

第六章探讨的是创业公共管理中的外部关系。我们要尝试理解公私合作伙伴关系（PPP）在创业公共管理中的应用，以及创业事业管理的外部责任。

第七章主要介绍信息化给创业公共管理技术带来的机遇和挑战。本章将主要介绍大数据思维和云平台技术理论，以及"大数据"时代的创业公共管理策略，以此说明政府如何开展创业公共管理云端环境建设。

第八章探讨创业公共管理的绩效，主要目的是探讨创业管理服务的绩效指标。为此，我们首先要了解传统线性模式下的财政投入管理，接下来分析当前公共财政事业中的绩效改革特征，最后分析创业公共管理中需要怎样的绩效管理。

第九章和第十章研究分析创业公共管理的实践。我们将以地方政府创业公共管理和特定类型大学生创业教育管理为例，从区域管理和垂直管理两个层面分析创业公共管理是如何实现的。

第九章以北京市为例介绍地方政府创业公共管理实践。内容包括北京市促进创业事业发展的战略、北京市创业教育管理及财政投入管理，并且以北京地方高校为样本，分析其创业大学生的培养实效。

第十章我们以科技类专业大学生创业能力培养和创业教育管理的实际情况为例，探讨教育部门的创业公共管理实践及其存在的问题。

需要说明的是，由于笔者长期在高校从事创业教育，限于工作视野，本书中主要的案例大多从创业教育的角度收集和整理。而笔者的关注点，也主要是创业教育事业中的公共管理。这一点，务请读者周知并谅解。

本章小结

这本书撰写的初衷，是将公共管理学当中的一些核心问题引入到创业管理研究当中。开展这项工作的依据，是国家启动由就业时代迈向创业时代的步伐，新时期创业浪潮由政府主导其发展的程度考验公共管理的水平，当前的创业学研究方向转变适合开展创业公共管理研究。

目前创业学和公共管理学的发展为这个领域的研究提供了较好的基础。创业微观管理研究已经相对成熟，公共管理学所关注的责任观点、绩效观点、委托代理观点、技术发展观点，都成为创业事业公共管理的重要理论基础。我国对创业公共管理方面的直接综合性研究目前较少见，较为接近的领域是创业政策研究。

第 二 章

中国创业背景与现状

> 我们将以创新引领经济转型升级。创新是发展的第一动力，是供给侧结构性改革的重要内容。我们要深入实施创新驱动发展战略，加快建设创新型国家，要运用好创新的理念，就需要发展新经济，培育新动能，就需要推进大众创业、万众创新。
>
> ——李克强在 2016 年第十届夏季达沃斯
> 论坛开幕式上的致辞（节选）

我们有时会惊叹这几年中国创业事业的发展速度。但将视线投放到 20 年前，就会发现中国的创业事业自 20 世纪 90 年代末至今并未停下脚步，只是近几年到了一个冲刺高峰。我国创业事业具有长足的发展，也存在不少问题和缺陷。为了深入分析当前创业公共管理的基本格局，有必要从创业的动因开始，就当代创业的价值、创业的活动、创业的教育以及创业的环境进行鸟瞰式的全面梳理。

第一节　创业动因

创业动因是激励创业者为了达成目标、愿景和期望而进行创业行为的驱动因素。创业动因的结构是外在环境与内在心理要素有机的结合。外在环境所揭示的是创业的外在拉动因素，包括社会变迁、舆论支持和家庭影响因素，即具备了某种条件或得到了某些资源，获得创业利好消息，据此判断存在创业的可能性后选择创业的外部要素。内在心理因素所揭示的是创业者基于个体心理特质和价值观的推动因素，包括对财富、社会地位、公民责任感等自我实现因素的诉求，即创业者为了满足内心需求而进行一种有目的性的主动创业。创业动因是外在环境拉动与内在心理需求双轴发力的综合体系。

一　创业外在动因

"转型社会"是我国创业事业的外在动因的关键词。历史性地看待我国工业信息化与城市化进程中的社会经济转型特点，就会理解当前创业浪潮生发的社会原点。新中国成立以来，中国经济社会结构演变的发展道路，先后经历了几个不同的转型阶段：一是 1949 年到 1977 年，计划经济体制下的城乡二元经济社会结构分割和强化阶段。二是 1978 年至 1991 年，农村改革和农村工业化迅速发展所伴随的二元经济社会结构开始解体，并逐步转向三元经济社会结构，即农业部门、乡镇企业部门、城镇正规部门。三是 1992 年之后，建立和完善社会主义市场经济体制和城市化迅速发展所伴随的"四元经济社会结构"，即农业部门、乡镇企业部门、城镇正规部门与城镇非正规部门。[①] 这是一个不断实现中国工业化与城市化的重大转型历史过程，无论是从人口规模，还是从转变方式，都是世界现代历史所未有过的。

在四元格局的历史条件下，城乡经济结构板结化消解，部门结合处向外开放大量生产经营领域，个体的自主选择性前所未有的增强，技术类、服务类、创意类产业领域"机会窗"开始出现，是广大初创企业者作为轻资产特征者可以发挥重大作用的区域。在此时代背景下，青年创业者作为创业真正主体之一而非典型特例开始出现在社会和公众的视野。

转型期社会的政策导向，以及成功创业典型的树立，也在激励国人开展创业：政府历年来出台一系列创业优惠政策，如税收政策及专门的创业支持计划等；社会公益慈善组织和企业家群体出于社会责任意识，也成规模地参与创业帮扶体系；学校为追求就业率和招生率，也加大了青年的创业能力培训和教育，创建创业教育体系和创业实践平台。在政府、社会、学校所营造的扶持创业环境下，越来越多的人走向创业之路。

---

① 胡鞍钢、马伟：《现代中国经济社会转型：从二元结构到四元结构（1949—2009）》，《清华大学学报》（哲学社会科学版）2012 年第 1 期，第 16—29 页。

历经 30 年的市场经济建设，我们培养并造就了一大批卓有成效的创业者，这些通过合法生产经营成功创业的企业家成为时代的楷模，甚至被冠以时代英雄的称谓，重新诠释社会对成功者及价值的定义。这些创业者成功创业的事迹激励着广大高素质的后来者，使不少人产生了追求自我价值的期望，促使其在创业方面产生意愿、增强自信、提升斗志，也使其有了更多元化、清晰化的人生目标与价值追求。

二　创业内在动因

创业内在动因，可以被理解为引起和维持个体从事创业活动，使活动朝向某些特定目标的内部动力原因，是鼓励和引导个体为实现创业成功而行动的内在力量。创业者内部动因主要包括实现个人独立、挑战自我、获得成就感、提升自身地位、获得财富、得到社会认可、检验创意想法、解决个人就业、促进国家经济发展、为社会做贡献等内容。

其中，精神要素可以包括挑战自我、获得成就感、检验创意想法等内容，反映了创业者希望通过创业来实现自我理想的愿望。当代创业者从好的发展特征上判断，推崇活跃的创新思想，容易接受科技前沿的新鲜事物，兼具浪漫情怀和理性务实的精神，有着基于实现自我发展和解决社会问题的乐观主义，这些基于人力特质资本的特点，往往造就了他们创业的动力源泉。因此与其他历史时期的创业者群体相比，当代创业者应该具有更加强烈的创新创业精神动机。

成就要素具体包括解决自身就业、提升社会地位、获得社会认可、实现个人独立自由、积累财富等内容，反映了创业者希望通过创业获取权利、财富、地位等外在认可的动机。成就要素类似胜任力理论中的成绩目标，即力求证明与能力有关的实例和业绩，以获得来自外部社会的肯定性评价，而财富和地位正是当前社会主流价值取向下所普遍认可的能力证明。

责任要素包括通过创业促进国家经济发展；带动他人就业、追求社会进步等内容。张凯竣、雷家骕认为，创业作为一项经济与社会活动，对他人和社会都有着积极的影响和带动作用。创业一方面可以增强经济活力，将更多的创新成果转化为商品，通过创造新的价值促进国家经济发展；另一方面可以缓解就业压力，帮助更多的人共同致富、实现梦想，以此推动社会不断进步。①

在国家经济社会转型的过程中，创业者的个人价值取向更加受到尊重，个体自主选择性增强。许多青年创业者把握机遇，通过创业实现了个人事业发展和财富增长，同时又促成了社会分配、社会秩序和社会结构加速变化，促进了新型社会价值观重构。创业者创业动因从典型的解决就业的"生存型创业"开始向"生存兼顾发展型"等多元共生型转变，也见证了中国社会经济的发展和变迁。

第二节　创业价值

创业的价值与意义并不局限于创业者自身，它具有深刻的社会发展背景。我国提出鼓励和支持创业，首要的紧迫原因，是要解决十年来日益严峻的就业问题。除此之外，创业还关涉整个社会的稳定与公平，这是时代赋予创业事业的独特价值与重大课题。

一　创业与就业

如果将视野提升至历史的高度，可以较为清晰地发现，引领创业的制度创新与特定历史阶段就业波动直接相关。20 世纪 70 年代末国家政治经济生活逐步走向正轨，1500 万上山下乡知识青年回流城市与在城市本身待业的 750 万青年合流，对计划经济体制下城市国营工矿企业的承载力产生巨大的挑战。在这种就业压力情况下，出现市场化导向的经济改革是破解就业难题的必由之路。私营企业、乡镇企业、股份制企业的出现极大地吸纳了待就业劳动力，我国人口红利真正在经济层面开始兑现。

20 世纪 90 年代，随着国有企业改革进程加快，大量国有企业职工随之下岗，社会面临巨大的就业压力。正是下岗职工的再就业和创业，在某种程度上解放了我们现代的企业，为后来各项经济改革发展走向深入做出了巨大的贡献。

从国际比较的经验来看，美国第二次世界大战之后面临退伍军人归国

---

① 张凯竣、雷家骕：《基于成就目标理论的青年创业动机研究》，《科学学研究》2012 年第 8 期，第 103—109 页。

就业浪潮，为了妥善安置退伍军人就业，缓解短期就业聚集式压力，美国政府通过立法实行以保障退伍军人的职业复原、文官录用中的优待、免费教育等为主要内容的就业政策，破解了美国由战时经济向和平经济转轨过程中退伍军人的就业难题，成功地实现了退伍军人的角色转换。返回校园读书提升就业能力的退役军人当中出现了很多优秀的政治家、企业家，促进了美国经济的繁荣与社会的稳定。

进入 21 世纪以来，全球经济形势起伏不定，国家正面临向全面改革进发的比较特殊的历史时期，经济、社会、政治上的敏感问题相对突出，就业矛盾比较尖锐，且存在结构性调整的迫切需要。依靠农业和传统城镇工业释放就业压力的空间已非常狭窄，这种趋势早在 10 年前就存在了。据周天勇 2006 年对 2004 年经济普查结果进行研究的结论，2004 年乡镇企业缩水后的中国劳动力三次产业就业比例为 59:21:20，此就业结构为日本 1915 年时的水平，韩国 1965 年左右水平，中国台湾 1955 年水平。从城镇就业形势来看，如果按照 1990 年的城镇人口从业水平推算 2005 年城镇人口实际失业率已经达到 17.74%。由于人口动态规模巨大，2005 年至 2010 年的 5 年中，农村剩余劳动力转移、城镇新增劳动力、企业改革和产业调整劳动力、消化往年失业等四大就业压力，需要每年平均提供 2400 万个就业机会。① 如果通过以青年为代表的创业一代实现创业解决社会就业问题，其为整个中国社会发展做出的贡献无可估量。

二　创业的社会意义

从社会发展的更深处挖掘创业的价值，可以看到这项事业与社会稳定与社会公平之间不可分割的联系。近几十年中国的社会转型，实际上是以经济结构转型为核心，以调整社会结构为主线，一方面通过城乡的一体化进程来实现居民公共服务水平均等化，分享改革开放发展的成果保持社会福利；另一方面则力求提高各类经济体的发展潜力，通过强化新兴工业与服务业为主导，提升组织与个人的创新能力和竞争能力，保持社会积极进取的发展活力，以此达到社会发展高效性与公平性协调统一。但目前来

---

① 周天勇：《鼓励创业和就业是社会公平的基础》，《审计与理财》2006 年第 11 期，第 5—6 页。

看，社会经济发展转型的速度和稳定性存在不小差距。

上文提及的就业问题是社会发展稳定性的主要表现特征之一，而城乡收入分配差距的悬殊，则体现出社会发展公平性难题。社会分配不公和贫富差距的拉大具有代表性的现象就是"拉美陷阱"。概言之，"拉美陷阱"就是在传统农业占比重较大的情况下，实施"进口替代"的工业化战略，优先发展重工业和大型企业，小微企业数量较少，从而导致剩余劳动力的比较优势无法得到发挥，中等收入人口比例少，失业导致贫困和绝对贫困人口较多，财富集中在少数人手中，整个社会的阶层结构呈现"金字塔"形，而较早的民主化进程又迫使政府给大量的失业者、低收入者提供与国力和财力不相适应的社会保障。于是在外债和财政赤字压迫下一国经济通货膨胀严重，金融潜伏危机或者发生动荡。缺少了小微企业拉动就业，是拉丁美洲一些国家与东亚一些国家和地区相比贫富差距较大的基本原因之一。

通过对 2005 年至 2015 年 10 年间我国收入分配差距基尼系数的整理，发现尽管从 2008 年以来基尼系数基本呈下降趋势，但均处于公认为警戒线的 0.40 以上，表明我国收入分配差距过大、社会发展失衡的情况仍未到可以安心无忧的地步。

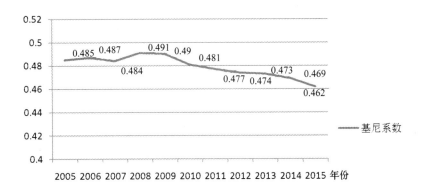

图 2-1　2003—2013 年中国大陆地区基尼系数变动①

在收入差距扩大方面，尽管国家正在下大力对腐败、税收和公共财政

---

① 本图数据由国家统计局公布数据计算得出。

体制不当等形成的问题进行整顿和调整，但是部分地区在发展道路、体制和政策上鼓励"做大做强"的思路仍有惯性的延续，在管制和收费体制以及企业导向性的政策方面，相对忽视微型和中小企业的发展，造成群众深层次的收入差距拉大。从这一角度考虑，大力支持科技型小微企业发展，鼓励创业者依靠自己的创意创新开展创业活动，制定符合微型和中小企业发展方向和规律的战略、体制和政策，可以在未来的发展中，造就一批相当数量的中等收入者，提供大量劳动力的就业岗位，从根本上消除低收入和绝对贫困的人口，解决在分配差距方面的问题，避免如部分拉美国家一样陷入越发展越危险的困境。

第三节　创业活动

从创业者的行为特征来看，早期创业活动目的是在实践中学习，强调创业经验积累。高级别创业活动形式，随创业者创业能力和资源不同而有所区别，最高级别的创业活动是以创新概念为前导，有效整合机会、资源、人力的复合形式，对创业者的能力有很高要求，其创业的价值也相对较高，是社会发展最为需要的驱动力来源之一。我国在经济社会发展过程中出于中国实践，也诞生了一些具有中国特色的创业活动。

一　创业活动基本范式

按照"蒂蒙斯—克里斯蒂安"创业过程管理理论的内容，可以将创业者活动范式的构成要素分成三类：企业资源、创业者能力、商机价值（盈利）。由于项目商机和内外部资源利用的过程不是一成不变，因此创业活动也不是一个静态过程，而是一个在机会及资源条件变化的背景下，创业者能力变化和外部环境变迁不断演化的过程。创业团队不同的组织形式、行业领域以及战略选择，形成了资源与机会结合的不同方式，最终形成不同产品、服务和信息体系，构成了特定的创业活动范式。

创业活动是一个从对市场的判断产生商机创意，通过自身的能力禀赋找寻或生产相关的资源，将商机转化为产品或服务形成商品，再通过创业团队生成互补性资源，开展内部管理和外部经营，并在这个过程中形成一种特定的盈利模式的动态历程。在这一活动历程中，创业者受到不同的内外部因素影响。内部因素包括创业者特质能力、机会使用能力、资源整合能力、项目运作能力等，这些能力的强弱都会影响个体创业偏好和创业方向。外部因素包括创业项目门槛、创业政策支持程度、经费筹措程度、环境友好程度、发展持续程度等，外部制约因素也会影响创业者的倾向和发展方向。根据创业活动的复杂性和影响要素的价值特性，可以把创业活动的范式由低级到高级划分为四种不同的类型：经验主导型、复制主导型、技术主导型以及创新主导型。

（一）经验主导型

经验主导型是创业最简单也是最常见的一种模式。一方面创业者受到商业知识、创业经验、创业能力、心理准备不足等内部要素制约；另一方面也受制于资金缺乏、机会判断和使用能力较弱、行业政策导向性不明、可利用的资源受限等外部因素制约。在此情况下创业者的最佳选择，即是在初期进入行业壁垒较低的领域，这种领域开展创业活动的启动资金少，创业者可以在创业过程中逐步实现经验资源和能力的原始积累。

经验主导型的最大优点在于进入门槛低，能够很好地满足创业者培养创业精神，锤炼机会利用能力、团队能力、领导力和沟通能力，提升项目运作能力。目前我国创业群体大多数采用这种方式走上创业之路，其创业资金主要来源于自己积累、合作者的自有资金或者家人的资助，享受政府提供的各项创业扶持和优惠政策进行创业。其创业活动方式大多是个体经营，包含个体工商户和自然人之间的合伙。

北京某大学一个学生在毕业后创办了一个儿童艺术培训中心，她的创业过程比较符合经验主导型的典型特征，以下是对她的访谈节录："我在大学期间学习的是平面设计专业，毕业后想回到家乡——北京房山区韩村河乡开始创业。因为我有绘画方面的特长，我想着开办一所针对儿童的艺术提升机构，但没什么资金实力加入现成的连锁项目，而且之前也没学过经营类的课程，只好和几个要好的朋友一起凑钱开办了一家非常小的书画培训中心，先尝试着做一下，不行转行也来得及。2013 年刚开始的时候一年没有赚到什么钱，都是积累经验，同时我们几个人也都准备各项培训资质的考试，因为我们都不具备专业教师的资格，所以家长们不太信任我们的教学能力。经过 2 年的积累，我们现在基本打开局面了，除了书画还开办了跆拳道和舞蹈培训，我们现在也开始强调品牌意识了，开始有人找我们谈合作加盟的事儿，我们还没有答应。一是因为我们现在还是以个体工商户注册的，需要转制。第二是因为我们还是需要积累市场经验，等品牌成熟了再考虑向外扩张的事情。"

（二）复制主导型

通常可见的复制主导型创业活动形式是商业模式复制、跨区域复制或连锁加盟的方式。借助已有品牌或者成熟的加盟商业运作模式，可以帮助创业者快速锁定市场建立标准化的营运体系，帮助创业者较快实现角色转化进入真实商业情境。但是加盟连锁最大的弱点是微利和品牌欺诈风险，而复制他人的商业模式一旦处置不当，一方面有专有权益侵犯的法律风险，另一方面则有复制不到深层核心要素仅具皮毛的经营风险。这就要求创业者在采取复制型创业活动时，采用发散性和创造性思维，思考如何在既有的模式下发挥自己的激情和创造性，利用所学的知识技能，寻找到新的市场增长点，满足市场未被满足的潜在需求，以此寻求和推动复制主导型创业活动升级，实现创业活动模式的创新。由于复制连锁加盟的市场相对成熟案例相对较多，此不赘述。

（三）技术主导型

随着科学技术作为经济增长的主要因素，技术主导型创业活动已经成为各个国家大力支持的创业活动方式。一大批具有理工科背景的创业者利用良好的技术专长克服资金困境或创业环境中其他不确定因素快速而高效地进入市场。自1951年美国斯坦福创办世界上第一个科技园区——斯坦福工业园以来，科技创业主导型创业活动已成为驱动美国经济发展的重要动力。硅谷内60%—70%的企业由斯坦福大学的教师和学生创办，惠普的惠利特、微软的比尔·盖茨、戴尔公司的迈克尔·戴尔、甲骨文的拉里·埃里森、谷歌的拉里·佩奇和谢尔盖·布林等人是技术主导青年创业活动的典范。目前我国鼓励高校建立技术转化平台，对进一步完善官产学研创业合作机制促进高校科技成果的转化意义重大，此亦当前教育主管部门鼓励的一种创业活动范式。科技型创业者一般具有敏锐的技术创新能力和较强的技术实现能力，可以对技术的空白进行较为精确的研判，但对技术成果的商业市场转化则不擅长，因而一般多采用技术入股的模式组成创业团队，共同承担创业风险及运营成本。

（四）创新主导型

创新主导型的创业活动，比技术主导型创业活动对创业者内外要素的要求更高。除技术要素之外，还要求创业者具有较高的商业素养和先进的理念，在外部则恰逢改革环境良好、机会窗口开始出现，创造出一种全新的市场思想且外化为产品和服务，从此实现财富积累和组织可持续发展。这种模式下的创业者具有超前预见性和冒险精神，对价值有深刻理解，拥有新颖创意，并能够通过内外资源整合迅速组建互补性团队，实现产品或服务的商业化。创新主导型创业活动要求较高，因此在我国创业者群体中的数量相对较少。

北京某大学的一个学生作为创业团队负责人在北京从事虚拟现实技术研发。他在接受访谈时说过："……在发展方向上，对互联网发展趋势的判断是至关重要的。出于对新事物的敏感，我一直都对行业创新高度关注并收集整理，靠这些来想象未来互联网的模样。今年 6 月份，偶然的一次巧合，刚巧有一位做游戏开发的朋友跟我聊起虚拟现实（VR）技术。让我想起 2014 年 5 月的时候，我参加'Unity 亚洲开发者大会'，本来是去了解 Unity 跨平台游戏开发引擎目前的发展状况，却无意中接触到了 Oculus 公司的虚拟现实眼镜，当时感觉非常震撼，但离生活太遥远，所以没有高度关注。听朋友说，6 月 26 日的'Google I/O 大会'上，谷歌的 Cardboard 虚拟现实纸盒将大家的积极性瞬间点燃了，人人都可以体验虚拟现实，人人都可以开发虚拟现实，人人都可以将自己的虚拟现实应用和谷歌的虚拟地球融合！听到这些信息之后，当晚我将当前的虚拟现实技术收集并认认真真地分析了一遍，觉得下一代互联网真的很有可能就叫'虚拟现实互联网'。虚拟现实互联网以智能眼镜作为硬件载体，因为智能眼镜全息视觉效果震撼、便携性非常高；以谷歌地球等虚拟现实系统作为软件载体，因为智能地球将整个地球高精细模拟、真正 3D 环境；以 Unity 作为开发工具，因为 Unity 是全球最受欢迎的跨平台 3D 开发工具。这样的组合会开发出非常多的让人震撼的新产品，带上智能眼镜，尽情地在虚拟现实世界游览、交友、购物。一想到这些场景，我们就充满了激情！……在团队讨论了当前的行业形势后，我们开始将研发重点从传统的 APP 开发转移到 Unity 跨平台 3D 开发上。……一定要不断进行软件技术研发，软硬一体化，不断优化虚拟现实应用的体验，不断增加虚拟现实系统的功能，力求将视界的感觉淋漓尽致展现出来。"他的创业项目具有从技术主导型向创新主导型转变的特征，其团队不再强调技术的熟练程度，而是基于对虚拟现实对未来生活的影响做出超前预判，认为可能产生全新的思维和生活方式，开始调整自己的企业和发展方向。

总体而言，四种范式之间是由低到高的开放式演进关系，随着内外要素的组合变迁低级方式可以向高级方式转化。技术主导和创新主导的高级创业活动方式符合国家对科技人才、人力资本特征培养的要求，且这一群体在高级创业活动范式中，胜任的表现相较其他群体更具有优势，据此可被认为是我国技术型人才创业活动的发展目标与方向。

二　中国特色创业活动

上述 4 种创业活动的范式是在国际上普遍存在的形式。我国随着政治经济结构的调整与发展，出现了几种比较有特色的创业活动形式，由其载体的不同大致可以分为 3 种：基于高校的创业孵化活动、基于创业计划的创业竞赛活动以及基于村官培养项目的农村创业实践活动。

（一）基于高校的创业孵化活动

尽管世界其他国家也依托高等院校开展创业孵化活动，但由于目前我国创业者的创业教育还不完善，成熟的社会化创业孵化服务机制还没有建立，各级地方政府为克服这一障碍促进创业的发展，更愿意依托高校建立创业园区、创业孵化园、科技园等创业中心。依托高校开展创业孵化活动，主要是因为我国高等院校的主体属于公办性质，政府以财政拨款的形式和垂直化的管理制度，可以在短时间内快速普及创业孵化的规模。在高校的创业中心内不但具有一般意义上的创业服务，如提供法律和财务管理风险咨询、帮助创业企业获得专项项目资金、搭建融资平台以缓解青年的融资难题、开展国际国内项目交流展示等，还可以依托高校资源将高校未转化的技术成果和有志创业的青年进行对接，为在校创业者提供系统化和持续性的创业教育课程。由于在财政投入上相对有保障，可以保证创业孵化活动更具有长期计划性，而不受为学校提供创收任务的干扰，在满足创业企业多种多样的需求的前提下，保证中心内各创业者的创业活动能够有序开展、顺利进行。这样的孵化模式其问题在于受到政策的影响较大，可能出现管理上的行政化和官僚化。

（二）基于创业计划的创业竞赛活动

创业计划竞赛于 20 世纪 80 年代起源于美国高校，虽然我国直到 20 世纪末才出现创业计划竞赛，其发展却很迅速。与其他国家主要由行业发起组织的竞赛不同，我国创业竞赛具有浓厚的政府导向色彩。全国性的创业大赛如"挑战杯""创青春"全国创业大赛等均由共青团中央、教育部等国家级机构发起组织。由于创业计划项目竞赛可以锻炼青年的创业能力、检验创业想法、提高综合素质，因此受到越来越多有意愿开展创业活动的创业者青睐，通过创业计划竞赛项目进行实际创业预演和获得风险投资关注，成为具有创业意向青年的最佳选择。创业计划竞赛一般运行过程是：创业者产生创业想法，组成优势互补的小组，以参加竞赛的形式获得名次或其他奖励。参赛小组可以选择某个已产生或未产生的技术、产品或者服务，但无论存在与否，这些用于参赛的技术、产品（服务）都需要具备现实可行性和良好的市场前景。之后参赛小组需要制订一套完整的创业计划书以供评委审阅，其内容包括企业概述、技术、产品（服务）描述、市场展望、风险因素、投资回报、退出策略、投资管理以及财务预测等方面内容，规模较大的创业竞赛还需要组织面审答辩，最终综合参赛者各个环节的表现确定比赛成绩。

（三）基于村官培养的农村创业实践活动

为解决就业及城乡人才发展不均衡的问题，自 2008 年以来，我国全面启动聘选优秀青年到农村和社区任职的人才交流计划。八年来村官项目为基础地区输入了一大批具有相当专业知识水平的青年人才，推动农村快速发展。为了解决村官任职期满后的去留问题，中共中央组织部办公厅 2010 年 5 月 10 日颁布了《关于做好大学生"村官"有序流动工作的意见》（以下简称《意见》），该意见鼓励村官开展创业实践，要求各地选派村官到农业产业化龙头企业、农业示范园区、专业合作社和专业协会参与实践锻炼，帮助他们在实践中学习创业知识、积累创业经验。建设和完善一批投资小、见效快的村官创业园区和为具有创业优势的村官搭建创业富民平台。认真落实创业扶持政策，加强对村官创业能力的培训，积极为村官创业提供项目论证、技术指导和市场服务信息。该通知明确了 2009 年国务院办公厅《关于加强普通高等学校毕业生就业工作的通知》（国办发〔2009〕3 号）中有关高校毕业生到农村就业创业的鼓励扶持政策适用于村官。要求各地通过多种渠道筹集资金设立村官创业资金,采取担保、贴息、补助等方式帮扶村官创业。在村官任职期满后,国家鼓励村官通过创办农副产品小型加工企业、发展高效农业种植园区、创办专业合作社等就近就地自主创业。在政策的指引下,一大批创业有成青年村官进入企业经营管理者、致富项目带头人、新社会组织负责人队伍,不仅实现个人的自主发展也带动了所在农村走向科技发展和绿色发展的新型农村发展道路。

第四节 创业教育

创业教育源自美国,而在以美国为代表的发达国家,创业教育已经形成较为成熟的体系供后来者学习和借鉴。我国创业教育始自 20 世纪 90 年代,从启蒙期到现在基本可以划分为三个历史阶段。创业教育不仅在高校的层面具有重要的意义,从社会教育的角度来看,对于小微企业的成长也具有十分重要的意义,

一 比较视域下的创业教育

发轫自美国的创业教育目前已呈现席卷全球之势。目前各国和我国港澳台地区优先发展以大学生为代表的创新创业教育取得了一定的成效。美国大学注重对学生创业实践方面的指导,以技术项目为先导、以市场转化为目的整合多项教育资源。张帏、高建[①]以斯坦福大学为例开展分析,该校创业教育主要由两个组织负责设计和执行。工学院科技创业计划组织(STVP)和商学院创业研究中心(CES)配有专职岗位教师,负责对全校的创业教育资源进行统合配置。这两个组织研发了为理工科学生提供的系统创业课程,在实践方面则提供平台帮助有成果转化需要的学生与硅谷企业、天使及风险投资机构、培训机构、各级协会等组织开展对接。它们还组织教师和学生就某一个可能的技术创新机会进行前期研究。这两个组织分别隶属不同学院,利用各自的学科优势为理工科青年创业服务,在此基础上也利用工科与商科天然互补优势开展基础知识传授、专项技能训练等

---

① 张帏、高建:《斯坦福大学创业教育体系和特点的研究》,《科学学与科学技术管理》2006 年第 9 期,第 145—149 页。

教育资源上的互通合作，共同协调建立了多个成功的合作项目。

相对于美国大学偏向实用主义的创业教育指导理念，以英国大学为代表的欧洲大学则注重创业教育的理论深度，由上而下构建青年创业教育体系。王雁等人以剑桥大学为例进行介绍，该校对青年创业的支持由其创业中心（CEC）具体承担，基于摩尔和蒂蒙斯的创业过程理论和模型开发出"激励＋传授＋实施"三阶段的创业教育方案由浅入深开展创业教育。学生首先可以接受如"创业星期二讲座"的选修课程，对"创业是什么""我是否适合创业"和"我如何去创业"展开通识类学习。这一类讲座课程前两个学期各有6次讲座和1次研讨会作为课堂教学补充，邀请实际创业者进行专题演讲。到第三学期由学生依照兴趣和创业方向组成小组，在指导教师带领下参与创业。通过三个学期的课程学习之后，可以参加学校举办的创业大赛，对完成整个课程的学生颁发证书。这一类课程当中有些活动例如参加研讨会或讲座不计学分。当通识类课程选修结束后，学生还可以接受有学分的专业特色课程，该校在生物制药、化学工业、计算机网络等不同专业领域实施不同专业的创业教学。[①]

在亚洲，随着20世纪80年代以来经济发展趋于停滞，技术含量较高的中小企业蓬勃发展。日本政府将创业教育作为国家创新战略的重要组成部分，视其为培养未来富有挑战性人才的战略，积极部署高等教育及基础教育阶段创业教育的实施计划。为了培养能在未来社会驰骋的青年一代，日本政府从环境、教育、制度等方面积极推进创业教育，积极配合产业结构调整人才培养战略，探索创业人才培养的优秀方案，扶持青年技术型创业。日本国内针对创业教育也展开了激烈的讨论，在创业教育的大学模式、大学风险企业、创业教育的社会支援体系、创业教育的地区发展模式以及创业教育的课程开发体系等方面展开了研究。2000年日本教育改革国民会议上提出了创业家精神的概念，强调创业教育应培养学生的创业家精神、生存能力和思维方式。理科大学、研究生院要积极完善风险企业、研究室、共同研究中心等基础设施，将大学与地域的特色产业结合起来。各大学还在原有管理和经营学基础上结合本校特色开展工科创业计划，利

---

① 王雁、孔寒冰、王沛民：《世界一流大学的现代学术职能——英国剑桥大学案例》，《清华大学教育研究》2002年第1期，第32—38页。

用交叉学科优势广泛开设创业课程，比如高知工业大学的创业工学、立命馆大学的创业管理学。[①]

我国台湾地区受到经济形势恶化及少子化现象所带来的生源下降的影响，其高等教育事业面临挑战，毕业生就业创业质量也置于关乎学校存亡的重要位置。台湾地区高校办学以私立学校为主，私立学校中又以科技类大学为主体形式，理工科学生是其培养的重点所在。由此造成了台湾地区创业教育一大特点，即非常重视理工科特色课程的研发与开设。各校综合来看在特定议题方面以科技创业相关课程最多，从开课部门而言创业课程最多的教学单位是商管学院其次是工学院。例如台湾大学 2008 年的"创意创业学程"由文学院、社科学院、管理学院、工学院及电资学院推派教授组成管理委员会。此委员会统筹负责规划及效能评估，课程的推动及执行则由以上五学院各自负责进行。[②] 笔者走访的朝阳科技大学创新育成中心负责人告诉我，台湾地区科技类高校普遍重视理工科青年以自主知识产权成果参加创业竞赛，且与大陆地区创业竞赛政府主导的模式不同，台湾地区主要是由财团法人或社会机构主办，有利于科技知识成果向产业部门的快捷转化。台湾地区高校创业育成中心一般非常强调校企合作，共同提供创业实训机会以提升创业质量。他们部门主要的任务，按照其考核办法规定，是提供完整的育成孵化、技术研发服务，整合全校学术研究、设备研发条件以及人力资源，协助产业创业、提升经营、创新与更新以及人才培训，促进产学合作，贡献产业升级。[③]

二　我国创业教育历程与现状

回顾十多年来的创业教育发展历程，可以将我国大陆地区创业教育的产生及发展壮大分成三个历史阶段。

（一）由探索到试点的启蒙发展阶段

大陆地区探索性开设创业教育的阶段，始自 1997 年，清华大学首次

[①] 李志永：《日本大学创业教育的发展与特点》，《比较教育研究》2009 年第 3 期，第 40—44 页。

[②] 参见台湾大学创意创业学程设置办法（http：//www. ntu. edu. tw/chinese2009）。

[③] 参见朝阳科技大学创新育成中心管理考核办法（http：//www. cyut. edu. tw/~incubatr/chhtml/1_ 1. php）。

以学生创业计划竞赛为载体开始了创业教育的探讨与实践。大陆地区创业教育开创伊始，就强调创业与科技的结合。1998 年 12 月教育部颁布的《面向 21 世纪教育振兴行动计划》中明确提出，要加强对高校师生的创业教育，采取各种有效的措施鼓励他们自主创办高新技术企业。同年，国家科技部、财政部出台了《关于科技型中小企业技术创新基金的暂行规定》，为技术型企业创业提供经费、政策上的实际支持。1999 年第三次全国教育工作会议上，江泽民同志强调要帮助受教育者培养创业意识和创业能力。通过教育部门的努力培养出越来越多不同行业的创业者，就可以为社会创造更多就业机会，对维护社会稳定和繁荣各项事业就会发挥重大的作用。时任分管教育工作的国务院副总理李岚清同志，在会议报告中也提出要探索鼓励高校毕业生自主创业的有效途径和相应的政策措施。通过政府设立小额贴息贷款或借助社会风险投资基金等方式，扶持青年开办、承包和改造企业，特别是小型科技民营企业。在国家领导层的重视下，教育主管部门也对大学生创业者的创业行为表示支持，表现为 2000 年教育部出台了"允许大学生、研究生休学保留学籍创办高新技术企业"的相关决定。这一时期除清华大学外许多高校对创业教育做了有益的初步探索。华东师范大学尝试开设"创业教育课程"，北京航空航天大学依托科技园等机构对在校学生创业给予注册和资金支持，复旦大学教授学生创业基础知识和基本技能，武汉大学实施"三创"教育（创造、创新、创业教育）来提高教学质量培养创业人才等。

（二）由试点到全局的初步发展阶段

2002 年 4 月教育部正式发文，确定清华大学、中国人民大学、北京航空航天大学、上海交通大学、武汉大学、西安交通大学、黑龙江大学、南京经济学院、西北工业大学 9 所大学为我国创业教育试点院校，其任务是探索符合我国发展要求的高校学生创业教育的基本方法和发展模式。在这一时期，教育部多次召开高校学生创业教育工作会议，研究高校创业教育工作如何开展，举办各种创业教育国际学术活动，并开始了高校创业教育骨干教师培训活动着手解决师资问题，积极推动全国高校创业教育的开展。2006 年 7 月财政部、国家税务总局出台政策对大学生创办企业免征所得税的优惠政策。2008 年教育部建立"质量工程"项目，建设了 30 个创业教育类人才培养模式创新实验区，经过几年的实践已经取得了较好的预期成果。这一阶段，国家扶持大学为技术型创业师生建立各级科技园和创新基地，在场地、政策、经费、人员配置上给予优先支持。从中央到地方各级政府出台相关政策扶持创业，形成了以政府为主导鼓励高校自主开展大学生创业教育的发展局面。

（三）由布局到落实的重点推进阶段

2010 年 4 月 23 日，教育部召开视频会议下发《教育部关于大力推进创新创业教育和青年自主创业工作的意见》，标志着创业教育由开篇布局向全面落实逐步推进。在国家管理层面上，以教育部为主建立了高教司、科技司、学生司、全国高校毕业生就业指导中心四部门联动工作机制，形成了"创新创业教育、创业基地建设、创业政策支持、创业服务"四项工作重点推进的格局。在教育教学层面上，2012 年 8 月教育部印发了《普通本科学校创业教育教学基本要求（试行）》对普通本科学校创业教育的教学目标、教学原则、教学内容、教学方法和教学组织做出了明确规定。这项文件的出台标志着创业教育在我国高等教育体系当中被确认为重点发展领域。文件指出，在普通高等学校开展创业教育，是服务国家加快转变经济发展方式、建设创新型国家和人力资源强国的战略举措，是深化高等教育教学改革、提高人才培养质量、促进青年全面发展的重要途径，是落实以创业带动就业、促进高校毕业生充分就业的重要措施。

在文件及随后出台的"创业教育必修课教学指导大纲"中提出，我国创业教育要坚持"面向全体、注重引导、分类施教、结合专业、强化实践"的原则，以教授创业知识为基础，以锻炼创业能力为关键，以培养创业精神为核心，使学生掌握创业的基础知识和基本理论，熟悉创业的基本流程和基本方法，了解创业的法律法规和相关政策，激发学生的创业意识，提高学生的社会责任感、创新精神和创业能力。对创业教师的基本要求是，遵循教育教学规律和人才成长规律，以课堂教学为主渠道，以课外活动社会实践为重要途径，充分利用现代信息技术创新教育教学方法，努力提高创业教育教学质量和水平。对高校要求按照文件规定逐步把创业教育教学纳入学校改革发展规划、人才培养体系和教育教学评估指标当中，体现在学校本科教学质量年度报告中要主动接受社会监督，有条件的高校要开始面向全体学生单独开设"创业基础"必修课。对相关职能部门要求研究制订创业教育教学工作规划和相关制度，统筹协调和组织学校创业教育教学工作，根据专任为主、专兼结合的原则，按照学生人数以及实际教学任务，合理核定专任教师编制，配备足够数量和较高质量的创业教育专任教师。

我国大陆地区创业教育历经近 20 年的发展已初现格局，对创业事业发展提供了知识和人才储备。一大批高学历背景的毕业生以知识技能为核心创办企业，为国家科技创新转化奠定了基础，也为创业教育深入发展提供了宝贵素材。

三　创业教育与小微企业培育

创业的主要组织形式是小微企业，发展小型和微型企业对于国民经济和社会发展具有重要战略意义。一国劳动力就业的规律是总就业的 65%—80% 由微型和中小企业吸纳，微型和中小企业数量越多，则中等收入人口比例越高，失业和就业不足导致的贫困人口比例相对越低。据焦桂芳（2012）统计，经过几十年的发展，到 2012 年我国中小企业已经有 1200 万家，占企业总数的 99%，提供了近 80% 的城镇就业岗位，完成了 75% 以上的企业技术创新。而在中小企业中微型企业大约占 78.5%。[①] 小微企业在增加青年就业、促进经济增长和科技转化、维护社会和谐稳定等方面具有不可替代的作用。但目前我国小微企业的发展依然面临着创新乏力、管理不足、融资困难、人才缺失等问题。荣鹏飞等调查了我国小微企业发展的现状，其研究结果显示目前我国小微企业的平均寿命只有 2.9 年，80% 以上的小微企业难以度过 3 年的生存考验期。[②] 在这样的情势下，小微企业的创业者只有提升企业的创新创业能力，才有可能在激烈的市场竞争中找到发展之路，克服较之于大企业更容易出现的资金、人力、管理方面的劣势与不足。

创业能力提升一方面来自于企业运行过程中的不断学习和经验积累，另一方面则来自于小微企业创办和经营者自身的创业意识与创业素质的培

---

① 焦桂芳：《对当前小微企业发展状况的研究和分析》，《中国商贸》2012 年第 10 期，第 133—134 页。

② 荣鹏飞、葛玉辉、李良容：《小微企业的人力资源管理问题及对策研究》，《中国人力资源开发》2012 年第 5 期，第 36—39 页。

养和提高。由于小微企业普遍规模小、资金少、管理层级扁平，企业的发展战略、产品设计、技术研发、市场开拓、财务融资等决策和经营活动常常由创办者主导完成，因此基于创业者自身的创业能力提升，对于小微企业的健康发展所起的作用更为关键。创业教育开展的效果，对于潜在的小微企业创建者的创业能力具有非常重要的影响。有效的创业教育将创业能力培养前置，帮助小微企业主提前预判企业创立和经营当中的问题，学习相关的知识，通过虚拟和现实相结合的实训方式有效提升其创业能力，从而提高小微企业创办和运营的成功率。

第五节　创业环境

创业环境是指影响或支持创业活动一切外部条件的总称。环境这一概念非常广泛，包含多种要素，这些因素相互作用、相互制约而构成的有机整体。创业与环境的关系，从本质上而言就是人与社会的辩证关系：一方面环境对创业者的创业活动起制约作用，不但环境在时间、空间和内容上直接制约着人的各种活动，国家和地区间不同的社会制度、生产力状况、社会结构、科技水平、教育程度以及民族的习俗、社会传统和文明水平等也都会在宏观和微观层面对创业产生影响。另一方面环境不仅是决定行为的客观条件，同时也会在人们不断地改造和创造中发展变化。人们可以根据社会发展的不同客观趋向和自身创业需要，积极主动确定创业行为。创业者所处的政策环境、教育环境、家庭环境以及产业环境都会对其创业产生影响，下文将主要对除创业教育环境以外的其他三项环境要素展开分析。

一　创业宏观政策环境

创业政策是创业公共管理行为的主要载体。国家对于创业事业的认识是一个渐进的历程，经历了由个别到整体、由试点到全体、由单一到多元的政策发展过程。具体的创业政策分析将在随后的几章展开，本节仅做宏观梳理。

（一）创业的政策环境发展历程

国家对于创业的政策支持探索期是 1999 年至 2002 年，基本和创业教育的启蒙期有重叠之处。在这一时期政府政策呈现出几个特点：一是创业政策从属于"科教兴国"的上位战略目标；二是把推进创业作为改革高校毕业生就业制度的一个试点；三是政策主要依托教育部制定发布，实施的主体则主要是各级各类高校；四是政策大多属于原则性规定，对创业主要是精神鼓励和支持。2003 年至 2007 年，随着大学扩招之后的毕业生逐步走向就业市场，待就业人数剧增，就业形势开始严峻，创业得到政府的关注和重视。国家体认到要促进创业不仅要有创业鼓励措施，还要创造良好的创业环境和市场条件。这一阶段与以往重视高科技领域创业不同，开始重视一般行业的创业，并给予了许多实质性优惠政策，强调在大学生就业领域中重视创业培训的作用。2008 年至今更多部门参与到全面改进创业环境的政策制定和执行当中。金融危机所带来的经济问题叠加就业问题，受其影响创业现象日益成为社会关注的热点问题，成为直接关系社会和谐稳定的大事。国家对青年人才的创新创业的认识提升到改革开放以后中国经济第二次发展的重要驱动力，从这一角度出发，各级政府提出的政策从提供单一的创业技能培训，到提出提供包括创业意识、创业知识、创业技能、创业帮扶的全方位创业服务，希望从源头上促进创业。

（二）青年创业政策环境的现状

十几年来各级政府出台众多促进青年创业的政策，使青年创业活动进入到前所未有的良好发展阶段。其一是促进地方政府加大对创业活动的支持。例如截至 2010 年，地方政府和高校设立的大学生创业资金累计已达 16 亿元，其中省级创业资金 10.85 亿元，地市级资金 2.57 亿元，共建立了 2000 多个创业实习或孵化基地，总面积达 330 万平方米。各地各高校共举办创业大赛、论坛等创业教育活动 2 万余场，参加大学生超过 300 多万人次。① 其二是促进了创业教育活动的开展。在沪教育部直属高校毕业研究生就业工作协调组对全国 24 个省、自治区、直辖市的 117 所大学进行的调研显示，2008 年 117 所高校中的"985 工程"高校已全部开设创业教育课程，"211 工程"高校中仅有 7.69％未开设，非"211 工程"高校中仅有 13.04％未开设。84.96％的高校创办了学生创业社团。在 15922

---

① 杜玉波：《努力开创高校创新创业教育和青年自主创业工作新局面》，《创新与创业教育》2011 年第 5 期，第 3—7 页。

名接受调查的青年中，几乎没有接触过创业教育的只占 14.62%。① 2010
年至 2014 年，国家九大部委又两次出台"大学生创业引领计划"，要求
在 2017 年全国引领 80 万大学生走向创业。这些数据和事例都说明当前我
国对青年的创业政策支持已进入了全面推进阶段。

目前创业政策环境存在制定和执行层面的问题，如 2013 年之前地方
政府把创业政策作为就业政策的一部分来认识和执行，2014 年新的大学
生创业引领计划提出后认识有所转变，但仍有思维惯性需要时间转化。创
业政策的联系度不强，政府各部门以及高校囿于各自行政管属范围之内，
未能充分调动社会力量参与创业事业。从法律和权威性的角度来看，目前
出台的有关大学生创业政策大都以"意见""通知""讲话"等形式存
在，没有经过立法机构的表决通过。从法理而言这些创业政策不具备法律
效力，在领导层换届之后政策是否会出现反复仍旧有待观察。

二　创业家庭环境

国内外多有学者论述家庭环境对创业的影响。我们将从人力资本养成
的角度、家庭关系网络对青年创业的影响角度进行基本的梳理。

（一）家庭对创业人力资本养成的影响

随着 20 世纪 80 年代中国改革开放进程步入稳定阶段，文化、经济环
境日益开放，国家开始实施计划生育的人口政策，青年一代的培养开始出
现前所未有的变化。家庭背景、父母的教育方式对子女的创业人力资本形
成起着决定性作用。这种作用从积极的一面来看，随着物质和精神条件的
改善，以小家庭为基本格局的家庭结构可以为青年提供较为丰厚的物质条
件和集中度更高的亲情环境，青少年可以根据自身的特点和兴趣进行学
习、游戏和社会交往，家长有条件对青少年进行必要的指导和监督，让青
少年在相对自由的家庭教育氛围中逐步成长，眼界相对开阔，接受足够的
学校教育，善于思考以及关注自我实现的需要，这是创业者应该具有的基
本素质。从消极的一面看，随着每个家庭子女数减少以及经济状况的不断

---

① 在沪教育部直属高校毕业研究生就业工作协调组：《高校毕业生自主创业研究课题报
告》，2009 年。参见人民网《大学生创业 75% 有热情仅 2% 有行动》（http://sh.people.com.cn/
GB/138654/9806583.html）。

改善，青少年一代基本上在长辈的庇护下成长，青少年的独立性、自理能力、合作精神、责任感等各个方面的能力没有得到应有的发展。

（二）家庭关系网络对创业的影响。

家庭关系网络是由家庭成员因友谊、血缘、商业、联盟等原因形成的家庭内部与外部的连接关系。家庭个体成员作为节点，通过相互的关系以及对外部成员的关系构成连线，共同组成一种网络状的社会结构。家庭关系网络规模的大小和位置表现了成员的权力、地位、财富、声望，比起规模较小的网络，大的家庭网络蕴含的社会关系较多，信息和人情联系也多，更有助于获取创业所需资源。

肖璐和范明对家庭的社会关系对创业动机和偏好的影响进行了研究，发现社会网络资源越稀缺，生存型创业动机越强。而发展型创业动机是基本生活需求得到满足后产生的，因此认为社会网络资源越丰富，发展型创业动机越强烈。这也和我国传统家庭文化有关，根据荷兰学者霍夫斯泰德的"文化维度"理论，中国人属风险规避型文化，对事物不确定性的容忍程度较低，中国家长更希望子女能安稳地工作和生活而非冒风险创业。[1] 因此当家长自身拥有较高声望、权力、地位或财富时，可能影响子女选择创业的意愿。不同家庭关系网络若引导得法，都会对创业产生积极影响。对于家庭网络规模较大和社会地位较高的创业者来说，由于自身家庭条件较好，有条件与不同行业、不同领域，不同阶层的各类社会成员保持广泛的联系及交往，一旦创业项目与自身的兴趣爱好、特长、市场机会等因素产生交集，成功的可能性较大。而对于家庭网络规模较小和社会阶层较低的创业者来说，创业成为一条证明自己和改善家人生活的较佳途径。据统计，目前我国高校家庭经济困难的学生总数高达 400 多万人，占在校生总数的 20%—25%，家庭经济特别困难学生占 8%—10%。[2] 一旦释放出这一群体的创业想法并妥善引导着力支持，全国可以拓展的创业群体将会极大增加。

---

① 肖璐、范明：《家庭社会网络对青年创业动机的影响机制研究》，《中国科技论坛》2013年第 2 期，第 134—138 页。

② 肖璐、范明：《家庭社会网络对青年创业动机的影响机制研究》，《中国科技论坛》2013年第 2 期，第 136 页。

三　创业产业环境

尽管自全球经验来看企业与创业教育具有十分紧密的联系，我国早期青年创业与产业界的关系却较为疏远。2007年金融危机爆发，历经8年时间全球经济疲软态势未见根本性好转，产业界投资证券或房地产市场风险加大，越来越多的企业家和投资机构开始关注青年的创意创新项目，希望从初期投资当中获得收益，于是积极参与到青年创业的各种活动当中。

企业参与创业，为青年创业者带来了最为缺乏的创业社会实践条件。企业家个人则为青年创业带来积极的人力资本资源。企业家的人力资本特征可以分为两类：一类是技术性人力资本，即企业家本身即是技术创造与资源投入整合的代表，其具有的专业知识、技能通过交流和带队实践可以有效提升青年的专业能力。另一类是制度性人力资本，企业家在创业过程中获取资源、应付不确定性与适应外部环境的知识与技能，内化为个体的社会实践经历和社会经验，这对于偏重技术性的理工科青年来说是非常重要的互补性人力资本资源。良好的企业与学生互动环境，可以给青年提供足够的创业实践空间，独立从事任务的实践活动，学习和掌握产业相关知识，锻炼管理资源、整合组织协调等技能，提高对商业机会的敏感性。在长期与企业界人士的交往和接触中，青年可以总结经营企业的经验教训，磨炼应对压力和风险的心智，提高自身创业的自信心。

从组织的角度，产业界与青年创业的关系则要宏观得多。特定地区的产业集群具有地理接近、企业家网络集中、制度沟通与交流便捷的特点，这样的环境结构对于青年消除对个别企业的偏见和依赖、站在更高层次看待产业和发展方向上有重要的作用。良好的产业集群对青年创业者而言具有较大吸引力，初创企业之所以选择扎根在集群内，是因为其有更多利于创业的市场机会，容易获取的资源和技术，以及比集群外更低的交易和服务成本。产业集群的资源配置方式实现了成本新组合，在自我更新机制下可以更好地促进新企业诞生。

本章小结

自20世纪90年代末至今，我国创业事业具有长足的发展，也存在不少问题和缺陷。为了深入分析创业者创业能力，有必要从创业的动因开始，就创业的价值、创业的活动、创业的教育以及创业的环境进行全面梳理。

创业动因是激励创业者为了达成目标、愿景和期望而进行创业行为的驱力因素。中国人创业动因的结构是外在环境与内在心理要素有机的结合。

创业的价值与意义并不局限于创业者自身，它具有深刻的社会发展背景。我国提出鼓励和支持创业，首要的紧迫原因是要解决十年来日益严峻的就业问题。除此之外，创业还关涉整个社会的稳定与公平，这是时代赋予创业事业的独特价值与重大课题。

创业活动的模式和载体一如舟楫，承载创业者随时间之河的流淌而发展变迁。此外，我国在经济社会发展过程中出于中国实践，也诞生了一些具有中国特色的创业活动，如依赖高校的创业孵化、政府主导的创业大赛、村官创业等。

从比较的角度看待创业教育的发展历程可以发现，世界发达国家包括我国台湾地区均高度重视创业者创业能力的提升与发展。我国大陆地区的创业教育历经"由探索到试点的启蒙发展阶段""由试点到全局的初步发展阶段""由布局到落实的重点推进阶段"三个历史时期，到目前已初具格局，为创业事业发展提供了知识和人才储备。一大批高学历背景的大学毕业生以知识技能为核心，创办了自己的企业，为国家科技创新转化奠定了基础，也为创业教育的深入发展提供了宝贵的素材。

创业环境是指围绕创业产生发展而变化的，影响或支持创业活动发展的一切外部条件的总称。本章对创业者所处的政策环境、教育环境、家庭环境以及产业环境进行了专门研究。

第 三 章

公共管理的理论变迁

子路曰："卫君待子而为政，子将奚先？"

子曰："必也正名乎！"

子路曰："有是哉，子之迂也！奚其正？"

子曰："野哉，由也！君子于其所不知，盖阙如也。名不正，则言不顺；言不顺，则事不成；……故君子名之必可言也，言之必可行也。君子于其言，无所苟而已矣。"

——《论语·子路》

在进入创业领域的公共管理具体分析之前，我们有必要回溯一下公共管理为何事。百年来人们对政府管理职能的态度可谓复杂。经济强势的时候政府最好老老实实去当"守夜人"，市场疲软的时候"干预主义"卷土重来。当前中国的创业事业，一方面承担着振兴经济、引领创新的重任；另一方面又要承续改革开放 30 年经济政治改革的基本共识。因此我们先来梳理一下什么是公共管理，它和行政管理是什么关系，私人与公共管理有何区别，公共管理的特质是什么，以及新的历史时期公共管理的发展趋势。

第一节　公共领域中的管理

多年来，学术界一直在对公共领域中的管理进行研究。首先遇到的问题，就是什么是公共管理，它和行政之间是什么关系，作为"公领域"的管理和"私领域"管理有何区别及联系，这是我们开展下一步研究的基础。

一　何谓公共管理

什么是公共管理？胡德（Hood C.）的观点是："公共管理即国家的艺术，能够松散地被定义为如何设计和管理公共服务的问题，以及政府行政部门的细微工作。"[1] 这里需要指出，国家的艺术的行为主体不仅仅是政府，还应包括其他的公共组织以及公众。波齐曼（Bozeman B.）强调："当代公共管理是某种不同于传统公共行政的东西……与公共行政相比，公共管理更广泛、更综合和更少受功能专门化的限制。"[2]

黄健荣在2005年提出的公共管理定义是这样的："广义而言，公共管理可以界定为：以政府为核心的公共组织和其他社会组织以有效促进公共利益最大化为宗旨，综合运用政治、法律、经济和管理等多种学科的理论与方法，以民主科学的方式行使公共权力，依法制定与执行公共政策、管理社会公共事务、提供公共物品和公共服务的活动。无疑，这样的公共管理是在更少、更深层面上对公共资源的整合和对公共事务的协调管理。"黄健荣随后提出："公共管理是研究公共事务管理，包括政府管理的理论、方法和规律的学科。政府部门是公共管理的重要主体和核心。从研究由政府实施的公共管理活动的视角看，公共管理需要研究（一）政府的地位和作用以及政府与公民的关系；（二）政府机构如何以符合正义、效率与效能兼具及低成本运行的方式服务社会；（三）政府如何有效地管理其自身的或其所控制的资源，以确保政府机构的有效运行和实现政府管理的使命；（四）政府如何协调和促进社会各方面的力量，包括公有和非公有部门、非盈利组织或自愿组织共同努力来解决社会问题，实现和维护公共利益。"[3] 本书主要采用黄健荣教授的观点，并将研究对象限定为主要是政府的公共管理行为。

---

[1]　Hood, C., *the Art of the State：Culture. Rhetoric. and Public Management*, Oxford：Claremont Press, 1998, p. 3.

[2]　Bozeman B, Straussman D J., *Public Management Strategies：Guideline、for Managerial Effectiveness*, San Francisco：Jossey-Bass Publishers, 1999, p. 214.

[3]　黄健荣：《论公共管理之本质特征、时代性及其它》，《公共管理学报》2005年第8期，第23—30页。

二　公共行政与公共管理

大多数学者认为，公共行政和公共管理是有区别的。蔡立辉追溯："公共管理作为公共行政的一个分支，它的产生是公共行政理论研究与实践发展的结果。就理论研究而言，公共行政学自19世纪末20世纪初产生到20世纪60年代，着重研究行政组织的内部取向、机构组成、活动程序、行政原则等行政组织和官僚体制。这一时期公共行政学以管理学为理论基础，科学管理占据了主导地位。以效率、效益为导向的技术视野是这个时期公共行政的标志，追求行政效率是这个时期公共行政理论研究及实践的最高目标。其结果是在前所未有的经济发展时代，长期存在着普遍失业、贫穷、疾病、无知和绝望，导致了各种社会危机，并构成了对现有政治制度的根本威胁。"①

面对公共行政对现实的解释和指导愈加乏力，学者总结出公共行政的"七宗罪"。

（一）官僚制尽管十分强势，但并非所有的场合它都运作良好。人们更多地把官僚视为麻烦和困难的制造者，而不是高效率的创造者。

（二）在实践中试图寻求最佳路径是痴心妄想；殊途同归，解决问题的办法不止一种。最佳路径法思维方式导致管理的僵化，而由私营部门首创的更富弹性的管理制度越来越受到政府的青睐。

（三）官僚制组织并不是提供公共物品与服务的唯一方式，政府可以通过补助金、管制或契约等形式间接地进行公共服务的运作。

（四）政治和行政二分法是一个神话，政治与行政问题在现实中往往互相交织。尽管这种观点在公共行政领域长期以来得到人们的认同，但是其对管理架构的影响并没有发挥出来。

（五）尽管公务员可能会受到公共利益动机的驱动，但是，毫无疑问，他们本身也是政治活动的参与者，他们也为自己的利益而工

---

① 蔡立辉：《论公共管理的特征与方法》，《武汉大学学报》（社会科学版）2002年第7期，第433页。

作，为自己的晋升发展以及为机关的利益而工作。同时，公共利益有不同内涵，这样一个模糊的概念是无效用的。

（六）考虑到私营部门出现的种种变化，那种认为公共服务领域的雇佣需要特殊条件的观点也很难站住脚，传统的终身任职现象在私营部门已经十分罕见。

（七）涉及公共部门运作的许多任务目前被认为是更具有管理性质的，而不是被看作行政性的。这就意味着公务员要对达成的结果负责，而不是对领导负责。①

之后，大部分学者将公共管理当作一种与传统的公共行政学、公共政策范式（途径）相竞争的新范式或新途径。这是目前许多学者的看法，如波齐曼和斯特拉斯曼的《公共管理战略》、雷尼的《理解和管理公共组织》、休斯的《公共管理与行政》以及大量的"新公共管理"或"管理主义"学者的著作。② 休斯教授详细解释："行政在本质上涉及执行指令和服务，而管理涉及的首先是实现结果，其次是管理者要对达成的结果承担个人责任。公共行政是一种公共服务的活动。公共行政关注的是程序，关注的是如何把政策转化为行动，以及机关的管理。而管理不仅包括行政，而且它还涉及组织怎样以效率最大化的方式实现目标，以及对结果负责。这两个要素并不一定存在于传统的行政体制中。公共行政注重的是过程、程序和符合规定，而公共管理涉及的内容则更为广泛。一个公共管理者并不仅仅是执行指令，他关注的是实现结果，并为此承担责任。"③

三　私人管理与公共管理

私人管理和公共管理最大的区别，就在于它们是人类社会两个不同领域里的不同性质的管理活动，公共管理是为维护公共利益由公共管理者对

---

① ［澳］欧文·休斯：《公共管理导论》（第四版），张成福等译，中国人民大学出版社2015年版，第5页。

② 陈振明：《公共管理范式的兴起与特征》，《中国人民大学学报》2001年第1期，第9页。

③ ［澳］欧文·休斯：《公共管理导论》（第四版），张成福等译，中国人民大学出版社2015年版，第3页。

公共领域的公共事务的管理活动，而私人管理则是为实现私人利益最大化由私人管理者对私人领域的私人事务的管理活动。[①]

不可否认的是，公共管理从私人管理领域借鉴吸收了大量有益的成分。这种跨领域共识的取得，是源自人的二重属性。任何一个人都具有二重性身份，一方面人是自然个体，按照马斯洛需要层次理论来说，人首先要解决生存的问题，天然性地谋取私人利益最大化；另一方面人又是社会单元，不可能脱离开公共生活而独自生存，因此，个体人多多少少需要承担公共事业的一部分（无论是工作、纳税、教育还是社交活动），而政府官员更是以担任公共行政管理为专职来维护公共利益，以此维护社会共同体的秩序和运转。

新公共管理理论体现出公私管理交互影响的影子。戴维·奥斯本和特德·盖布勒论述了新公共管理理念下政府借鉴企业管理模式后行为上的转变："1. 起催化作用的政府，掌舵而不是划桨；2. 社区拥有的政府，授权而不是服务；3. 竞争性政府，把竞争机制注入提供服务中去；4. 有使命感的政府，改变照章办事的组织；5. 讲究效果的政府，按效果而不是按投入拨款；6. 受顾客驱使的政府，满足顾客的需要，不是官僚政治的需要；7. 有事业心的政府，有收益而不浪费；8. 有预见的政府，预防而不是治疗；9. 分权的政府，从等级制到参与和协作；10. 以市场为导向的政府，通过市场力量进行变革。"

公共管理和私人管理的差别也是明显的，同时也需要引起创业学者足够的重视。

（一）公共管理的决策更具有强制性

公共管理具有政权赋予的强制权力，公民要遵从决定，缴纳税款，国家可以强制收购公民的财产，公民接受来自国家强制力量的处罚。私人企业在行事上可以有更大的自由，在法律范围内他们可以对不同的消费者收取不同的价格，甚至拒绝和某一类消费者打交道。

（二）公共管理需要更强的程序性

私人企业在内部管理时可以忽略规范的程序，尤其对初创企业而言更是如此。公共部门则需要公正行事，需要遵循正当程序，在某些时候这种

---

① 周树志：《公共管理与行政管理、私人管理》，《学术研究》2007 年第 1 期，第 60 页。

程序性也给人带来不适的低效率。

（三）公共管理责任形式更复杂

企业管理理论上要对董事会和股东负责，公共管理者不仅要对本部门领导负责，还要对本级政府、上级业务指导单位、上级政府的不同部门负责，并且对某个特定的组织应该干什么，不同的主管部门往往有不同看法。一旦产生问责或追责，公共部门的实施中也充满了不确定性，且发展是不平衡的。

（四）公共管理绩效评价更复杂

公司企业绩效最终的标准很简单：利润。公共部门的绩效标准则往往很难达成共识，而且也不能预设组织中的每个人都遵循这些目标。尽管衡量和评估可能不够精确，在公共部门中我们也应该推行绩效评估，否则某些公共部门可能不能有效履职出现"懒政"，甚或逃避监督产生公共管理的副产品——权力寻租。

第二节　当代公共管理的基本特征

进入 21 世纪以后，我国学者对公共管理的基本特征提出自己的见解。综合来看，当代公共管理呈现出公共性、服务性、公平性、广泛性、合作性、创新性等六个特征。

公共管理的公共性包含双层含义。其一是说公共管理的目的是维护和体现公共利益。马克思认为私人利益与社会普遍利益是互相伴随的。社会的稳定与发展必须以社会公共利益与不同组织的共同利益的存在，去促进并带动私人利益的发展。"私人利益本身已经是社会所决定的利益，而且只有在社会所创造的条件下并使用社会所提供的手段才能达到。"[①] 公共管理尽管不可避免地体现某一个特定阶层或群体的意志，但也必须致力于实现社会整体的公共利益。其二是公共参与性。公共管理的实施主体是政府，但还包括政府之外的其他社会组织及公民。这就要求公共管理要有较高的公开性。这种公开性"不仅包括让社会公众知晓公共事务管理和公

---

① 中共中央编译局：《马克思恩格斯全集》（第 46 卷上），人民出版社 1980 年版，第 102—103 页。

共服务供给过程中的投入、产出、中期成果、最终成果以及绩效评定结果，还包括公共管理主体的各种公共事务管理活动，及其公共服务的供给过程，都必须置于社会公众、立法机关、司法机关、新闻媒体的检查、调查和监督之下"①。

公共管理的服务性，体现在其全部行动要服务于社会公共利益的最大化，服务于为公众提供一个和平安全、稳定有序和能实现良性竞争的社会环境。无论是管制、调控、激励，都是为实现公共利益来提供服务。因此公共管理的服务性特征至关重要。公共管理的服务性要求公共部门把重点放在解决社会问题上。公共管理更多地，是要解决由于资源配置出现偏差，导致公众期望与实际之间产生偏差，从而出现的各种社会问题。服务性要求公共管理者打破传统管理理论的思维模式，不是从管理主体的角度考虑如何管制被管理者，而是站在社会与民众的立场，通过解决实实在在的问题为公众服务。在公共管理绩效中，新公共管理主义强调以严明的绩效目标和绩效管理，保证公共管理主体在竞争中对社会公众负责、提高服务质量和公众的满意程度。

公平是公共管理的基本目标之一。公平与分配公共利益有关，市场机制则主要解决效率问题。公共管理的公平是广义的，包括分配公平、规则公平、竞争环境的公平以及程序公平等。"传统管理理论总是先设定一个目标，然后围绕如何实现这个目标去协调资源管理，关注管理过程。这种只关注如何有效地实现目标的过程，而不考虑目标确定的合理性以及实际分配的公平性管理，一直受到很多学者的抨击。"② 过程管理更多地强调效率，而结果管理更多地突出公平。

公共管理主体具有广泛性，这一点体认是和公共管理理论发展密切相关的。蔡立辉认为，"公共管理主体包括政府等公共部门（Public Sector）、非盈利部门（Nonprofit Sector）、第三部门（The Third Sector）和权威性机构（Authoritative Institution）等社会公共组织，而不是私人企业或私人机

---

① 蔡立辉：《论公共管理的特征与方法》，《武汉大学学报》（社会科学版）2002 年第 7 期，第 436 页。

② 陈庆云：《公共管理研究中的若干问题》，《中国人民大学学报》2001 年第 1 期，第 27 页。

构。这个主体概念从管理活动的主体上区别了公共管理与私域管理。主体概念的联系性与运动性表明公共理念下的公共管理思想体系与私域管理思想体系的差异。任何缩小或无限扩大公共管理主体概念外延的做法，都会导致对公共理念和公共管理思想体系的损害。公共管理的主体是公共服务的供给者，但不能说所有公共服务的供给者都是公共管理的主体。"①

陈庆云的观点可以进一步解释："政府是公共管理活动的核心主体，但它们不是唯一的主体。相反，西方新公共管理运动的实践已经证明，政府承担的不少公共管理职能及具体内容，由非政府的公共组织来完成，这不仅是可能的而且是可行的。后者不一定比前者差。一般地说，宏观方面的管理职能或全局性的关键事项，更多地应由政府来承担，特别是如国防，外交，重大法律、法规与政策的制定，只能由政府来完成。从微观方面的管理来看政府可以承担一部分，更多地应该交给社会的其他公共事务管理部门来做。愈是接近基层方面的公共事务，愈有可能让相关的非政府部门来完成。"②

当代民主化发展给公共管理带来合作性的特征。在公共事务管理中要实现政府与公民社会的合作。吉登斯指出："政府、国家同市场一样也是社会问题的根源……一个强大的市民社会对有效的民主政府和良性运转的市场体系都是必要的……只要以上三者中有一者居于支配地位，社会秩序、民主和正义就不可能发展起来。一个多元社会若想维持，它们之间的平衡必不可少。"③ 合作性要求公共管理主体与社会公众之间建立信息沟通和回应机制。这强调的是社会公众对公共管理活动的合作与参与权利。"信息交流和沟通的机制主要包括公共管理主体之间、公共管理主体与社会公众之间这两个系统。其根本目的是为社会公众表达利益与意志、选择公共服务及其提供者、监督公共服务供给者、增强政府公共部门的回应力、提供便捷的渠道与途径。这样，政府等公共部门再也不是高高在上的官僚机构，而是公共服务的供给者；不是以自身制定的规则为依归，而是

① 陈庆云：《公共管理研究中的若干问题》，《中国人民大学学报》2001 年第 1 期，第 26 页。

② 同上。

③ ［英］安东尼·吉登斯：《第三条道路及其批评》，孙相东译，中央党校出版社 2002 年版，第 29 页。

必须以社会公众的需求为导向，增强对社会公众需求的回应力。"①

创新性是公共管理的发展特征。汪丁丁在探讨了卢梭"社会契约"理论及熊彼特的创新理论发展之后，认为制度创新当中"合约理论"最有效的领域应该是政治理论。② 美国管理学家德鲁克曾说过，比起技术创新，还有一项社会创新"是一次史无前例的彻底改革，但实施起来更加困难，那就是有组织、有系统地放弃已经过时的社会政策和公共服务机构。……这一创新必须尽快进行，我们的社会已经准备好接受这个重要的社会创新"③。在接下来的一节和几章里，我们将谈谈新的观念和新的技术带给创业公共管理的机遇和挑战。

第三节　治理视域下的公共管理

20 世纪 90 年代以后，公共管理理论和实践的发展呈现新的趋势。一个重要的成果是"治理"价值的发掘及实现，并将持续影响今后的公共管理。治理的理念与创业公共管理关系密切，因此单列一节进行分析。

一　什么是治理

英语中的治理（governance）源于古希腊语"kubernan"（掌舵）和拉丁文"gubernare"（掌舵、指导、统治），原意是控制、引导和操纵，长期以来与统治（government）一词交叉使用，并且主要用于与国家的公共事务相关的管理活动和政治活动中。但是，自从 90 年代以来，西方政治学和经济学家赋予"治理"新的含义，其涵盖的范围远远超出了传统的经典意义，而且其含义也与"统治"相去甚远。它不仅在英语世界使用，并且开始在欧洲各主要语言中流行。探讨公司治理方面的著作很多，与公共部门的治理相比，关于私营部门治理采取的举措更多。在一系列的金融危机，如 1997 年的亚洲银行危机，2000 年的"互联网泡沫"，2001

①　陈庆云：《公共管理研究中的若干问题》，《中国人民大学学报》2001 年第 1 期，第 26 页。

②　汪丁丁：《制度创新的一般理论》，《经济研究》1992 年第 5 期，第 79 页。

③　［美］彼得·德鲁克：《创新与企业家精神》，蔡文燕译，机械工业出版社 2013 年版，第 225 页。

年和 2002 年安然公司和世通公司的破产，特别是始于 2008 年的全球金融危机之后，优化公司治理的呼声很高。除了管制失灵，引起的这些危机的原因当中，不适当的公司治理也是一个很重要的原因。公司治理关注的问题是：董事的责任、如何确保管理行为符合股东的权益以及如何建立责任机制。

20 世纪 90 年代以来，西方学者特别是政治学家和政治社会学家对治理做出了许多新的界定。鲍勃·杰索普（Bob Jessop）说："过去 15 年来，（治理）已在许多语境中大行其道，以至成为一个可以指涉任何事物或毫无意义的'时髦词语'。"① 治理理论的主要创始人之一罗西瑙（J. N. Rosenau）将治理定义为一系列活动领域里的管理机制，它们虽未得到正式授权，却能有效发挥作用。与统治不同，治理指的是一种由共同的目标支持的活动，这些管理活动的主体未必是政府，也无须依靠国家的强制力量来实现。②

罗茨（R. Rhodes）认为，治理意味着"统治的含义有了变化，意味着一种新的统治过程，意味着有序统治的条件已经不同于以前，或是以新的方法来统治社会"。接着他详细列举了六种关于治理的不同定义。这六种定义是：1. 作为最小国家的管理活动的治理，它指的是国家削减公共开支，以最小的成本取得最大的效益；2. 作为公司管理的治理，它指的是指导、控制和监督企业运行的组织体制；3. 作为新公共管理的治理，它指的是将市场的激励机制和私人部门的管理手段引入政府的公共服务；4. 作为善治的治理，它指的是强调效率、法治、责任的公共服务体系；5. 作为社会—控制体系的治理，它指的是政府与民间、公共部门与私人部门之间的合作与互动；6. 作为自组织网络的治理，它指的是建立在信任与互利基础上的社会协调网络。③ 欧文·休斯认为，"治理本质上是关于如何指导制度安排，是关于掌舵，即如何组织以及如何制定使组织得以运转的程序，这可以被视为标准的定义。它特别适合于下列组织的治理：

---

① ［英］鲍勃·杰索普：《治理的兴起及其失败的风险：以经济发展为例的论述》，漆燕译，《国际社会科学杂志》（中文版）1999 年第 2 期，第 31 页。

② 参见［美］詹姆斯·罗西瑙《没有政府的治理》，张胜军等译，江西人民出版社 2001 年版。

③ ［英］R. 罗茨：《新的治理》，木易译，《马克思主义与现实》1999 年第 5 期，第 45 页。

学校、高尔夫俱乐部、公司、大学，甚至整个社会或者国际组织，如世界银行或者联合国。"①

二　治理在创业公共管理中的启示

治理理念在创业公共管理中具有独特的魅力，这是从"创业"的本质所散发出来的强烈诱惑。让我们先看一看治理的特征，威格里·斯托克（Gerry Stoker）对目前流行的各种治理概念做了一番梳理后指出，到目前为止各国学者们对作为一种理论的治理已经提出了五种主要的观点。这五种观点分别是：

1. 治理意味着一系列来自政府但又不限于政府的社会公共机构和行为者。它对传统的国家和政府权威提出挑战，它认为政府并不是国家唯一的权力中心。各种公共的和私人的机构只要其行使的权力得到了公众的认可，就都可能成为在各个不同层面上的权力中心。

2. 治理意味着在为社会和经济问题寻求解决方案的过程中存在着界限和责任方面的模糊性。它表明，现代社会国家正在把原先由它独自承担的责任转移给公民社会，即各种私人部门和公民自愿性团体，后者正在承担越来越多的原先由国家承担的责任。这样，国家与社会之间、公共部门与私人部门之间的界限和责任便日益变得模糊不清。

3. 治理明确肯定了在涉及集体行为的各个社会公共机构之间存在着权力依赖。进一步说，致力于集体行动的组织必须依靠其他组织；为达到目的，各个组织必须交换资源、谈判共同的目标；交换的结果不仅取决于各参与者的资源，而且也取决于游戏规则以及进行交换的环境。

4. 治理意味着参与者最终将形成一个自主的网络。这一自主的网络在某个特定的领域中拥有发号施令的权威，它与政府在特定的领域中进行合作，分担政府的行政管理责任。

5. 治理意味着办好事情的能力并不仅限于政府的权力，不限于政府的发号施令或运用权威。在公共事务的管理中，还存在着其他的管理方法和技术，政府有责任使用这些新的方法和技术来更好地对公共事务进行控

---

① ［澳］欧文·休斯：《公共管理导论》（第四版），张成福等译，中国人民大学出版社2015年版，第93页。

制和引导。①

从以上观点和之前对治理概念的探讨，我们可以认为，治理在广义上是规则的安排，治理的主要背景是政府与公民社会的合作与分工，治理的责任从政府转变为以政府为主的多元主体，以及治理的发展需要引入新的技术。

从治理的观点出发，创业领域的公共管理应考虑以下问题。

（一）创业公共管理规则（政策）

欧文·休斯在谈论公共管理时采用的是广义的治理定义，即"治理被认定是制定规则、应用规则以及执行规则，其与字典标准的定义与用法是一致的。思考治理意味着思考如何管控经济和社会，如何实现共同目标。治理涉及建立结构、机构和提供问责的方式。正如多纳休所讲，治理就是问责的模式，是集体生活的权威组织的规则和制度"②。

无论公共管理主体有何变化，政府的主体地位并未动摇。政府对创业事业的管理是通过规则——政策的制定来实现的。我们要讨论创业公共政策是如何制定出来的，它具有何种结构，在我国具体情况下，何种政策是优先予以考虑的。

（二）创业公共管理责任

治理的主要背景是政府与公民社会的合作与分工，这和 good governance（直译为"良好的治理"等）的概念直接相关。俞可平在探讨善治概念时说："（20世纪）90年代以来，在英语和法语的政治学文献中，善治概念的使用率直线上升，成为出现频率最高的术语之一。概括地说，善治就是使公共利益最大化的社会管理过程。善治的本质特征就在于它是政府与公民对公共生活的合作管理，是政治国家与公民社会的一种新颖关系，是两者的最佳状态。90年代以来善治的理论与实践之所以能够得以产生和发展，其现实原因之一就是公民社会或民间社会（civil society）的日益壮大。"③

---

① ［英］格里·斯托克：《作为理论的治理：五个论点》，华夏风译，《国际社会科学》（中文版）1999年第2期，第20—21页。

② ［澳］欧文·休斯：《公共管理导论》（第四版），张成福等译，中国人民大学出版社2015年版，第93页。

③ 俞可平：《治理和善治引论》，《马克思主义与现实》1999年第5期，第40页。

创业（狭义）本身是市场行为，创业管理与教育管理、科技管理不尽相同，它更多地希望释放政府以外的社会力量和企业力量，真正让创业精神和创业行为在市场经济中扎根。当代公民社会日益壮大，这就为创业管理走向合作带来契机。合作必然产生责任的归属，公司治理的理论渊源主要来自于"委托—代理理论"和"交易成本理论"，这两个理论也早已被公共治理所借鉴。因此在接下来的内容中，我们要探讨创业公共管理责任的划分，哪些由政府承担，哪些可以交由非政府组织承担。

（三）创业公共管理技术

竺乾威在探讨从新公共管理到整体性治理的问题时，认为 21 世纪以来英美等国流行的整体性治理理念，在一定程度上是从技术的角度来理解的。"与新公共管理不同的治理和运作方式都来源于信息技术的要求。新公共管理的一些治理方式或被终止、或被放弃、或被改革，一个很重要的原因在于尤其是 20 世纪 90 年代后信息技术的作用。技术要求从分散走向集中，从部分走向整体，从破碎走向整合。也正是在这一原因上，登力维认为新公共管理已经成为历史。整体性治理在 20 世纪 90 年代后期开始盛行并对政府产生影响（英国布莱尔政府受整体性政府理念的影响，提出了协同政府的一系列措施，美国的一些地方政府也在不同程度上采用了整体性的做法），信息技术的进步是不容忽视的。"[①]

事实上，私域中的创业已经大规模采用集中整合式的信息技术。无论是国外的微软、IBM，还是国内的 BAT，近年来都尽全力以信息的云技术和大数据思维改造自己的商业帝国。国内的一些地方政府部门也已经开展创业公共服务的云平台建设试验。可以相信，数字治理对创业公共管理的深刻影响才刚刚开始。

（四）创业公共管理绩效

治理理论已经从 21 世纪的前 10 年进入到治理管理的领域。任何管理行为必将引出绩效评估的问题。不可否认 21 世纪以来学界对新公共管理理论诸多质疑，但对于行之有效的绩效评价从未放弃，尽管这种评价可能遇到很多困难。尚虎平对 2008 年举办的第三次明诺布鲁克会议成果进行预测，认为治理绩效管理在世界范围内行将勃兴。他说："基于治理行动

---

① 竺乾威：《从新公共管理到整体性治理》，《中国行政管理》2008 年第 10 期，第 57 页。

起来之后，不可能放任自流，不可能对投入产出、内外部顾客、社会影响、治理流程、员工成长不进行反馈控制，否则就违背了科学管理原理的最一般要求。可以这样说，未来的行政学，不可能偏废对于3E①的追求，而且还会强调公平、正义、民主等价值追求，这就需要用既能考核工具性追求，又能考察价值性追求的绩效评估作为工具理性与价值理性的双导评估方式，来把握治理管理的绩效。"②

　　创业公共管理领域同样走过了由传统财政投入管理、法律及纪律审计到现在的公共财政改革、管理绩效考评的道路。从公共管理的多元合作、责任共担、强调结果的发展潮流来看，绩效考评将贯穿创业公共管理的全过程。除了绩效考评价值、绩效内容、指标构建、考评方法外，还有一个问题需要认真思考：谁来考评绩效？

本章小结

　　广义而言，公共管理可以界定为以政府为核心的公共组织和其他社会组织以有效促进公共利益最大化为宗旨，综合运用政治、法律、经济和管理等多种学科的理论与方法，以民主科学的方式行使公共权力，依法制定与执行公共政策、管理社会公共事务、提供公共物品和公共服务的活动。我们重点研究的是政府的公共管理。

　　大部分学者将公共管理当作一种与传统的公共行政学、公共政策范式（途径）相竞争的新范式或新途径。新公共管理思潮明显借鉴了大量的私人管理理论，但公共管理和私人管理的差别也是明显的：1. 公共管理的决策更具有强制性；2. 公共管理需要更强的程序性；3. 公共管理责任形式更复杂；4. 公共管理绩效评价更复杂。

　　综合来看，当代公共管理呈现出公共性、服务性、公平性、广泛性、合作性、创新性六个特征。

---

　　①　3E，是指绩效管理当中常用的三大概念英文首字母的简写，即经济（Economy），效率（Efficiency）、效果（Effectiveness）。——作者注。

　　②　尚虎平：《行将勃兴的"治理绩效管理"潮流——基于第三次明诺布鲁克会议的预测》，《公共管理学报》2010年第1期，第113页。

20 世纪 90 年代以后，公共管理理论和实践的发展呈现新的趋势。一个重要的成果是"治理"价值的发掘及实现，并将持续影响今后的公共管理。通过对治理概念和特征的探讨，我们认为，治理在广义上是规则的安排，治理的主要背景是政府与公民社会的合作与分工，治理的责任从政府转变为以政府为主的多元主体，以及治理的发展需要引入新的技术。从治理的观点出发，创业领域的公共管理应考虑以下问题：1. 创业公共管理规则（政策）；2. 创业公共管理责任；3. 创业公共管理技术；4. 创业公共管理绩效。

第 四 章

政策——创业公共管理载体

> 社会不是以法律为基础，那是法学家的幻想。相反，法律应该以社会为基础。法律应该是社会共同的，由一定的物质生产方式所产生的利益需要的表现，而不是单个人的恣意横行。
>
> ——马克思：《马克思恩格斯全集》第六卷

我们可以把创业理解成一个开放的系统，创业活动与之所处的环境是相互作用、相互影响的，而新创企业的过程是一个复杂的、多元现象，一个新企业获取资源以及在市场上进行竞争，都离不开其所处的环境背景。Gnyawali 和 Fogel 认为，外部环境对初创企业的生存和成长具有很强的影响力，创业环境应该是创业过程中多种因素的组合，这个组合包含 5 个维度，即政府政策和规程、社会经济条件、创业和管理技能、创业资金支持和创业的非资金支持。[①] 创业环境在本质上是一种制度环境。事实上，学界真正对公共政策重视的历史不算很长，尽管其早就存在于创业环境的研究之中，只是当国家出于改善社会经济发展需要，而更多地关注创业活动时，创业公共政策如何被设计和执行就成为了研究重点。

第一节 创业公共政策基本理论

政府面临促进增长与就业的主要压力，公共政策的制定和执行就出现

---

① Gnyawali D R, and Fogel D S., "Environments for Entrepreneurship development", *Entrepreneurship Theory&Practice*, 1994, (4), pp. 43—62.

在政府的各个层级，就业、增长与创业之间的关系进入政策制定者视野。从时间上看，有关中小企业的公共政策由来已久，其历史要远远长于创业政策，创业公共政策实际上是从其中发展并分化出来的。Lundstrom 和 Stevenson 指出，产业政策经历了从进口替代、出口导向、吸引 FDI（外商直接投资）到聚焦于技术发展和研发投资的演变历程，政策制定者认识到需要加强本土小企业的基础，尤其是在当地或区域层级，这经常导致了区域发展政策和中小企业支持措施的出台以刺激就业和增长，最后，当他们认识到创业活动在连接技术研发努力和创新商业化中的重要性时，创业公共政策就得以正式浮出水面。①

周树志对"公共政策"（Public Policy）概念的含义曾下定义，认为"它是指政府为管理社会公共事务实现公共利益而制定和实施的公共行为规范、行动准则和活动策略"②。那么，创业公共政策则可理解为：各级政府机构为实现激励和促进创业，保障创业者权益、提高创业能力、增加创业机会、降低创业风险、改善创业环境，制定实施的一系列政策法规的总和。这些政策法规既包括有关创业方面的国家及地方行政部门出台的行政决定和意见，也包括立法机构通过的有关创业的法律、法规等法律条文。

创业公共政策的理论框架滥觞于 Lundstrom 和 Stevenson 的成果。他们对 13 个国家和地区的分析表明，刺激更高创业率的公共政策正在为一系列目标的达成而施行：缓解失业和吸收新增劳动力、增强制造业部门竞争力、促进创新和社会财富增长。他们在对多个国家的情况进行研究之后，对创业公共政策进行了归类并提出了关于创业公共政策的理论框架，根据其框架，创业公共政策主要集中于 6 个方面：

1. 创业促进（entrepreneurship promotion）

2. 创业教育（entrepreneurship education）

3. 启动环境（the environment for start-ups）

---

① 参见 Lundstrom A, and Stevenson L., *Entrepreneurship Policy: Theory and Practice*, New York: Springer ScienceBusiness Media, Inc, 2005。

② 周树志：《公共行政、公共政策、公共管理》，《中国行政管理》2001 年第 2 期，第 60 页。

4. 启动期与种子期融资（start-up and seed capital financing）

5. 启动期的商业支持措施（business support measures for start-ups）

6. 目标群体战略（target group strategies）

这些公共政策的目标主要是为了降低企业创建的门槛，减小创业早期的资金压力，强化创业项目的商业服务，培育创业者精神和培养潜在的创业者群体，以及增加特定目标群体的创业率。

表4-1　　　　　　　　创业公共政策框架中政府目标情况

创业公共政策	政策目标	政策所占比重（%）
创业教育	在教育体系中加强对创业活动的强调	77
创业促进	提高创业意识，培育创业文化	85
商业支持	对创业启动和进入后早期阶段成长的商业支持	92
门槛支持	进入、早期阶段的生存/发展、退出更加容易：通过减少规制和行政管理的成本，使得进入、早期阶段的生存与发展、退出更加容易	92
金融支持	启动期、种子期和进入后早期阶段的金融支持：增加对新创业者和早期阶段企业的金融资源供给	100

表中资料根据 Lundstrom and Stevenson, Entrpreneurship Policy: Theory and Practice New York: Springer Science Business Media Inc, 2005. 整理得出。

Lundstrom 和 Stevenson 的成果一经发表后，很快成为各国学者分析本国创业公共政策的标准范式。中国学者研究创业公共政策亦以其为经典模型，增减损益下结合国情发表了一系列成果。本书也将以此作为中国创业政策研究的理论基点开展分析。

第二节　创业公共政策内容

从创业公共政策的发展逻辑来看，首先要分析创业准入与退出的政策，这解决的是能否创业的问题。之后要提供创业的资金支持和商业服务支持，这解决的是创业的条件问题。最后要分析创业的教育政策，这是解决搭好戏台谁来唱的问题——培育创业者。在不同的历史阶段，创业公共政策的侧重点也会不同，而创业的促进则贯穿创业政策制定与实施的始终。中国创业政策的历史发展我们留待本章第三节解决，先来分析最重要的几类创业政策是什么。

一 创业门槛政策

创业活动本质上是创业者以组织的形式进入某个市场领域开展业务，从而实现预期目标的一种市场行为。政府出于各种原因的考虑会对这种市场行为进行干预，制定政策对创业的准入、发展、退出产生影响，形成所谓"创业门槛"。

政策门槛从公共管理学的本质上讲，是政府责任中的"管制"行为。[①] 这些管制有可能使创办企业必须履行审批程序、必须经过特定等待时间以及必须支付一定经费。企业创立之后又有可能必须耗费一定的成本去应付烦琐的行政管理体系（想想两年前注册一家企业需要等待多长时间）。对于破产的严格限制，使得企业在退出之时将面临较高的成本，抑制创业者的创业意愿，同时，退出困难还会造成风险投资者不敢轻易试水。如果创业者忽视这种管制，所面临的惩罚结果通常是比较严重的，有可能导致整个活动的失败。

过高的创业门槛将直接或间接地影响创业。一国公共政策管制所导致的准入门槛对企业创立将产生负面作用，通常会反映在设立新企业所需履行程序的数量、时间、支付成本以及登记所需最低资本要求等。Klapper等使用欧洲国家企业的数据研究政策性因素如何影响创立企业，认为准入管制妨碍了新企业的进入，使企业成长缓慢，规模偏小，尤其是对于本应拥有高进入率的产业来说效应更为明显。[②] Maria 等在分析西班牙制造业的情况时指出，准入门槛通过规模效应影响了新企业的进入率和增长率，高门槛阻碍了创业者的出现。[③]

---

① "管制"这一话题，我们会在第 5 章详细探讨。

② Klapper L., Laevena L., and Rajan R., "Entry regulation as a barrier to entrepreneurship", *Journal of Financial Economics*, 2006, (82), pp. 591—629.

③ Maria J., Carod A., and Blasco A. S., "The Determinants of Entry are not Independent of Start-upSize: Some Evidence from Spanish Manufacturing", *Review of Industrial Organization*, 2005 (27), pp. 147—165.

　　但另一方面，完全取消准入门槛对于正常的市场发展而言也不是好事，管制与创业之间的关系绝不仅仅是负相关。一个较普遍的观点认为，对创业者的门槛管制是为了确保消费者从市场上购买产品和服务的质量，适宜的门槛政策将减少市场失灵和外部性，保证新企业提供的产品或服务符合最低标准。正式注册之后的新企业证明其获得政府的认可，使得它们有足够的资质与普通公众和其他商业者进行交易。一个谨慎的做法，是将创业门槛调整放到整个创业政策变革的总框架内，而非孤立看待。对于准入门槛的改进，除了简化行政流程外，还应伴随金融改制等其他政策变革方案作为补充。

　　除了准入门槛外，税收作为政府调控企业管理运营的重要工具，在影响创业活动的公共政策中也被涉及。税收政策对于创业活动的一个重要效应在于，新创企业注册成为正式企业所获取的利益与税收所带来的成本之间的衡量，影响了创业者的决策选择。Gordon 指出，个人所得税率与公司所得税率的比较影响了创业行为的发生，当个人所得税率超过公司所得税率时，个体就有将收入安排为企业所得而非个人所得的动机，即新创一个企业并将收入留存于内。不同活动类型之间的差别税率，在影响个体是否选择成为创业者时扮演了重要角色，特别是公司所得税率与个人所得税率之间的差别对于个人是选择创业还是受雇于他人的决策影响效应显著。[1]

　　总的来说，由于近年来全球经济发展持续低迷，各主要经济体都在经历着从高门槛到低门槛再到放松管制的变革，政策中的高门槛因素逐渐降低。许多经济组织都在呼吁采取有效的行动，减少或修改那些抑制创业与扩张、对科技型企业的形成与发展造成障碍的管制门槛。置身于放松管制、降低门槛的大环境，许多国家和地区政府以激励创业为目标，调整或采取了相应的政策与措施。

---

[1]　参见 Gordon, R. H., "Can High Personal TaxPaper of the International Monetary Fund, Rates Encourage Entrepreneurial Activity?", *Working*, 1998 (3), No. 1。

表4-2　　　　　　　　　　　降低创业门槛政策类型

措施	内容	目的
使新企业创办更加容易	简化创办企业程序，减少企业创立时间与费用，一站式服务降低企业进入成长阶段的行政管理负担	减少企业创办成本，减少企业发展过程中与行政机构打交道的成本
影响新创企业进入与退出的法律、法规	修改公司法，制定破产法、继承法，专利、知识产权保护的法律、法规	降低成立企业的成本，促使更多企业成为有限责任公司，从法律角度保护创业
减免税收和改进税收征管体制	税收减免，税收优惠，减少通产税，减征资本利得税	降低创业过程的税收负担和成本，刺激投资
构建资本退出机制	重点发展创业板	在资本市场为投资者提供退出通道，拓展创业融资渠道

资料来源：胡希：《创业公共政策研究——基于激励创业者进入的视角》，博士学位论文，暨南大学，2008年。

二　创业资金政策

创业者创立新企业通常缺少足够的金融资源，创立一个新企业所需资源通常超越了个体创业者的能力范围，并且资金的缺乏会成为初创者放弃创业计划的重要原因，需要借助外部渠道进行融资，这就涉及创业企业的融资问题。因此，关注创业者资金的问题也成为公共政策的重要组成部分。作为激励创业的资金类公共政策，其目标通常是为创业者或潜在创业者提供一定程度的资金支持，从缓解资金压力的角度提高进入行为发生的比率。在目前的创业公共政策实践中，许多国家和地区的政府在创业资金制定方面采取了多种不同的措施。

目前国内外学者认为，创业资金政策主要包含三个类型：信贷担保、银行贷款和资金资助。凯尼（Kayne）认为资金的获取尤其是创业初期的权益资本是重要的，国家通过鼓励商业银行为企业进行融资、贷款以及建立基金项目等计划来促进创业。[①] Li研究了政府对于创业活动的三种方

---

① 参见 Kayne Jay, *StateEntrepreneurship Policies and programs*, Kauffmancenter for entrepreneurial leadership at the Ewing Marion Kauffman Foundation, 1999。

案：信贷担保、直接贷款和直接资助，指出对于那些拥有较少资产的创业者来说，信贷担保将是最好的扶持方式，直接信贷对于拥有好的计划而缺乏现金流的借贷者来说最为有效，在信息非对称资本市场，资助计划最能促进创业活动。① 刘军通过对创业融资政策内容的分析，认为我国已基本形成了以财政专项资金政策、小额担保贷款政策和创业基金政策为基本要素的创业融资政策体系。②

公共政策对于创业活动的激励，也可以通过推进创业资本的发展得以实现，这方面的做法有两种，一种是作用于创业资本市场的直接公共政策，例如政府通过推行辅助计划干预创业投资与创业活动，或者政府直接进行补贴；另外一种是支持非正式投资的公共政策，非正式创业资本是指私人股权资本市场中的非中介的投资资本，包括主要创业者股权资本、天使投资资本和其他投资资本。③ 从多国创业的实践来看，非正式投资在创业活动中扮演着重要角色。

现实中政府对于创业活动的资金政策不会只采取单一化的措施，通常具有整合性特征。例如，加拿大的创业资金政策分成联邦、省、地方三级。联邦级的金融机构，如加拿大商业发展银行、加拿大农场信贷等提供灵活专业的金融工具，并拥有全国性的咨询顾问集团，为中小企业在企业成长、质量、出口和电子商务方面提供高效的管理支持。这些金融机构还针对不同类型的创业者群体，如女性企业家、青年企业家、农民和农业企业家提供融资。省内提供资金服务的机构中既有政府部门也有专业投资公司。如"Innovatech"风险投资公司为魁省的科技创新项目提供融资及再融资等，魁省的社区未来发展计划包括 56 个社区未来发展公司及 14 个社区经济开发公司，以及 9 个商业开发中心，为中小企业提供许多金融支持。地方政府则充分发挥企业的力量支持创业，地方政府支持建立风险投资公司，可为不同发展阶段的创业型企业提供 5 万至 50 万加元的投资，其中对一个企业的追加投资总计可达 125 万加元。魁北克社区信贷网络遍

---

① 参见 Li W., *Two essays on capital constraints and firm dynamics: Policy analysis and business cycle propertie*, PhD Paper for University of Minnesota, 1997。

② 刘军：《我国大学生创业政策研究》，博士学位论文，山东大学，2015 年，第 54 页。

③ 王宏峰：《非正式创业投资市场的发展及启示》，《经济理论与经济管理》2002 年第 4 期，第 40 页。

布魁省 11 个行政辖区，主营社区贷款和小额贷款，帮助社区成员通过创业增加收入。[①]

三　创业商业服务政策

创业者从其职业生涯而言，除了所谓连续创业者或具有商业家族背景的人外，很少有创业者在创业伊始就具有丰富的商业活动经验，他们往往没有参加过市场运作，也没有运营一个企业的经历。在技术导向或创新型创业活动中，大多数创业者是以研究成果权益所有人的身份来自高校、科研院所等研究机构。德鲁克在探讨创业机会的几大来源时特地将基于新知识的创新创业放在最后，就是基于这一类创业活动的高风险性，而科技人才往往由于缺乏市场运作和运营管理经验，片面强调技术完美从而经常错过机会窗。[②] 因此，如果公共政策关注创业准备阶段和启动阶段的商业服务因素，将能够有效增加新企业的数量，同时也将提高发展成长阶段的存活率和发展质量，助力现实创业者和潜在创业者降低创业风险。

政府提供的商业服务政策在于改善创业活动的运营质量，帮助创业者和企业顺利成长，以有效应付外界环境因素的挑战。商业服务政策的内容主要包括提供信息、建议、顾问、技术和管理辅助等。发达国家和地区的政府在商业支持服务的同时会建立一个相应的平台，根据受助创业者企业类型、规模以及所处发展阶段等特征采取细化措施，设置不同的方式和组织机构，以此更有针对性地满足创业者的需要。实际上，政府在向创业者提供商业改善服务的过程中，就是通过建立商业规范来传达政府需要什么，鼓励什么以及禁止什么。例如我国不少地区的人力资源与社会保障部门就将创业培训与获得创业贷款挂钩，要求申请政府担保贷款的创业者必须要参加政府指定的创业培训并获得通过。传达的信号就是：政府不鼓励创业者盲目创业，希望创业者具备一定的知识、能力结构、正确的意识之

---

① 廖蔚雯：《加拿大中小企业创业月及财务系统及对我国的启示》，《事业财会》2007 年第8 期，第 64 页。

② ［美］彼得·德鲁克：《创新与企业家精神》，蔡文燕译，机械工业出版社 2013 年版，第95—115 页。

后再开展创业。

通过政府自己建立或支持社会举办孵化器来支持创业者进入行为的做法，在各国创业商务服务平台建设中较为普遍。企业孵化器（business incubator）也被称作创业服务中心，林强、姜彦福提出，孵化器是通过提供一系列创业发展所需的管理支持和资源网络，帮助和促进新创企业成长和发展的经济发展手段或企业运作形式。企业孵化器一般通过提供场地、共享设施、培训和咨询、融资和市场推广等方面的支持，降低新入者的创业风险和创业成本，提高企业的成活率和成功率。他们进一步区别了孵化器的不同形态，可以把孵化看成是一种帮助创业企业成长的运作机制，孵化器就是执行孵化机制的社会经济组织。这种运作机制的初级形态是为被孵企业提供一些硬件设施和优惠政策，诸如办公场地和办公设备等；中级形态是为被孵企业提供一些与创业有关的中介、培训和管理服务，诸如法律培训和管理咨询等；高级形态是形成企业孵化器自身的商业运作模式和企业文化，使得企业孵化器和被孵企业能够形成良性的互动成长；甚至是形成"毕业生"的"校友联盟"，以进一步促进"毕业生"的发展和企业孵化器的发展。需要指出的是，这三种形态是随着企业孵化器的实践发展而逐步出现的。一般来说，高一级形态也包含着低一级形态的功能。①

公共性质的孵化器以政府资助类为主，随着时代的发展，社会组织、大学、研究机构、大型企业建立孵化器的情况也越来越多，合作趋势也越来越明显。例如，政府资助类的企业孵化器以公共资金的投入为引导和优惠补贴，以此导入其他来源的资金，使孵化器的运作呈现多元化的发展特征。公共性质的企业孵化器和私人性质的企业孵化器为创业者活动所提供服务的内容大致相同，但由于属性不同，其运作方面仍存在明显差异，服务的侧重点也各有所不同。

---

① 林强、姜彦福：《中国科技企业孵化器的发展及新趋势》，《科学学研究》2002 年第 4 期，第 198 页。

表 4 - 3　　　　　　　　　公共与私人孵化器特征比较

特征	差异	
	政府孵化器	私人孵化器
客户选择	准入较严格,看重就业机会的创造	准入较宽松,看中盈利能力
退出政策	有严格的时间限制	退出时间相对弹性
租金优惠	优惠幅度较大	优惠幅度较小
提供服务	侧重财务、税收等政策服务	侧重硬件环境
资金来源	政府专项或基金项目	私人或机构投资
运营收益	政府投入或补贴	投资和参股收益,少部分政府补贴
服务人员	人数较少,政策理解更深入	人数较多,商业经验更丰富
成长模式	就业增长率	销售增长率
机构管理	上级政府或单位	投资企业或个人

资料来源:参考 Allen D. N. , and Rahman S. , "Small Business Incubators:A Positive Environment for Entrepreneurship", *Journal of Small Business Management*, 1985 (23), pp. 12—22. 且结合个人研究与观察结果得出。

四　创业教育政策

从内生的角度而言,创业者或潜在创业者的创业技能也是影响创业成就的一个重要因素。为提升创业者的创业相关知识与技能,政府政策一般会鼓励创业教育与现行教育系统相连接,在课程体系设置中,按照创业的不同特性和阶段,加入创新和创业的内容。这在某种意义上也是塑造社会及公众认识和接受创业文化的一个途径。

在整个创业政策体系中,创业教育政策是创业政策系统的土壤,它解决的是改造一个国家、一个民族创新创业基因的问题。从政策与创业过程的对应关系来看,创业教育政策主要作用于创业过程的创业动机阶段和创业机会把握阶段。

创业教育政策是政府为鼓励和支持对创业者进行创业观念、创业技能的培育,使创业者或潜在创业者获得创新创业思维和能力而制定的一系列规范和措施。研究表明,只有当人具有的特征与创业所要求的创业者特征相吻合时,创业才能取得成功。特别是当个人维度,例如自我效能感、识别机会的能力、个人毅力、人力和社会资本和社会技巧等越高时,个人创业成功的可能性就越大。[①] 创业教育政策的目标和功能，就是通过教育系统培育创业者，激发其创业的动机，提高其创业技巧和能力，掌握创业必备的知识和信息，使创业者能够充分利用教育的力量创建新企业，发展自己的事业。

创业教育政策的内容应当包括两个方面：一方面是对创业者进行创业知识和技能培育的政策；另一方面是规范教育系统进行创业教育的政策，如推动创业教育立法、建立并保障教育机构、制定实施创业教育规章、制定推进各级各类教育机构进行创业教育、鼓励创业教育课程体系改革、促进创业教育师资队伍建设政策等。

我国的创业教育主要是依托高等教育作为载体具体开展的。创业教育政策也伴随国家创业政策体系、高等教育政策体系的改革走向深入。国家关于创业活动的相关制度、规定、意见和具体政策措施，以及中央教育体制改革中关于高校招生、培养、就业、创业制度的改革内容，成为创业教育政策体系的主要渊源。刘军博士系统梳理了 21 世纪以来国家从创业教育领导机构与工作协调机制，到创业教育课程建设政策、创业教育师资队伍建设政策、创业实践基地建设政策等内容，认为从创业教育政策体系内各部分的关系看，以培育创业观念和创业技能为核心的创业课程体系改革政策是创业教育政策的核心，创业师资队伍建设政策是创业教育政策的基础，创业教育领导机构与工作协调机制则成为创业教育实施的保障，创业基地建设政策为创业教育提供实践平台支撑。四个方面的政策相互关联，缺一不可，共同作用以实现培育创业动机和提升创业能力的功能。[②]

我国的社会创业教育培训，规模最大、影响力最广的是 SYB 培训。SYB（Start Your Business）是国际劳工为了支持发展中国家促进就业，培育小微型企业，提升就业数量和就业水平组织开发的培训项目。目前我国人社系统、教育系统、团组织等，均对 SYB 教育给予政策支持和

---

①　Markman G. D., Baron R. A., "Person-entrepreneurship fit: why some people are moresuccessful as entrepreneursthan others", *Human Resource Management Review*, 2003, 13 (2), pp. 281—301.

②　刘军：《我国大学生创业政策研究》，博士学位论文，山东大学，2015 年。

政策优惠挂靠。该项目 2000 年由国际劳工组织亚太地区就业促进项目与中国原劳动和社会保障部合作,从越南引入中国,以帮助微小企业发展促进就业。它向参加培训的人员介绍开办企业的各个步骤,以及怎样完成自己创办企业的各项可行性调查研究,并辅之以创业所需的小额信用担保机制,以帮助创业者解决创业时遇到的知识技能欠缺和资金不足的问题。它的目的就是让有创业意愿的人自己来演练实施开办企业的各个步骤,完成自己的创业计划书,并提供后续支持服务,帮助他们创建有生存能力的微小型企业,以创业促进就业,实现就业的增倍效应。[①]

本书将会结合国家创业教育政策的历史研究,在最后一章以科技类专业大学生创业能力培养的评价为例,探讨我国创业教育政策和教育管理举措的效果问题。

五 特殊群体创业政策

在创业政策的实践中,政府一般会比较强调增加某几类特定社会群体中企业所有者的比率,提高这类人群创业活动的水平。这种特殊人群的选定,一般是基于两方面的考虑。一是保证社会的稳定,提升某些人群的生存生活质量,其政策的倾斜重在体现"公正"。二是促进社会的发展,提升高创意高技术领域人群的创业水平,其政策的重点体现"效率"。

维护"公正"的创业特殊群体政策往往都融合在社会保障政策体系当中。在 Lundstrom 和 Stevenson 所研究过的案例中,大多数国家或地区政府都将增加特定目标群体的企业所有者比率作为政策指向之一,例如,对青年群体的创业活动进行支持(澳大利亚、加拿大、芬兰、爱尔兰、西班牙、荷兰、瑞典、英国和中国台湾地区),削减女性群体创业所遭遇的壁垒(芬兰、瑞典和英国),提高少数民族群体的企业所有者比率(美国、英国和瑞典),促进原住居民的创业活动(加拿大和澳大利亚),几乎所有国家和地区政府都通过鼓励失业人群走上自我创业之路,来缓解比

---

① 李宗海、梅婷:《将 SYB 引入高职创业教育的思考》,《职教论坛》2008 年第 4 期,第 22 页。

较棘手的失业难题。①

　　我国对这一类创业群体，主要关注农民工、大学生、妇女等社会弱势群体的创业工作。以农村创业为例，仅 2015 年，国务院及各部委就出台 5 个文件规定，对农民工返乡创业、农民创新创业服务、农村青年创业富民、农村电子商务创业等方面做出规范。在内容上除了规定优惠的金融政策、税收政策外，非常强调对其开展教育培训。以 SYB 创业培训为例，2004 年该项目依托现人社部在我国开展一期推广，当时主要的服务对象是下岗失业人员。经过 3 年发展，到 2007 年全国培训 3 万名下岗失业人员，新企业（或非正规劳动组织）创办成功率达到 50% 以上，并实现一户企业至少带动 3 人就业的效应，企业经营改善率达到 80% 以上。项目进展到二期时在 100 个城市全面实施，并将覆盖人群扩大到大学毕业生、农村转移劳动力等方面。到项目三期建设时（2006—2007），已经基本形成稳定且相对完善的培训体系。② SYB 覆盖了青年学生、农民工或失地农民、有就业意愿的家庭妇女、失业或下岗职工、刑满释放人员、复转军人等面临就业创业问题的特殊人群，目前已经成为人社系统重要的就业培训之一。

　　促进"效率"的创业特殊群体政策体现在对高技术含量创业的支持体系当中。几乎所有国家和地区政府都在激发科研或技术群体的创业活力，推进技术创新成果的商业化进程。

　　我国的高技术领域创业人群主要涉及三大类：大学生（技术类）创业群体、海外留学回国人员、一般科技人员，对这几类人员都有相应的创业扶持政策。为支持大学生创业，国家在税收、企业注册登记、贷款等方面给予扶持。《财政部国家税务总局关于支持和促进就业有关税收政策的通知》（财税〔2010〕84 号）规定，毕业年度内高校毕业生从事个体经营的，在 3 年内按每户每年 8000 元为限额依次扣减当年实际应缴纳的营业税、城市维护建设税、教育费附加和个人所得税。为了吸引和鼓励更多

---

① 李宗海、梅婷：《将 SYB 引入高职创业教育的思考》，《职教论坛》2008 年第 4 期，第 22 页。

② 参见中国创业培训网的 SYB 项目实施介绍（http://www.siyb.com.cn/htm/6154/104325.html）。

的海外人才归国发展，我国政府积极出台了一系列政策给予扶持。例如为
支持海归人员创业，上海市人事局和上海市科委于 2005 年发布《上海市
浦江人才计划管理办法（试行）》。根据该办法，B 类浦江人才为科技创
新创业类，主要资助留学回国科技人才及自主创办科技企业的技术研发项
目，包括专利技术的产业化研究和后续技术研发等，资助金额为每项 20
万至 30 万元。一般科技人才包括高校和科研院所的科研人员。早在 1999
年，《国务院办公厅转发科技部等部门关于促进科技成果转化若干规定》
（国办发［1999］29 号）就有规定，国有科研机构、高等学校科技人员
可以离岗创办高新技术企业，或到其他高新技术企业转化科技成果。实行
人员竞争上岗的科研机构、高等学校，应允许离岗人员在单位规定的期限
内回原单位竞争上岗，保障重新上岗者享有与连续工作的人员同等的福利
和待遇。科技人员兼职或离岗期的工资、医疗、意外伤害等待遇和各种保
险，原则上应由用人单位负责。2015 年 6 月，《国务院关于大力推进大众
创业万众创新若干政策措施的意见》中又强调，要破除人才自由流动制
度障碍，实现党政机关、企事业单位、社会各方面人才顺畅流动。

　　总体而言，我国对以上三类人为代表的科技人员创业政策，就是让一
批富有创业精神、勇于承担风险的人才，在创业环境中脱颖而出，引领中
国未来创新创业事业发展。

第三节　中国创业政策实践与发展

　　在 1978 年以前，受意识形态领域"左"倾错误的影响，我国片面强
调发展单一的公有经济，对非公有经济采取了批判、否定和取消的态度，
导致非公有经济接近消失边缘。① 据统计，到 1978 年，在国民生产总值
中，国有经济占 56%，集体所有占 43%，非公有制经济占 1%；在工业
总产值中，国有工业占 77.6%，集体所有制工业 22.4%，非公有制经济

---

① 国家统计局 1998 年制定的《关于统计上划分经济成分的规定》将我国经济成分划分为
公有和非公有经济两类，其中公有经济主要包括国有经济和集体经济两种成分，以及股份合作企
业、联营企业、有限责任公司和股份有限公司中的国有或集体经济成分，非公有经济则主要包括
私有经济、港澳台经济和外商经济。

为零,非公有成分在国民经济中的作用几乎不存在。① 过度强调公有经济压制非公有经济的发展道路,使得创业活动几乎得不到任何政策上的肯定,也就不可能获得支持。因而1978年以前,我国在创业领域就很少存在着公共政策的实践。

随着十一届三中全会的召开,政治与意识形态领域的错误倾向开始逐渐得到纠正,经济生活也开始发生改变。非公有经济成分的合法地位通过党的历次大会和多次法律修正逐步得以提高,在改革开放后得到了迅速的发展。与此相对应的是全社会创业活动的兴起,个人通过创办企业开展市场活动。公共政策也开始对创业活动进行关注,出现了一系列关于鼓励创业行为的法律法规和措施。对于中国创业政策的历史回顾应从1978年开始,具体可以划分为几个阶段。我们将以时间为线索,串联不同时期我国创业政策在门槛、资金、商业服务、教育、特殊人群(高技术领域及大学生)等方面的表现。

一　创业政策萌发阶段

"文化大革命"结束后,中国的经济社会发展到了恢复调整的历史阶段。创业政策在个体经济、科技发展的大背景下有所体现,但基本的制度框架仍未建立,政府对于以创办企业的形式开展创业活动未给予充分重视。因此,这一阶段可以认为是创业政策的萌发阶段。党的十一届三中全会(1978年12月)提出,"社员自留地、家庭副业和集市贸易是社会主义经济的必要补充部分,任何人不得乱加干涉"。1982年9月党的十二大报告指出:"由于我国生产力发展水平总的说来还比较低,又很不平衡,在很长时期内需要多种经济形式的同时并存。"同年12月,五届人大第五次会议通过《中华人民共和国宪法》,规定:"在法律范围内的城乡劳动者个体经济,是社会主义经济的补充。国家保护个体经济的合法权利和利益。国家通过行政管理,指导、帮助和监督个体经济。"

在党的文件及法律明确个体经济的地位之后,关于个体经济创立的政策也随之出台。1981年7月,国务院《关于城镇非农业个体经济若干政

---

① 胡希:《创业公共政策研究——基于激励创业者进入的视角》,博士学位论文,暨南大学,2008年,第59页。

策规定》明确了城镇个体经济的性质、经营范围及相关政策。面对改革开放中日益出现的就业压力，同年 10 月出台的《关于广开就业门路，搞活经济，解决城镇就业问题的若干问题》提出，在保证社会主义公有制占优势的根本前提下，实行多种经济形式和多种经营方式并存的格局，规定了个体工商户最多可以请 2 个帮手、最多可以带 5 个学徒，这实际上成为后来将雇工在 8 人以上定为私营企业的由来。1984 年 2 月，国务院《关于农村个体工商业若干规定》专门针对农村剩余劳动力的问题，鼓励其经营社会急需的行业，经营者雇佣人员的上限也为 7 个。1987 年 8 月，国务院制定的《城乡个体工商户管理暂行条例》，规定了有经营能力的城镇待业人员、农村村民以及国家政策允许的其他人员可以申请从事个体工商业经营，明确了个体工商户的经营范围集中于工业、手工业、建筑业等行业，国家工商行政管理局也随即出台了条例实施细则。

除了低端创就业形式外，我国也对科学技术在经济社会中的成果转化给出政策。1984 年工商银行率先开办科技贷款，资助高新技术企业的发展。同年，国家科技促进发展研究中心提出了建立创业投资机制促进高新技术发展的建议。1985 年 3 月《中共中央关于科学技术体制改革的决定》提出要促进技术成果的商品化，规定科学技术人员可以从事业余技术工作和咨询服务，收入归己。该政策的另一项内容指出，对于变化迅速、风险较大的高科技开发工作，可以设立创业投资给以支持，首次提出了要发展创业投资。同年 9 月，经国务院批准，国家科委、财政部共同出资成立了我国第一家专营创业投资的全国性金融机构——中国新技术创业投资公司，简称中创，成为我国创业投资事业发展的重要里程碑。[①] 但是，受各方面原因的影响，运营效果并不好，最后以失败告终。之后《国务院关于进一步推进科技体制改革的若干规定》，也提出要促进科技成果的产业化，在信贷、风险投资、股份集资、税收等方面予以扶植和支持，进一步改革科技人员管理制度，但囿于当时的环境，还未能提出通过创业的方式来转化技术成果。

---

① 张晓晴：《中国创业投资公司治理机制研究》，博士学位论文，西北大学，2006 年，第 42 页。

二　创业政策探索建立阶段

随着私营经济在国家经济社会地位的提升，创业政策的基本制度框架开始探索建立，标志性事件是规范企业建立的几个重要法规的出台，以及火炬计划的设立实施。

创业门槛方面，1987年10月，党的十三大指出非公有制经济特别是私营经济存在和发展的必要性。1988年4月，七届全国人大第一次会议通过的宪法修正案规定："国家允许私营经济在法律规定的范围内存在和发展。私营经济是社会主义公有制经济的补充。国家保护私营经济的合法权利和利益，对私营经济实行引导、监督和管理。"自此，私营企业开始加速发展。国务院在《中华人民共和国企业法人登记管理条例》建立了企业法人登记管理制度，对企业法人登记注册事项、开业登记、变更登记和注销登记等事务做出了规定。《中华人民共和国私营企业暂行条例》则规定私营企业是指"企业资产属于私人所有、雇工8人以上的营利性的经济组织，包括独资企业、合伙企业和有限责任公司三类"，条例还明确规定了私营企业的开办和关闭程序，限定了私营企业生产经营的行业范围，以及可以申请开办私营企业的人员范围。

高技术创业领域，1988年8月，我国开始实施高新技术产业化发展计划：火炬计划。国家科技部火炬办的王昌义在1994年总结："火炬计划是1988年8月经国务院批准，由国家科委组织实施的高新技术产业开发的指导性计划。其根本宗旨是贯彻执行改革开放的总方针、发挥我国科技力量的优势，促进高新技术成果商品化、高新技术商品产业化和高新技术产业国际化。火炬计划的主要任务是创造有利于高新技术产业发展的环境条件，办好高新技术产业开发区，组织实施火炬计划项目，培养实施火炬计划各类人才，用高新技术改造传统产业，推动高新技术产业的国际化，发展中国的高新技术产业，促进中国经济的发展。火炬计划实行国家和地方两级管理。国家科委火炬计划办公室是国家科委发展高新技术产业领导小组的常设办事机构，其主要职责是制订火炬计划的中长期发展规划与年度计划，对全国高新技术产业开发区进行归口管理和具体指导，负责国家级火炬计划项目的认定、立项、跟踪、验收，组织火炬计划的国际合作和国内外市场的开拓及招商引资工作，负责火炬计划的资金筹措、分配和监督使用。国家各部委科技司和各省、自治区、直辖市、计划单列市科委的火炬计划办公室或其他专门处室负责本地区的火炬计划的实施。"[1] 该计划实际上明确了技术成果的转化要通过创办企业来实现，开始探索技术领域内的创业行为。

在火炬计划布局下，北京成立中关村科技园区，成为我国首个高新技术产业开发区，各地也纷纷结合自身的特点与条件创办了高新技术产业开发区，创业商业服务纳入政策视野。1991 年 3 月国务院发出《关于批准国家高新技术产业开发区和有关政策规定的通知》，指出在各地已建立的高新技术产业开发区中，再选定一批开发区作为国家高新技术产业开发区。该通知包括 3 个附件，分别对国家高新技术产业开发区内的高新技术企业认定程序、所享受的各项优惠性政策、执行的税收标准做出规定。1991 年至 2015 年 10 月，国务院先后批准了 145 个高新区为国家级高新技术产业开发区，这些国家级高新技术产业开发区已经成为高新技术领域内创业活动的重要支持环境。

三　创业政策初步建立阶段

1992 年以后非公经济合法身份得到明确，这一具有里程碑意义的事件对中国创业事业影响深远。一大批政策陆续出台，对创业的门槛、创业的资金、特殊人群创业、创业商业服务进行了规范，我国的创业政策体系初步确立起来。

邓小平同志 1992 年的南方谈话，使我国的经济改革摆脱了在姓"社"、姓"资"问题上长期以来的争论与束缚。党的十四大提出了建立社会主义市场经济体制的改革目标。1992 年 10 月，党的十四大报告提出："在所有制结构上，以公有制包括全民所有制和集体所有制经济为主体，个体经济、私营经济、外资经济为补充，多种经济成分长期共同发展。"1993 年 11 月，党的十四届三中全会决定提出："在积极促进国有经济和集体经济发展的同时，鼓励个体、私营、外资经济发展，并依法加强管理。"1995 年 9 月，党的十四届五中全会决定提出："允许和鼓励个体、私营、外资等非公有制经济的发展，并正确引导、加强监督、依法管理，

---

[1]　王昌义：《中国火炬计划情况介绍》，《高科技与产业化》1995 年第 3 期，第 5 页。

使它们成为社会主义经济的必要补充。"一系列党的文件正式确立了非公有制经济以社会主义经济的必要补充身份取得合法地位。

创业门槛方面，国家通过企业创建的立法进行规范。1993 年 12 月，《中华人民共和国公司法》经八届全国人大常委会第五次会议获得通过。该法规范的对象为有限责任公司和股份有限公司，对有限责任公司和股份有限公司的设立程序、组织机构设置、股权（份）转让、破产与清算等行为，都做出了详细的规定。《公司法》对于新企业的创办设置了一定的门槛，例如，规定有限责任公司必须由 2 个以上 50 个以下股东共同出资设立，注册资本为在公司登记机关登记的全体股东实缴的出资额，以生产经营为主或以商品批发为主的公司注册资本不得少于人民币 50 万元，以商业零售为主的公司注册资本不得少于人民币 30 万元，科技开发、咨询、服务性公司注册资本不得少于人民币 10 万元，同时规定，以工业产权、非专利技术作价出资的金额不得超过其注册资本的 20%。1997 年 2 月，《中华人民共和国合伙企业法》获得通过，该法对合伙企业的设立程序、合伙企业的运营、合伙企业的解散和清算进行了规范，例如，在合伙企业的设立中就规定合伙人可以用货币、实物、土地使用权、知识产权或者其他财产权利出资，经全体合伙人协商一致，合伙人也可以用劳务出资等，有助于合伙企业的创办。但是，该法明确将有限合伙这种合伙形式排除在外，这对于创业投资业的发展是不利的。

创业资金方面，1995 年 5 月《中共中央、国务院关于加速科学技术进步的决定》提出，要继续鼓励和引导民营科技企业的健康发展，继续拓宽科技金融资金渠道，金融机构要支持科技事业的发展，发展科技风险投资事业，建立科技风险投资机制。1996 年 2 月国家科委出台的《国家高新技术产业开发区管理暂行办法》，指出国家高新技术产业开发区应当大力发展风险投资，以促进高新技术企业的创办。1996 年 5 月通过的《中华人民共和国促进科技成果转化法》，规定科技成果持有者可以采用自行投资实施转化，以该科技成果为合作条件、与他人共同实施转化，以该科技成果作价投资、折算股份或者出资比例等方式进行，实则也是在鼓励以创办企业的途径转化科技成果。1996 年 10 月国务院《关于"九五"期间深化科学技术体制改革的决定》提出，具有开发研究优势并已形成自我发展能力或具备产业开发实力的科研机构，可以兴办企业，积极探索发展科技风险投资机制，促进科技成果转化。

特殊人群创业政策在这段时期比较重视高新技术领域。胡希博士总结1993 年国家科委、国家体改委出台了《关于大力发展民营科技型企业若干问题的决定》，认为这份文件"发展民营科技型企业，被肯定为促进科技与经济相结合，推动科技成果商品化、产业化、国际化的成功实践，这实际上表明通过创办企业来转化高新技术成果的方式得到了公共政策的关注。文件里提出要动员、鼓励更多的科技人员创办民营型科技企业，欢迎海外留学人员回国兴办各类科技企业，允许各级政府部门中一部分有专业知识的人员投身科技创业，同时还提出了要尊重创业精神。这一系列措施，都是力图以激励创办企业的方式来实现高新技术成果转化的目的，直接激发了与高新技术相关的创业活动"①。

创业商务服务方面，创业服务中心作为一种重要的工具受到公共政策的重视。1994 年国家科委出台的《关于对我国高新技术创业服务中心工作的原则意见》指出，创业服务中心是由各地政府、科委和高新技术产业开发区支持，实行企业化管理，面向社会开展服务的公益性科技事业服务机构。创业服务中心的主要任务，是通过提供各种有效的服务，源源不断地培育成熟的高新技术企业和优秀的高新技术开发、经营、管理人才。创业服务中心要发展成为高新技术成果转化的孵化器，高新技术企业的生长点，培育现代科技企业家的场所和高新技术产业支撑服务体系的重要组成部分。创业服务中心要建立适应社会主义市场经济的运行机制，通过有偿服务逐步实现自收自支、自主经营、自我约束、自我发展的良性循环；同时要充分利用当地科研院所、高等院校和企业的研究、试验、测试、生产等条件，扩大自身的服务功能和水平。该政策表明，创业服务中心既作为促进高新技术领域创业活动的工具，又作为鼓励高新技术创业活动的公共政策实践载体，逐步开始受到重视。

四 创业政策修正补充阶段

非公经济的地位在这一阶段变成了社会主义市场经济的重要组成部

---

① 胡希：《创业公共政策研究——基于激励创业者进入的视角》，博士学位论文，暨南大学，2008 年，第 64 页。

分。这就为创业事业的高速发展奠定了政治理论基础。围绕这一重大变革，国家从纲领性文件、根本法、部门法、政策法规的层面，全面地对创业事业进行了政策修正与补充。

（一）对非公经济的重新定位

党的十五大确立了公有制为主体，多种所有制经济共同发展的基本经济制度，十五大报告指出："非公有制经济是我国社会主义市场经济的重要组成部分。对个体、私营等非公有制经济要继续鼓励、引导，使之健康发展。"党的十六大报告则提出"必须毫不动摇地巩固和发展公有制经济，必须毫不动摇地鼓励、支持和引导非公有制经济发展，坚持公有制为主体，促进非公有制经济发展，统一于社会主义现代化建设的进程中，不能把这两者对立起来"。1999年3月，九届全国人大二次会议通过了《中华人民共和国宪法修正案（草案）》，第十一条增加"在法律规定范围内的个体经济、私营经济等非公有制经济，是社会主义市场经济的重要组成部分"的内容，相应删去个体经济、私营经济"是社会主义公有制经济的补充"的提法。

（二）中小企业创业门槛政策修订

创业企业设立方面，个人创办的中小微型企业逐步受到国家政策的支持。1999年8月通过的《中华人民共和国个人独资企业法》对个人独资企业的设立程序、投资人及事务管理、解散和清算、法律责任等内容进行了规范，从法律角度确认了个人投资创办企业的行为。2000年7月，国家经贸委《关于鼓励和促进中小企业发展的若干政策意见》提出要加大对中小企业特别是高新技术类中小企业的扶持力度，其多项内容涉及对于创办中小企业的支持和优惠措施。2002年6月通过的《中华人民共和国中小企业促进法》则是我国第一部专门针对中小企业的法律，提出要为中小企业的创立和发展创造有利环境，这部法律专门设立第三章"创业扶持"，对特殊群体创业、税收、注册登记流程、股权形式等方面做出规定。2005年2月，国务院《关于鼓励支持和引导个体私营等非公有制经济发展的若干意见》指出，要放宽非公有制经济市场准入，支持非公有资本创办科技型中小企业。在推动非公有制经济发展的过程中，激励中小企业的创办仍然是公共政策的焦点。2005年10月，修改后的《公司法》降低了创办公司的门槛。例如新法规定可以成立一人有限责任公司，注册资为本公司全体股东认缴的出资额，但对首次出资额和注册资本的最低限额做出规定。

（三）风险投资和创业板成为创业资金政策亮点

1998 年 3 月，民建中央在全国政协九届一次会议上提案《关于尽快发展中国风险投资事业的几点意见》，提出必须借鉴国外风险投资的成功经验，大力发展风险投资事业，提出了发展中国风险投资事业的建议，该提案被称作"一号提案"。第二年，《中共中央、国务院关于加强技术创新，发展高科技，实现产业化的决定》指出要培育有利于高新技术产业发展的资本市场，逐步建立风险投资机制，发展风险投资公司和风险投资基金，建立风险投资撤出机制，加大对成长中的高新技术企业的支持力度。之后，国务院转发了科技部等 7 个部委局联合制定的《关于建立风险投资机制的若干意见》，内容包括建立风险投资机制的基本原则、培育风险投资主体、建立风险投资撤出机制、完善中介服务机构体系、建立健全鼓励和引导风险投资的政策和法规体系等几个方面，这成为我国创业风险投资事业发展史上的一个里程碑。地方政府立法方面，2000 年 10 月，《深圳市创业资本投资高新技术产业暂行规定》作为我国第一部地方性创业风险投资规章颁布实施。2001 年 1 月，《中关村科技园区条例》首次将创业投资内容纳入科技园区条例。2005 年 11 月，国家发改委等 10 个部委局联合制定并颁布了《创业投资企业管理暂行办法》，对创业投资企业的投资运作进行规范，鼓励其投资中小企业特别是中小高新技术企业。

早在 1998 年我国就提出要充分发挥证券市场功能，支持科技成果转化为生产力，促进高新技术企业发展，在证券市场建立高科技板块。2000 年 10 月，深交所停发新股，开始筹建创业板。但是受到科技网络股泡沫破灭影响，我国创业板市场的建设延迟。2003 年《中共中央关于完善社会主义市场经济体制若干问题的决定》指出，要建立多层次资本市场体系，完善资本市场结构，丰富资本市场品种，推进风险投资和创业板市场建设。2004 年国务院《关于推进资本市场改革开放和稳定发展的若干意见》提出，建立满足不同类型企业融资需求的多层次资本市场体系，分步推进创业板市场建设，完善风险投资机制，拓展中小企业融资渠道。2004 年 5 月，深交所推出的中小企业板，肩负为创业板市场建设积累经验和建立基础的使命，标志着分步推进创业板市场建设迈出实质性步伐。

2007 年 8 月，国务院正式批复以创业板市场为重点的多层次资本市场体系建设方案。2008 年 3 月 22 日，证监会正式发布《首次公开发行股票并在创业板上市管理办法（征求意见稿）》，就创业板规则和创业板发行管理办法公开向社会征求意见。2009 年 10 月 30 日，中国创业板正式上市。当时首批上市的 28 家创业板公司，平均市盈率为 56.7 倍，而市盈率最高的宝德股份达到 81.67 倍，远高于 A 股市盈率以及中小板的市盈率。

2006 年 8 月，《合伙企业法》也进行了修订，新法在原有内容的基础上增加了有限合伙制度、有限责任合伙制度，明确法人可以参与合伙，这有利于鼓励民间投资，特别有利于促进创业投资业的发展。

（四）创业商业服务政策重在孵化器建设

创业商业服务方面，创业孵化器的功能逐步受到重视，国家地方出台系列政策对其进行了规范。1999 年 4 月科技部等 6 个部委局联合发布的《关于促进科技成果转化的若干规定》明确提出鼓励科研机构、高等学校及其科技人员以创办高新技术企业的方式转化高新技术成果，各地方、各部门应当营造转化的环境条件，积极支持这类创业行为，积极支持高新技术创业服务中心（科技企业孵化器）和其他中介服务机构，引导这类机构为高新技术企业的创办提供场地、设施和服务。科技部出台的《关于加快高新技术创业服务中心建设与发展的若干意见》《关于"十五"期间加大推进科技企业孵化器建设的意见》和《关于进一步提高科技企业孵化器运行质量的若干意见》等，专门针对创业服务中心（创业孵化器）的发展进行了规定，内容包括创业服务中心未来 3 年至 5 年的发展目标和任务，明确其社会任务定位和对于社会效益的优先考虑，完善孵化服务功能，推进综合性孵化器、专业性孵化器、面向特定创业对象孵化器的建设，加强孵化器创新创业服务条件基础设施建设，整合孵化器资源，加强交流等，尤其强调了政策对创业服务中心（孵化器）发展的继续推进与支持，明确了创业服务中心（科技企业孵化机构）是国家高新区创业服务体系的核心。2005 年制定的《高新技术创业服务中心管理办法》和随后的《科技企业孵化器（高新技术创业服务中心）认定和管理办法》，对科技企业孵化器的运营进行规范，营造有利于培养中小企业和创业者的环境。

（五）社会创业教育逐步进入政策范围

除高等院校创业教育方面，广义上的创业教育政策方面政府也开始有所增强。2007 年 8 月通过《中华人民共和国就业促进法》，政府从立法的层面关注创业和就业的关系问题，提出各级行政部门要通过简化程序和提高办事效率等措施，为劳动者自主创业和自谋职业提供便利。法律中提出对自主创业人员在一定期限内给予小额信贷等扶持，引人注目的是在条文中规定加强创业培训，提高劳动者、农村劳动者和失业人员的创业能力。

五　创业政策快速发展阶段

2007 年，发源于美国的"次贷危机"引发了全球性金融危机，受此影响世界经济增长停滞，中国经济也出现了增速放缓的现象。通过促进创业来带动就业和经济的振兴，就成为国家创业政策的一个愈加明确的信号。2013 年至今，我国的创业政策国家战略发展政策体系内的重要性愈加凸显，政策制定与执行均进入快车道。

在党的执政政策方面，党的十七大提出"提高自主创新能力，建设创新型国家"和"促进以创业带动就业"的发展战略。2012 年党的十八大报告提出，要引导劳动者转变就业观念，鼓励多渠道多形式就业，促进创业带动就业。2013 年党的十八届三中全会通过的《中共中央关于全面深化改革若干重大问题的决定》提出，要健全促进就业创业的体制机制，完善扶持创业的优惠政策，形成政府激励创业、社会支持创业、劳动者勇于创业新机制。会议对包括金融体制、财税体制、行政体制等方面提出了深化改革的方案，并把非公有制经济提到了更为重要的地位。2015 年 3 月，全国"两会"召开，"大众创业、万众创新"被正式确立为我国经济转型和保增长的引擎之一，由此开启了全民关注创业、万众支持创业的新时代。

在这一背景下，政府颁布了一系列政策法规，要求改善创业环境，加强创业培训和创业服务，形成政策扶持、创业培训、创业服务三位一体的工作机制。创业教育扶持政策自此逐渐完善，从单一支持某个领域变成多措施并举全面推进。

我们引用国家发改委报告对近年来我国创业政策的描述："商事制度改革扎实推进。按照简政放权、放管结合、优化服务的要求，大力推进注册资本登记制度、企业年检制度、市场巡查制度等改革，全面实施'三证合一''先照后证'登记制度，简化市场主体住所（经营场所）登记手续，推行电子营业执照和全程电子化登记管理，规范权力运行，激发了市场活力和社会创造力，为创业创新打开了大门、降低了门槛。自 2013 年以来，国务院已取消 150 多项审批事项、10 余项束缚创业创新的部门行政许可、61 项职业资格认证，清理规范 192 项中介服务事项。新设企业完成全部注册时间从改革前的平均 26 天缩短到 14 天，实现'一照一码'后，将进一步缩短到 3 天。

财税支持力度不断加大。对创新产品和服务的政府采购力度加强。实施结构性减税和普遍性降费，扩大小型微利企业享受减半征收所得税的范围，将应纳税所得额由 10 万元提高至 30 万元，将小微企业增值税、营业税起征点提高到 3 万元，对符合条件的孵化器企业减免营业税、房产税、城镇土地使用税，扩大企业研究开发费用税前加计扣除的范围，取消、停征、减免部分中央和地方涉企收费。2015 年全国减免小微企业和创新型企业税费负担 3500 亿元以上。

金融服务体系日趋健全。针对制约创业创新企业发展的融资难、融资贵问题，大力推进创业创新投融资体系建设。国家设立了总规模 400 亿元的国家新兴产业创业投资引导基金和总规模 600 亿元的国家中小企业发展基金。推动在上海证券交易所建立战略新兴产业板。扩大公司债券发行主体范围，全面建立非公开发行制度，推进区域性股权市场规范发展。服务中小微企业的功能作用日益增强。2015 年年底，全国中小企业股份转让系统挂牌公司达到 5129 家，当年新增 3557 家，全年融资规模达到 1216.17 亿元，是 2014 年的 9.21 倍。全国已设立的 37 家区域性股权市场挂牌股份公司数量达到 3375 家，展示企业 4.15 万家，累计为企业实现各类融资 4331.56 亿元。创业板、中小板共上市 130 家，募资总额 499.24 亿元，同比分别增长 58.5% 和 7.3%。鼓励银行业金融机构向创业创新企业提供结算、融资等一站式系统化的金融服务，加大对小微企业的融资担保扶持力度，试点银保合作服务小微企业模式。到 2015 年年底，银行业小微支行、社区银行已超过 5000 家，全国金融机构小微企业贷款余额 23.46 万亿元，占全部贷款的 23.9%，全年小微企业贷款增加 2.76 万亿元，较上年同期增长 13.3%。全国创业担保贷款余额达到 840.4 亿元，对创业创新的支持力度不断加大。

公平竞争的市场环境建设取得重要进展。加大反不正当竞争的执法力度，开展知识产权执法维权行动，集中整治仿冒、虚假宣传等侵犯知识产权的不正当竞争行为。加强公平竞争和信用体系建设，强化以信用监管为核心的事中事后监管。2015 年共查处各类经济违法违章案件 51.8 万件，案件总值 71 亿元，办理专利行政执法案 35844 件，同比增长 46.4%。

双创支撑平台快速发展。颁布实施《关于加快构建大众创业万众创新支撑平台的指导意见》，大力推进众创空间发展，推广创客空间、创业咖啡等新型孵化模式，开展小微企业创业创新基地城市示范，着力打造低成本、便利化、全要素、开放式的创业服务体系。截至 2015 年年末，全国共有各类众创空间 2300 多家，全国科技企业孵化器数量超过 2500 家，在孵企业超过 8 万家，毕业企业达到 6 万家。

创业创新文化氛围逐渐浓厚。成功举办首届全国大众创业万众创新活动周，在全国产生了广泛深入的影响。举办'创青春'中国青年创新创业大赛，设立 31 个省级赛区、100 多个地市级赛区，吸引 7600 多个创业项目、30 多万名青年参赛。举办'互联网＋'大学生创新创业大赛，吸引 1800 余所高校、57000 多支团队、20 万名大学生参赛。广泛通过电视、广播、报刊、网站、微信、微博等方式宣传创业创新政策，讲中国创业者故事，弘扬创新和企业家精神。"[1]

我们可以对国务院办公厅政府信息与政务公开办公室 2015 年年底出版的《国务院大众创业万众创新政策选编》做一点简单的文本分析。这份资料显示，仅 2013 年下半年至 2015 年年底，国务院就出台重要的"双创"政策 20 个，各部委出台配套政策 43 个，基本涵盖了创业政策的各个方面，从覆盖面或是密集度来说都是空前的。[2] 总的来看，这一阶段党的文献及政府文件的相关政策进一步表明，中国政府更加重视创业问题，将创业纳入到中国经济发展的战略规划和议程，从政策涉及的领域到政策对

---

[1]　国家发展与改革委员会：《2015 年中国大众创业万众创新发展报告》，人民出版社 2016年版，第 5—7 页。

[2]　参见国务院办公厅政府信息与政务公开办公室《国务院大众创业万众创新政策选编》，人民出版社 2015 年版。

创业支持的力度来看，都达到了历史最好阶段，并且国家更加重视对创业政策的落实，这一时期我国创业政策体系已更加完善。

六　中国创业政策特点

（一）以市场经济的发展为背景

狭义创业行为必然与非公有经济成分的增加紧密联系。因此，创业政策的产生与发展，无不以市场经济的发展为基本前提。非公有制经济没有政治合法地位，没有获得政府的认可，创业政策就无从谈起。

从以上对我国创业政策的历史回顾中可以清晰地看到这一点。个体经济被认可是社会主义经济的补充，就有一系列鼓励个体经济发展的政策出台；私营经济成为公有制经济的补充之后，规范私营企业发展有关的条例才陆续颁布；当个体、私营经济在以公有制经济为主体的所有制结构中成为社会主义市场经济的必要补充，并与公有制经济长期共同发展时，这时鼓励创办企业的公共政策实践更进一步得到发展；到了个体、私营经济上升为社会主义市场经济的重要组成部分，得到坚定的引导、激励和保障时，关于创业的政策环境进一步宽松，一些领域逐步放开，政府开始从多个方面去实施激励政策、营造创业的条件、打造适合创业的环境，最大限度地激发全社会的创业行为，提升创业活动的水平。

（二）中央政府处于主导地位

政府供给型政策体系的特征，就在于政府在权力配置中处于主导地位，政府政策变革的意愿和能力构成决定制度变革的方向、深度、广度等主要因素。政府借助行政命令、法律法规及经济手段，于自上而下的行政系统内规划、组织、实施和监控制度体制变革的全过程。即使是由非政府主体发起的变革，也需要得到政府的认同和批准才能够发挥效能。

我国的政治传统，决定了国家创业政策的发展改革进程，取决于在资源配置权力和政治力量占据绝对优势的中央政府。地方政府近十年来在各地区实践中也出台了一系列具有地方特色的政策，例如深圳于 2000 年 10 月颁布实施我国第一部地方性创业风险投资规章《深圳市创业资本投资高新技术产业暂行规定》，北京 2001 年实施《中关村科技园区条例》首次纳入创业投资内容。但从目前"双创"时代中央政府对创业的关注，公共政策还将以中央政府的供给为主导，地方执行中央政策出具实施细则，或按照地方情况追加配套政策。

（三）采取稳健方式推进

我国 30 多年的政治经济改革经验告诉我们，相对于激进式改革，渐进式改革更加符合中国发展的客观实际。这从经济、政治两个方面都有体现。首先从政治的角度分析，激进式的推进意味着既有利益结构的重大调整，易引发利益矛盾和冲突导致政治稳定度下降。其次，创业政策就是在社会主义市场经济不断建立和完善的道路上渐进构建的。我们通过稳健的发展创造了中国经济腾飞的奇迹，因此，国家整体的改革思路是稳健为主，在当前全球经济低迷，国家经济发展进入新常态的背景下，渐进式政策变革的主基调恐怕不会有大幅调整。

本章小结

创业公共政策是创业公共管理的载体。创业公共政策实际上是从中小企业政策发展并分化出来的。政策如何被设计和执行，成为创业公共政策研究的重点。

Lundstrom 和 Stevenson 对创业公共政策进行了归类，并提出了关于创业公共政策 6 个方面的理论框架：创业促进、创业教育、启动环境、启动期与种子期融资、启动期的商业支持措施、目标群体战略。这些公共政策的目标主要是为了降低企业创建的门槛，减小创业早期的资金压力，强化创业项目的商业服务，培育创业者精神和培养潜在的创业者群体，以及增加特定目标群体的创业率。

从创业公共政策的发展逻辑来看，首先要分析创业准入与退出的政策，这解决的是能否创业的问题（创业门槛政策）。之后要提供创业的资金支持（创业资金政策）和商业服务支持（创业商业服务政策），这解决的是创业的条件问题。最后要分析创业的教育政策，这是解决搭好戏台谁来唱的问题——培育创业者。在不同的历史阶段，创业公共政策的侧重点也会不同，而创业的促进则贯穿创业政策制定与实施的始终。

随着十一届三中全会的召开，我国政治与意识形态领域的错误倾向开始逐渐得到纠正，经济生活也开始发生改变。自 1978 年之后，国家的创业公共政策大致可以划分为"创业政策萌发阶段""创业政策探索建立阶段""创业政策初步建立阶段""创业政策修正补充阶段""创业政策快速发展阶段"等6个时期。30多年的发展，我国的创业政策体现出在中央政府主导下，以市场经济的发展为背景采取稳健方式推进的特色。从文献和政策的梳理来看，无论是政策涉及的领域还是政策对创业支持的力度，中国目前的创业政策都达到了历史最好阶段，并且国家更加重视对创业政策的落实，这一时期我国创业政策体系已更加完善。

第 五 章

责任——创业公共管理核心

人民福利是最高的法律，确实是非常公正的和根本的准则，凡是真诚地遵守这一准则的人都不会犯太大的错。

——《政府论 第十三章》

责任在公共管理的范畴中从来不是个虚无的概念，这和刷在墙上的标语完全不是一回事。实际上，无论是政策的制定还是公共管理的执行，都是基于对责任的认识：作为公共管理者，哪些事情是我应该做的，哪些事情我是不能做的，还有哪些事情是我可以做的，我这么处置公共管理事务的依据是什么，以及一旦我没有按照规矩来，我可能面临什么样的结果。

第一节 公共管理责任内涵

任何民主社会总是要有一套与之相适应的责任机制，来保障其可以依靠得到最广泛支持的方式去行事。这就是公共管理责任的重要性所在。我们先来了解一下公共部门的责任是基于什么而来的，它具有何种含义，以及作为管理的对象，公共部门责任的操作是如何进行的。

一 公共部门责任理论渊源

公共部门（聚焦一些来说是政府）的责任，从渊源来说可以用两个理论解释。

一层是委托代理关系理论，它解释公共管理的内部责任。休斯认为政府组织由公众创建，为了公共利益而生存并对公众负责。政府和公民之间的关系可被视为另一种"委托代理关系"，因为政府必须征得公民的同意并以其民意进行治理。如果就此达成一致，政府就必须满足服务对象的利益需求。① 公共领域的代理关系有三种，政府公众的委托代理关系，一般公务员与行政长官的委托代理关系，行政部门与国家权力机关、立法部门的委托代理关系。公领域"委托代理关系"成立的基础是：第一，公民赋予公共部门管理的权力但未放弃自身的权力，一切政治或行政行为都需要得到公民的支持；第二，公共权力不被滥用（这种权力是以国家暴力为后盾的），并且政府是负责任的。它的实现途径也有两种：第一，政府行为必须完全以法律为依据，不仅适用于公民，而且适用于政府自身；第二，政府中特定的人员要对政府的每项行为负责。从基层的工作人员到高层的官员，每个社会成员都被假定能够在政府中找到对每项具体行为承担责任的人。在执行层面上，要求受托人做到以最大善意遵照法律的规定，执行国家的任务，杜绝一切以权谋私的行为；负责以最经济、最有效的办法管理和运用公共资源；负责使公共资源的配置和运用最大限度地达到预定目的。

另一层理论是交易成本理论，它解释公共管理中政府与其他组织（社会组织、企业等）的责任问题。市场上的交易会产生成本，这一点放在公共管理领域同样成立。如果采用契约外包的方式，那么交易成本会大大降低，并可以降低行政成本，提供竞争的机会。这一点在新公共管理学盛行后深得人心，它符合当代管理学中对有限政府的希望，强调顾客感受，可以提高行政效率，并以外包、公私合作伙伴关系等得以体现。但是并非所有领域都可以采用外包的方式解决，具体问题具体分析的方法可能比意识先行的方法更好。

在公共管理领域中，管理责任不同于管理职责。管理责任是指组织中的个人会因为自己的某个决策或行为而受到消极或积极的影响，公务人员各个层级上的人都必须对其上级负责。管理职责则被视为依照其他人的命令运作，就像一位部长必须对其所属部门的工作人员的行为负责。休斯认

---

① ［澳］欧文·休斯：《公共管理导论》（第四版），张成福等译，中国人民大学出版社 2015 年版，第 143 页。

为职责的概念比责任更缺乏精确性，"一位上司要承担何种责任以及其职责的范围要如何界定，这些问题从来就没有被确切的表述过。如果一个下属犯了执行性错误，这并不意味着其上级必须为此错误承担责任，虽然名义上，他或她对其下属负有责任"①。

二　公共部门责任的含义

公共管理责任中的"责任"是多义的，如政府在管理活动中要承担行政责任、政治责任、经济责任等多种形式的责任。② 为研究方便，在下文若无特别说明会以政府责任为公共部门责任主体进行讨论。

对于政府责任的分类，先看看国外学者的观点。Robert D. Behn 将政府责任分为三类，即财政责任、公平责任、绩效责任。③ 美国学者 Lawton 和 Rose 把政府责任分为四种，包括政治责任、管理责任、顾客责任和职业责任。④

Romzek 将政府责任分为四种类型，即层级（官僚）责任、法律责任、政治责任和职业（专业）责任。⑤

层级责任有赖于监督和组织指令，包括标准作业流程、雇员绩效责任标准，它基于对拥有低水平工作自主权个体的密切监督和内部控制。这种形式的责任强调通过规则、标准作业流程、监督以及组织指令来告诉雇员应该做什么。在 Romzek 看来，传统行政的优势在于其基于职位分类的架构所组成的公务员系统，而这种职位分类又体现为对于低水平自由裁量权和严格的监督控制的依赖。

法律责任强调服从外部期望或绩效指标以及严格的审查和监督以使雇员对其绩效负责。法律责任关系实质上是一种委托代理关系。这一责任履

---

① ［澳］欧文·休斯：《公共管理导论》（第四版），张成福等译，中国人民大学出版社2015年版，第143页。

② 陈建先、王春利：《政府责任的语义辨析》，《探索》2007年第4期，第76—79页。

③ Robert D. Behn., *Rethinking Democratic Accountability*, Brookings Institution Press, 2001, p. 6.

④ Lawton Alan, Rose Aidan, *Organization and Management in the Public Sector*, London: Pitman, 1991, p. 23.

⑤ Romzek Barbara S., *Where the Buck Stops: Accountability in Reformed Public Organizations in Patricia*, SanFrancisco: Jossey-Buss, 1998, p. 197.

行的标准聚焦于代理人是否达成了委托人的期望。

政治责任是使重要的外部利益集团、民选官员、顾客以及其他相关机构感到满意的一种责任形式。这种形式的责任关系强调行政行为是否充分地回应了其外部顾客的期望。在这一责任关系中，负责任的官员对他人的议程事项和期望做出预期和回应是尤为必要的，而这一行为已经远远超越了公务员"监督—服从"义务和专业服务的职能范围。

职业责任强调专业化技能的职责以及对专业技能的尊崇。绩效指标建立在专业规范之上，并且这些指标在类似行业或工作组织中已经达成了共识性协定，且被广泛应用。这一责任关系的预期是，公务员可以负责任地行使自由裁量权，并且要遵从具有共识性的责任行为规范。

以上四种责任关系可能会同时存在于一个组织当中。同一个行为主体可能在不同的时间面临不同的责任关系。在一些情况下，强调行为主体的服从性，而在另一些情况下，又强调对专业知识、法律规范以及回应力的遵从。他认为前两种责任强调严格的监督和较少的自由处置权，后两种责任则允许较大的自由裁量权。认为公共部门责任具有多维度、复杂性及复合性等特点。在分析公共责任的复合性这一特征时，用官僚责任、法律责任、专业责任和政治责任这四种相互竞争的责任类型理论进行了举证。

国内学者对政府责任概念的讨论在 21 世纪初相对集中。张成福教授从最广义、广义和狭义三个层面对政府责任进行阐释。从最广义的角度看，他认为政府责任是涵盖政府对社会的回应、政府义务、政府的法律责任等三层次为一体的总称。从广义的意义看，他认为政府责任意味着政府的社会义务，即政府组织及其公职人员必须履行符合法律规定和满足社会需求的义务。从狭义的层面看，政府责任即法律责任。这是一种与违法行为相联系的消极责任，是政府机关及其工作人员在出现违法行为后所需承担的否定性法律后果。具体而言，主要包括道德责任、政治责任、行政责任、政府的诉讼责任和侵权赔偿责任。[①] 陈国权教授提出，政府责任对应于政府所享有的行政权力，其在遵循宪法原则、维护国家法律制度、保卫国家安全、发展公共事业、维护公民生命和财产不受侵犯等方面必须承担

---

① 张成福：《责任政府论》，《中国人民大学学报》（哲学社会科学版）2000 年第 2 期，第 75—82 页。

责任。[①] 张定淮教授认为制度层面的政府责任是指一种义务和任务，是一种监督、控制和制裁的行为。伦理层面的政府责任是指政府自身行政能力的发展和完善，包括对公共利益的忠诚和对公共利益的热诚。[②] 李军鹏教授认为，政府责任分为政治责任、管理责任、法律责任、绩效责任、伦理责任、说明责任。[③]

由此可以总结一下，公共管理责任是指公共管理机构及其人员因其享有和行使权力而承担的并应履行的工作义务，且若是存在违反法律规定或违法行使职权的情形，要承担国家从法律层面对其行为做出的否定性评价和处分结果。

三 公共部门责任管理体系

如果让管理者认识到，给予他一定的资源让其执行特定的任务，意味着他们将承担更为直接的责任，那么公共管理的具体行为一定会发生很多不同。张巍博士将责任管理体系具体认定为区分责任、履行责任、监督责任、追究责任四个环节。[④] 请读者注意的是，这里所谓的"责任"，既包括了其履职的层面，也包括承担后果的层面。

（一）责任定位

明确组织及其个体之间的责任关系，是实现和健全政府责任机制的前提。在流程上，要求对政府部门按照职能进行科学的分类，据此把责任分配到部门、岗位，个人，使整个政府部门的公务员个体责任明确，整体责任次序井然，这样才能确保各自责任与义务的实现。在内容上要按照道德伦理、政治、行政、法律等要素对本部门的责任划分明确。

（二）履行责任

接下来就是政府责任主体按照各自的职责范围履行责任。由于其并非

---

① 陈国权：《论责任政府及其实现过程中的监督作用》，《浙江大学学报》（哲学社会科学版）2001 年第 2 期，第 28—34 页。

② 张定淮、涂春光：《论责任政府及其重建机制》，《中国行政管理》2003 年第 12 期，第75—79 页。

③ 李军鹏：《责任政府与政府问责制》，人民出版社 2009 年版，第 19 页。

④ 张巍：《绩效评估与政府责任机制创新研究》，博士学位论文，湘潭大学，2013 年，第27—29 页。

孤立个体，要履行职责都离不开其他政府责任主体的支持和配合，因此在履行责任时，无论是不同区域的横向之间，还是不同层级的纵向之间，都存在保证沟通、分工协调的问题。

休斯为部门内容责任归属问题设立了一个最基本的原则。

"如果拥有最高权力的人参与管理或应当参与管理，那么就应该让其为此负责。特别值得注意的是，高层管理者不必对其下属某些个别性的错误或低劣服务负责，但如果这种错误或低劣服务是全局性的，尤其是当其未采取任何适当的预防措施时，他就应该承担责任。基于这一原则的责任机制一旦建立，对适当责任机制的需求和职责的划分就可能协调运行。基于这种方式，高层管理者将是很负责任的，并且也不会表现出不公平或不合理。这是一个更现实的责任机制，因为组织中实际执行任务的最高层管理者是责任人。显然，人们发现公务员对公众的负责程度显然要低于对部门首长的负责程度。"①

（三）监督责任

政府责任监督是由专门机构或人员，对政府责任主体的责任履行情况进行监督、检查和评价，并将监督检查和评价的结果反馈给包括被监督者、检查者和政府责任评价主体的系统过程。要制定专门的绩效指标体系和评估标准，有的放矢地评估各责任主体在实现工作目标过程中所取得的成果，以及其履行责任的结果和效果。

休斯教授从学理上分析了这样做的初衷："出于责任的考虑，审核是必不可少的，即做到像福山所说的'信任但不迷信'。方案评估和制度化咨询的广泛应用促进了这种责任要求的建立。人们相信公共管理者将致力于结果的实现并对此负有正式责任，但对所取得的结果进行考察审核亦是必需的。公共部门的改革可能会进一步强化责任机制。无论是组织还是个人的责任都可能得到改善，因为委托人（政治官员和公众）了解代理人（公务员）更加详尽的信息，而代理人必须对他们的行为和结果负责。管理主义改革旨在构建一个更为透明的官僚组织，因而某些特定项目的结果应该比之前有着更为清晰的揭示。目标实现的失败也应该比在传统责任体

---

① ［澳］欧文·休斯：《公共管理导论》（第四版），张成福等译，中国人民大学出版社2015年版，第150页。

制下更为常见。当然，在改革的进程中一些问题或潜在的问题仍然存在。总之，对已完成的工作进行事后检查，这并不意味着就是对管理者信任的荡然无存，而是为了巩固、提高有更好的结果。"①

（四）追究责任

不同类别的政府责任主体所承担的责任重点有所不同。要通过日常责任监督、责任考察以及责任追究等一系列管理的各自配套的路径来进行责任追究。如政治责任反映的是政府与公民、社会之间的关系，因此，一切社会政治组织与政治力量都可以成为政治责任的评判和追究者。再者，根据政治责任追究机关的不同，我国政治责任的追究形式可分为党政追究、人大追究、自我追究和社会追究等。由有关方面根据监督检查和评价的情况，针对政府责任履行过程中存在的问题进行责任追究，进而进一步明确和健全政府责任，推动政府更好地履行责任。②

责任的追究需要警惕一种偏技术的泛化倾向，试图构建越来越多的详尽规范、制度和程序，从而使管理者仅仅像机器一样遵从规则行事。事实上这样做既不可能也无必要。所造成的结果，要不是为了保证"不出错"层层下达文件指令行政效率低下，要不就是为了"不犯错"消极面对应负的责任出现"懒政"现象。这绝非追究责任的初衷。

第二节　创业公共管理内部责任

从最广泛的意义来说，政府对创业事业承担管理的责任。本书对这种责任的探讨，主要限定在充分实现其内部管理职能的层面。至于责任的监督与追究，将在随后章节详细展开。

创业属于经济范畴的事务，政府对经济领域管理责任可以通过以下四种工具实现：（1）供应，即政府通过财政预算提供商品与服务；（2）补助金，这实际上是供应的一种次级类型，是指政府通过资助私人经济领域的某些公司或者组织以生产政府所需的商品或服务；（3）生产，政府出

---

① ［澳］欧文·休斯：《公共管理导论》（第四版），张成福等译，中国人民大学出版社2015年版，第150页。

② 刘力云：《政府审计与政府责任机制》，《审计与经济研究》2005年第7期，第7—9页。

于市场销售的目的生产商品和服务；（4）管制，是指政府运用国家的强制性权力许可或禁止私人经济领域的某些活动。在这些方式中，休斯认为如果政府在实际中实行严格的管制，那么这个政府几乎就是强制干预性的，无异于政府直接提供物品和服务，而且政府明显地偏好管制这一政策工具，而非供应、补助或者生产这些直接的政策工具。[①] 因此，本节对创业公共管理的内部责任，将就"管制"进行专门研究。

至于政府与其他组织合作开展创业管理的外包，由于涉及责任的外部分配问题，将单独分析。

一　公共部门创业管理的一般责任

公共部门对创业事业负有的内部管理责任，一般意义上可以分成如下几个部分。

（一）提供制度架构

政府负有提供确保创业发展正常运转的体制，规则和制度安排的责任。缺乏政治体系所提供的市场规则和经济生活的框架，创业事业根本无法正常运行和发展。人们之所以遵守商业规则，相信一纸合同的威力，是因为法律的存在，而法律是由政府制定的，是以国家强制力为后盾的。因此，政府要建立起一套符合国情与世界通行规则的经济制度，包括对物权的界定与保护、合同的履行、货币与汇率、度量衡、公司准入与管理、企业清算破产、知识权利（专利、版权）等法律和秩序的建立与维护。我们上一章就是对创业的政策架构进行了分析。

（二）提供公共物品或服务

公共物品是每个人消费这种物品不会导致别人对该物品消费的减少，是指一定程度上共同享用的事物。[②] 例如国防、道路与桥梁、航行救助、洪水控制、下水道清理、交通管理系统以及其他基础设施。后来的研究进一步指出了一部分物品具有准公共物品的特征，例如高等教育。政府提供

---

① ［澳］欧文·休斯：《公共管理导论》（第四版），张成福等译，中国人民大学出版社2015年版，第150页。

② 臧旭恒、曲创：《从客观属性到宪政决策——论"公共物品"概念的发展与演变》，《山东大学学报》（人文社会科学版）2002年第2期，第37—44页。

公共物品，将为创业者提供基本的稳定环境和相对便利的生存环境，而采用直接供应或补贴的方式发展例如继续教育等准公共产品，则可以提升创业者素质，创造潜在的人力价值。

（三）维护良性的竞争

创业行为是市场行为，不可避免地会产生纠纷与竞争。政府有责任干预以确保新创企业的正常发展。如果缺乏适当的管制，一些公司将会发展成垄断集团，限制其他企业自由进出，产生垄断价格。另外，创业对利润的追求也需要政府的适当纠偏，保护经济上的弱势群体和弱者，使其免遭强势群体的侵害。政府可以通过就业保护、劳动纠纷、社会保险等来实现公平。

（四）维持经济与自然的和谐

市场经济总是出现周期性的市场波动，遇到经济低潮期，政府应该通过财政预算、货币政策以及对工资与物价的调控等行为来缓解。创业行为是对资源的利用过程，在这个过程中不可避免地会产生成本或浪费。政府负有责任防止资源浪费、保护自然环境免遭恶化，以及确保后代的长远利益不致受损。

二 创业公共管理中的管制

休斯提出，管制是指政府运用立法的权力许可或禁止某些行为，通常是与经济相关的行为，也涉及其他社会行为。管制包括了设定关税、颁发许可证或者执照，以及对劳动力市场的监管。管制的规则种类各异，从微不足道的事情（如统计资料的搜集）到通过严厉惩戒以完全禁止从事的某种经济活动（如贩毒）。[1]

茅铭晨认为尽管角度不同、表述各异，但各学科和学者对政府管制概念以下几个本质特征的认识和把握却是一致的："1. 政府管制是政府或政府机构采取的行动；2. 政府管制是一类特殊的行政活动，其形式是调节、监管和干预，其手段包括准立法、准司法、执法；3. 政府管制是一类高度制度化的行政活动；4. 政府管制是具有高度目的性的行政活动：为追

---

① ［澳］欧文·休斯：《公共管理导论》（第四版），张成福等译，中国人民大学出版社2015年版，第150页。

求经济效益和社会效益的帕累托最优及维护社会公平和正义；5. 政府管制是特定领域（即经济及其外部性领域和一些特定的非经济领域）的行政活动；6. 政府管制是针对特定行政相对方或被管制者（主要是从事经济活动的企业或从事某些特殊活动的其他主体）的行政活动。"①

涉及创业公共管理中的管制，以经济型管制最为直接。

经济型管制旨在鼓励创业者或企业从事某些活动或避免从事某些活动。主要的手段是提供法律来规范组织的成立、市场的准入与退出、纠纷的解决等问题，大多数的商事立法（如公司法等）都是以管制的形式规制创业行为。对于创业者经营方面的管制，则包括财政管制，经常性的价格管制、数量管制、质量管制以及各种商品和包装标准的管制等，而创业者必须遵守政府制定的职业卫生、安全和环境标准。对于创业者人力资源属性的管制，则属于职业管制，从事某些特殊的职业必须获得政府机构的许可，例如开办餐饮企业就要求从业人员具有餐饮资质和卫生资质。目前为提高创业活跃度，减少不必要的政府管制，国家一直在缩减经济一般类管制的范围。以职业资格举例，人力资源社会保障部 2014 年 8 月下达了《关于减少职业资格许可和认定有关问题的通知》（人社部发［2014］53 号），要求进一步减少职业资格许可和认定，在第一批取消职业资格的基础上，2014 年年内再集中取消一批职业资格，重点清理国务院部门、行业协会、学会以及其他中央单位面向社会自行设立的各类职业资格，特别是那些计划经济色彩浓厚、矛盾比较集中、行业基础薄弱的职业资格。到 2015 年，进一步完善工作措施，健全常态化工作机制，基本完成减少职业资格许可和认定工作，相应加强监督管理。争取到 2017 年，初步形成科学设置、规范运行、依法监管的职业资格管理体系。

然而，当前另一个与创业行为相关的职业管制却需要加强，这就是对社会大量需求和存在的创业指导人员的从业规范。目前我国出于创业教育的需求，同时为了帮助创业者快速积累经验、降低试错成本，迫切需要一批所谓的创业导师（培训师、指导师、教练）参与创业活动。然而，目前社会上从事创业指导的人群，其职业背景比较复杂，大致可以分为在高校从事教育工作、自己开办企业、在公司或相关行业单位任高级管理职

① 茅铭晨：《政府管制理论研究综述》，《管理世界》2007 年第 2 期，第 145 页。

务、多年从事其他培训领域转行至此等类型，这批人由于直接参与创业者的创业活动，将对创业成绩起到非常重要的影响，因此其职业（执业）资质需要加以严格规范。

除此以外，为保护新创企业的发展，大多数国家都有一些竞争政策或反托拉斯立法，目的在于强化市场的竞争，抑制商业活动中可能出现的任何勾结或垄断的倾向。

改革管制和管制体制已经成为公共部门改革的一个主要内容。如上文所说，许多明显针对新创企业进入、市场供求、价格决策的经济性管制在很多国家已经被缩减或修正。然而，社会有减少管制的需求，同时也有加强管制的要求。在美国，由于缺乏足够的商业管制，在一段时间内公司丑闻频发，美国于2002年通过了《萨班斯—奥克斯利法案》（Sarbanes-Oxley Act），该法案意在强化公司的责任感。同样，人们也把开始于2008年的全球金融危机归咎于金融机构的管制失灵。尽管放松管制和"精简繁文缛节"的呼声不断，但是未来更可能出现的情况是管制更多而不是更少。只不过由过去严格的管制，转变为更加注重民意、更加富有弹性、更具有回应的管制。

本章小结

公共管理责任是指公共管理机构及其人员因其享有和行使权力而承担的并应履行的工作义务，且若是存在违反法律规定或违法行使职权的情形，要承担国家从法律层面对其行为做出的否定性评价和处分结果。

公共部门责任理论渊源有两个，一个是委托代理关系理论，它解释公共管理的内部责任。休斯认为政府组织由公众创建，为了公共利益而生存并对公众负责。政府和公民之间的关系可被视为另一种"委托代理关系"。它的实现途径有两种：第一，政府行为必须完全以法律为依据；第二，政府中特定的人员要对政府的每项行为负责。另一个理论渊源是交易成本理论，它解释公共管理中政府与其他组织（社会组织、企业等）的责任问题。

公共管理责任的划分，学者讨论很多。国外比较有影响的划分是Romzek的四分法，即官僚责任、法律责任、政治责任和职业（专业）责任。国内学者有持三分法，有持四分法。在框架上增加了伦理责任、说明责任等内容。

责任管理体系具体认定为区分责任、履行责任、监督责任、追究责任四个环节。这里所谓的"责任"，既包括了其履职的层面，也包括承担后果的层面。

公共部门对创业事业负有的内部管理责任，一般意义上包括：提供制度架构、提供公共物品或服务、维护良性的竞争、维持经济与自然的和谐。

公共部门对创业事业负有管制的责任，这些管制行为主要是经济型管制，旨在鼓励创业者或企业从事某些活动或避免从事某些活动。

第 六 章

合作——创业公共管理的发展

郑人游于乡校，以论执政。

然明谓子产曰："毁乡校，何如？"

子产曰："何为？夫人朝夕退而游焉，以议执政之善否。其所善者，吾则行之；其所恶者，吾则改之，是吾师也，若之何毁之？我闻忠善以损怨，不闻作威以防怨。岂不遽止？然犹防川：大决所犯，伤人必多，吾不克救也；不如小决使道，不如吾闻而药之也。"

然明曰："蔑也，今而后知吾子之信可事也。小人实不才。若果行此，其郑国实赖之，岂唯二三臣？"

仲尼闻是语也，曰："以是观之，人谓子产不仁，吾不信也。"

——《左传·襄公三十一年》

现在，我们需要把目光从公共管理的内部转移到外部。传统的政府管理有一种神秘和保守主义的倾向。春秋晚期，本章导语中提到的子产把刑法刻在鼎上（明文法），招致了不少贵族的批判，晋国的名臣叔向为此还专门去了封长信责难子产。[1] 在西方，近代商人和市民阶层的崛起，让政府的管理行为很难避开行会、地区议会等组织的影响。现代的公共管理，逐步摆脱了体制内的僵化思想，而把与外界的合作、沟通、交流当成符合公众利益的题中之意。

---

[1] 参见《左传》当中的昭公卷（昭公六年到十一年）。

第一节　公共管理的外包合作

创业公共管理的责任，随着新公共管理学（乃至后新公共管理思潮）的影响日深，体现出一种共担的趋势。政府提供服务的方式不同了，公共部门提供的服务越来越少，而通过合同形式由私营部门和志愿者组织提供的服务则越来越多。这种转变不应被视为政府责任的减少，它应负有的对涉及的公共管理领域协调、监督的责任并未减少，反而增加了对承包方履行合同的监督，以及承担最终不利后果的责任。人们越来越认识到，没有必要所有的创业管理都由政府承担，尤其是创业活动本身属于经济活动，引入外包的模式效果可能更好。

一　什么是公共服务外包

签约和招标在政府的实践中至少有几百年的历史，而不同之处在于政府服务外包的广度。休斯认为，曾经由政府直接提供的服务开始通过签订合同外包给私人公司或者非营利组织，而且此种行为的频率将不断增加。签约外包已成为对政府作为服务的购买者和生产者的角色进行分离这一活动进行市场检验的首选方式，换言之，要区分"掌舵和划桨"。政府服务外包从 20 世纪 80 年代开始兴盛，这和新公共管理的兴起交相呼应。外包的采用是对过去行政实践的一项重大变革，是管理改革的标志性事件。

（一）公共服务外包的意义

在英文文献中，公共服务外包常用多个词汇来表述，最常见的是 contracting out，也有一些文献用 contracting 或 outsourcing。而中文也有多种译法，如"合同外包""合同承包""合同出租""外包"等。所谓公共服务外包，就是政府在确定某种公共服务的数量和质量标准的基础上，将原本由自身承担的某些公共服务的生产权和提供权以契约合作的方式转让给其他市场主体或社会组织，如私营企业或第三方机构，由其按照合同向民众提供公共服务，政府用财政拨款购买其产品和服务的一种公共服务方式。一般认为，政府公共服务外包最主要的目的是降低公共服务成本、提高公共服务质量、增加公共服务收益、提高政府运营效率，等等。但现有研究表明，不同国家、不同层级的政府，其公共服务外包的目的不一。①

人们期望用服务外包这种形式降低成本、提高质量。交易成本理论一直被人们用来解释政府是否应该对更多的服务进行外包。政府有可能以契约的形式，与作为私营部门的公司建立某种业务合作，而这一契约行为发生的精确临界点取决于交易所涉及的成本。

如果外包出去，有些交易的成本可能降低，而且也会减少行政成本，促进竞争，人们通常认为签约外包可以节省 20% 或 15% —30% 的成本。但是，私人承包商需要将利润计入产品供给成本中，因而在其他因素都相同的情况下，外包的成本更高。在大多数情况下，私人提供的效率收益是存在的，需要对此进行调查考证，而不仅仅是一种假定。如果能够证明内部提供的交易成本更低，那么内部提供是一种更好的方式。

（二）公共服务外包执行原则

多纳休（Donahua）阐释了只有在以下条件下，签约外包才会良好运行：一个项目的实施，事先的规定越是精准明确，事后的评估越是客观准确，则越会促进承包商之间的竞争；替换（或者惩罚）令人失望的承包商的可能性越大，则雇用公司而非公务员的可能性越大。但是，二者的本质差别在于是竞争的、产出导向的关系还是非竞争的、投入导向的关系，而非公司与公务员的关系。

服务外包对公共管理者来说不仅仅是责任转移，而是让承包商担负起了另外一份责任。这就是要保证其行为与合同条款保持一致，从而让合同履行符合原有预期。这可能需要处理包含行政性、技术性在内的各项问题。休斯认为："在这一过程中，行政性和技术性的问题可能涉及几方面的内容，如合同起草、满足招标过程的合法需求、制定详细的合同实施规范、适当监测合同履行、鼓励竞争及避免对承包商的过度依赖，设计如何履行合同这样的行政性事务已经变得比决定是否要进行签约外包的基础性政策更重要。签约外包或许会缩减官僚机构的规模，但是确保合同执行和合同监督给政府人员提出了更高的要求。"

休斯同样警告了服务外包走过头的问题："在详细明晰的合同规定下

---

① 参见贾旭东《基于扎根理论的中国城市基层政府公共服务外包研究》，博士学位论文，兰州大学，2010 年。

由私营部门提供公共服务，或者由公共部门和服务提供机构共同合作将是一种与众不同的公共服务模式，但它们可能没有对公众，甚至对政府服务的思想。如果每个人都是承包商，除了完成合同，没有人会有长期的考虑；如果每个人都是承包商，就无所谓公共利益之事，有的只是合同中列举的条款。通过强制性招标迫使公共服务进行外包规避了管理的责任。对利益得失的深入思考应替代简单的意识形态化的秘方。"

二　公共服务外包的发展与现状

在 18、19 世纪的英国，公共服务由私人部门签约承包是很平常的事，它所涉及的领域也很广，包括监狱管理、道路维护、公共税收的收缴、垃圾收集、路灯的制造和修理等。随着政府职能强化及大型企业的兴起，原始服务外包模式逐步式微，直到 20 世纪后 20 年，新公共管理及市场经济的发展，现代意义上的公共服务外包走向公共管理舞台前列。

1988 年英国开始实行强制性竞争招标方案。英国的实践证明了签约外包比内部供给成本更低，也更富有效率，尤其是像废物回收这样一些易被界定操作的公共服务。将这样一些公共服务签约外包具备理论上的合理性，如斯曼斯基（Szymansky）所言："支持强制性竞争招标的理由可能是人们认为它符合标准的经济理论。由于连续经济的原因，即由单独的一个车辆和一个团队在给定的街道开展废物回收工作比多个团队相互竞争更有效率，废物回收形成了自然的地区垄断。然而，在自然垄断状态下，服务供给者往往会向当局收取更多的租金，因为存在着信息不对称，比如对于供给方敬业程度的评估受限或者当局无力界定服务供给方潜在的效率。"

美国则呈现出周期性波动的特点，其公共服务外包的发展并非直线形上升。句华分析美国公共服务外包的情况后认为，1997 年前尽管公共服务提供方式市场化改革得到了越来越多的政治上的认同，但合同外包的增加依然是有限的。1982 年美国地方政府公共服务使用合同外包的［包括私营部门、非营利部门及其他地方政府（即政府间合作）］占所有服务的34%，而1992年、1997年的这一数字分别是28%和33%。而且增长是不稳定的，同 1982 年相比，1992 年的合同外包比重还有所下降，仅为28%，到 2002 年政府合同外包仅占全部服务的 18%。其中有一个趋势值得关注，即公私混合提供模式所占比重日渐提高。1997 年以后，公私混合模式所占比重从 1992 年占全部服务的 18%，上升到 2002 年的 24%。尽管面对这种变化，句华还是认为公共服务外包在中国政府改革中还有很大的开拓空间。"美国是市场化程度相对较高的国家，但 20 多年来，仍然坚持以市场机制来改造政府，尝试包括合同外包在内的公共服务提供的可替代方案，追求公共部门效率的提高。相比较而言，由于过去基本由政府包办公共服务，市场化程度比较低，我国公共服务提供的效率则有很大的提升空间。因而，不能因为美国逆向合同承包呈上升趋势而全盘否定合同外包。美国近年来强调公平，强调公民的利益，并不意味着对效率的忽略。因而，我国公共部门应大胆尝试合同外包，同时避免走美国的老路，尽可能地寻求效率与公平的平衡。"①

在中国，公共服务外包的尝试在 20 世纪 90 年代开展。2010 年以后，中国的公共服务外包进程逐步加快。2013 年，国务院办公厅出台了《关于政府向社会力量购买服务的指导意见》，2014 年财政部下达了《关于推广运用政府和社会资本合作模式有关问题的通知》（财金〔2014〕76号）、《关于政府和社会资本合作示范项目实施有关问题的通知》（财金〔2014〕112 号）、《政府和社会资本合作模式操作指南（试行）》（财金〔2014〕113 号），国家发改委发布《关于开展政府和社会资本合作的指导意见》（发改投资〔2014〕2724 号）、《政府和社会资本合作项目通用合同指南》等办法，规范社会参与公共服务的内容。其中 2014 年财政部、民政部、国家工商行政管理总局联合发布《政府购买服务管理办法（暂行）》（下文简称"办法"），明确了政府购买服务是指通过发挥市场机制作用，把政府直接提供的一部分公共服务事项以及政府履职所需服务事项，按照一定的方式和程序，交由具备条件的社会力量和事业单位承担，并由政府根据合同约定向其支付费用。在这个"办法"当中，强调公私合作的模式，探索多种有效方式，加大社会组织承接政府购买服务支持力度，增强社会组织平等参与承接政府购买公共服务的能力，有序引导社会力量参与服务供给，形成改善公共服务的合力。"办法"对购买主体和承

---

① 句华：《美国地方政府公共服务合同外包的发展趋势及其启示》，《中国行政管理》2008年第 7 期，第 106 页。

接主体、购买内容及指导目录、购买方式及程序、预算及财务管理、绩效和监督管理等方面做了详细规定，在责任划分上做了指导性规定。

各地区有代表性的事件有：1994 年深圳市罗湖区政府率先实行环境卫生服务外包；1996 年山东泰安市退伍军人周某以每年 10800 元的价格承包该市某村的治安，因而成为中国 "治安承包" 的第一人；2000 年上海率先在改革社会管理体制时推行政府居家养老服务外包业务；2003 年，苏州海关在辖区开展了引入中介机构外包服务、辅助海关核查核销的尝试；2005 年国家税务总局将电子政务服务外包；2009 年宁波市政府颁布《宁波市政府服务外包暂行办法》；2010 年，深圳福田区政府出台《关于完善政府购买服务机制的实施意见》，全面推行政府公共服务外包。

需要注意的是，政府公共服务外包不同于我国的政府采购，虽然我国政府也可以运用合同方式有偿取得服务，但是政府所采购的服务一般是投入性服务，多是用于自身的后勤性服务，而并非直接面向社会公众的产出性服务。①

第二节　创业公共管理中的公私合作伙伴关系（PPP）

近年来，公私伙伴关系（Public-Private-Partnership，简写为 PPP）这一服务外包的模式被政府广泛应用。

一　何谓公私伙伴关系

（一）PPP 的含义

公私伙伴关系的定义存在着不同的观点。斯科彻（Skelcher）认为，PPP 是指将政府和私营部门的资源整合起来从而实现社会目标，它包括服务外包、公共事业的商业化运营以及旨在促使政府和私人机构之间风险共担、合作生产的混合型组织的设计。格雷夫和霍奇从最为广义的意义上看待 PPP，认为它只是公共和私营部门进行互动的各种方式。科林金等人将公私伙伴界定为合同双方共同提供产品和（或）服务，同时实现风险共

---

① 杨桦、刘权：《政府公共服务外包：价值、风险及其法律规制》，《学术研究》2011 年第 4 期，第 53 页。

担、成本共付、利益共享的一种公共部门和私营部门的合作方式。

格里姆赛（Darrin Grimsey）给出的定义比较明确，认为 PPP 可以定义为如下的安排："私营实体参与或为基础设施供给提供支持，PPP 项目的结果是在达成合同项下，私营实体为公共基础设施提供服务。在这样的安排下，公共部门将其资源交给私营部门实体，私营部门实体建设，公共部门规定该设施（项目）的运营服务，私营部门使用该设施在规定的时间段内提供服务，以及私营部门同意在合约结束时将该设施移交给公共部门。……PPP 的本质在于公共部门不再是购买一项资产，而是按规定的条款和条件购买一整套服务。这一特点也是该合作方式得以立足的关键，因为该模式能提供合理的经济激励机制。"[①]

（二）PPP 的几种形式

PPP 有许多不同的形式，最常见的是 BOT/BOO 安排、租赁、合同外包或管理式合约以及其他多种形式的公私伙伴合作。[②]

"建设—运营—移交"（BOT）。这种模式是目前应用最为广泛的 PPP 模式，私人部门承担项目的融资（筹款）、设计、建设和运营，运营期满后该项目的控制权和所有权移交给公共部门。很多国家的公路、隧道等项目采取了 BOT 的安排。

"建设—拥有—运营"（BOO）。对于 BOO 模式下的项目，私人企业实现融资、建设、拥有（所有权）并实际上永久运营（控制权）一座基础设施。例如企业融资、设计、建设和运营一家水处理厂，对公共部门提供的原水进行处理使其成为净水，然后将这些净水返回给公用事业单位，再由其提供给消费者。

"租赁"。在这种模式中，部分风险被转移给私营部门。政府部门负责建设基础服务设施，与私人企业签订了主要是 BOT 类型的特许经营合同或租赁合同，内容包括项目的设计和建设、运营，但不包括项目融资，由私人企业运营和维护设施。

---

① ［英］达霖·格里姆赛：《PPP 革命：公共服务中的政府和社会资本合作》，济邦咨询公司译，中国人民大学出版社 2016 年版，第 5—7 页。

② 本书仅对创业公共管理当中容易出现的 PPP 模式进行简介，更加详细的 PPP 分类，可参考格里姆赛的《PPP 革命：公共服务中的政府和社会资本合作》。

"运营或管理合同"。在这类合约下，私营部门只是部分参与项目，比如提供一些服务或管理项目的运营。服务或管理合同允许私营部门在特定的时间段内提供与基础设施相关的服务。

— "合作管理"。存在于政府和私营实体之间，典型的例子是社会住房计划。Rondineli 认为与众多的股权合作方式及社会住房计划采用的特许经营安排相比，合作管理的形式显得更为不正式。在许多地区，政府都会采取财政激励措施或财政担保的方式来吸引私人资本投资社会住房计划，开发低成本的住房群。

（三）PPP 的责任与风险

需要再次强调，PPP 的存在并不消解政府的责任问题，相反，政府要为公共资金和资产的使用负责任。政府的责任目标最终是实现有效和高效的资金使用，即识别确保高品质服务的最为经济的方法。若一个项目并非由政府独立执行，而是由政府及其合作伙伴共同完成，这里便存在责任归属问题。如达菲尔德（Duffield）所阐述的："公私伙伴关系和其他政府采购方式存在着巨大的差异。在公私伙伴关系模式下，与其他类型的外包相比，私营部门要在服务提供的整个过程中承担最大的责任。承包商完全可以收取最高的价格，但是随之而来的是与资产和服务方式有关的日常决策的责任成本，因为服务标准的确定是政府说了算的。"无论涉及的交易和资源是属于政府还私营部门，问责制是对公私合作伙伴关系的一种必然要求。公共管理者的重要任务就是扮演好合约管理者的角色（尤其是在问题的初始阶段），处理好合同起草、监督执行等工作，这些专业技能只有通过丰富的实践经验才能获得。具体来说，这些技能包括：为项目营造一个真实的市场，依靠私人企业在创新、资产、建造和运营方面的技能，把设计缺陷、建设延期、成本超支、保险中的重大风险转移给私营部门实体。

事实上，格里姆赛反倒认为 PPP 为提高公共管理问责水平提供了机遇：传统的问责制模式源自特定的公共管理方法，它强调公共部门和私营部门之间的分离。然而实践中常常出现的情况是政策和行政管理之间界限变得模糊，行政协调也出现漏洞，决策通常都是秘密制定的，并且不被公开。我们需要的就是一个新的框架，该框架包括符合公认的廉洁标准的最高责任标准。PPP 凭借其谨慎、循序渐进的决策方法成为达到这种目标的良好载体。

PPP 模式在某些地区的大规模基础设施建设中广受欢迎。然而，PPP 的使用往往也带来巨大的风险。休斯认为，签约外包不应被视为政府提升效率的唯一的、最好的方法。它的使用与否要视具体的时间和空间而定。在某些情况下，实施签约外包可以缩减成本，但是在另外一些条件下，签约外包却不会有所裨益。它甚至并非一种最好的公共服务供给模式，在一些情况下，公私伙伴关系应该只是小范围使用，而对更多的基础设施应继续使用政府承建或常规性的签约外包。公私伙伴关系曾作为一种发展趋势，霍奇等人也对其所处地位的重要性进行了争论，应该意识到公私伙伴关系不可能完全替代公共投资——这一点是极为关键的。实际上，许多基础设施项目依然是由公共部门独立实施或者通过传统签约外包方式进行。即便是在公私伙伴关系走得更长远的英国，实际情况也是公私合营越来越成为一种被大众所认同的基础设施的供给模式，但却并没有占据主导地位。

要想取得项目成功，就需要进行风险分配，而资金最佳使用价值是关键。如果不能够把足够的风险转移给私营主体，那么 PPP 就不太可能产生资金最佳使用价值。但对于企业来说风险同样是存在的。与普通的服务外包相比，PPP 存在的一个最突出的风险在于合同所签订的周期。签一个 10 年以上甚或 30 年以上的合同是屡见不鲜的。但对私人企业而言，如此长的合同周期并不寻常，一旦条件发生变化，合同中的某一方可能会处于劣势地位。另外，政府签订一个周期如此长的合同也面临着一个资产的持有或处置问题。此外，即便是政府为公共资金和资产的使用负责，也存在责任归属问题。一旦长期合同签订，现任和继任者都需承认合同。

二　创业公共管理中的公私伙伴关系

在创业公共管理领域，适宜采用 PPP 模式的项目特征是投资规模较大、需求长期稳定、价格调整机制灵活、市场化程度较高的基础设施及公共服务类项目。这类项目具有定价机制透明、有稳定现金流的特征。无论人们是否认识到，PPP 合作模式在创业孵化服务方面实践已久，除此之外，明确以 PPP 为方式开展创业公共管理领域的尝试尚不多见。本节以创业孵化公私合作为主进行分析。

（一）单一政府主体下创业孵化的困境

我们在谈到创业政策的时候论及创业孵化器建设的问题，并且在同一章，我们总结中国创业政策的时候也谈到中国的创业事业是由政府，尤其是中央政府全程主导的。事实上，创业孵化器的建设与管理长期以来也是政府主导下的公共管理行为。创业孵化器并非没有门槛，大多数政府举办的创业园、科技园等都对企业的规模做出规定，甚至一些成熟项目由于业务稳定且具有一定的规模，往往更受到这些孵化机构的青睐。因此，主要面向初创企业、门槛较低的创业孵化形式——众创空间登场了。

"众创空间"的具体概念尚未有明确的界定。"众创空间"这一概念出现在人们的视野，在早期是基于科技部对北京、深圳等地的创客空间和孵化器基地等创业服务机构调研的基础上总结并提炼出来的。"众创空间"顺应当前新时代的发展趋势，在互联网大环境下通过市场化发展、专业化的服务以及资本化路径得以建构，主要面向个体创客和企业创新创业服务，可以理解为线上线下的自组织孵化器。"众创空间"有广义与狭义之分，广义上的众创空间往往离不开"创新2.0"的时代背景，把握互联网大发展的时代背景下的创业需求及特征，通过完善各类服务、市场运行机制和资本化操作，以实现便捷、低成本、开放式的全面服务平台；狭义上的众创空间包括创客空间和技术众包平台。众创空间由创业苗圃发展而来，侧重于创业的初始阶段，在团队未成立或成立之初创期，以创业咖啡、创客空间等新型孵化器为载体，为其提供服务平台和资源对接平台。

目前，创业孵化器和众创空间的主管政府机构是科技部。2016年1月，科技部部长万钢在"2016年全国科技工作会议"上表示，我国已经有超过2300家的各类众创空间。这些众创空间与现有的2500多家科技企业孵化器、加速器，11个国家自主创新示范区以及146个国家高新区共同组成了国内完整的创业服务链条。众创空间现有超过10万家的在孵企业，培育有600多家的上市和挂牌企业，就业人数吸纳超过180万人。71处国家创新产业集群内企业营业总收入超过34547亿元。

政府强势主导下的创业孵化管理模式长期以来为理论界和实务界研究者所诟病。林强、姜彦福2002年的一篇文章指出，创业孵化器的投资主体过于单一，政府色彩过于浓厚。他们认为中国大部分孵化器是由政府独资兴建的，但是政府不可能具备研发新技术和管理企业内部复杂事务的能力和精力。很多政府单一投资的孵化器实际上还是国家的事业单位，孵化器的管理人员还是准政府人员，因此缺乏创造利润和价值的激励和紧迫感。[①] 国内出现众创空间热潮现象，一些地区将众创空间的建设作为硬性政绩指标，或者通过政府的优惠政策，强行推出一些不成熟的众创空间，造成众创空间短时间内增长迅速，甚至会造成空间资源的闲置和浪费。

随着公共服务理念的变迁，政府直接投资并运行管理的形式不再受到追捧。目前的创业孵化器建设，比较常见的做法是由企业出面建设并负责运营，达到一定标准后，政府会给予其某个级别（国家级、省级、地市级等）的称号，并相应配套补贴政策。这在某种意义上很像上文所说的PPP 形式。

但实际上，一部分创业孵化器对"创业孵化"还没有做好准备。一些城市的创业孵化器早期是由房地产从业者举办的。受到经济形势的影响，一部分房地产业名下的物产销售不畅或租赁乏力，闲置率攀升。为了止损，同时也是为了获得政府补贴，这些房地产或物流企业的所有者们开始转型建设孵化器。这些孵化器大多数不具有地段优势（往往在城乡接合部或较为偏僻的地区），管理者们也不具备专业的创业服务从业经验，这样的孵化器由于没有明确的思路，政府和私人企业之间的关系没有理顺（是合作关系，还是管理与被管理关系），相关的孵化内容不具备，往往举办一段时间后发展会遇到问题，创业企业颇有怨言，流失率较高，最后沦为靠收取企业注册地址管理费和套取政府补贴过活的"僵尸孵化器"。这种创业孵化的"伪 PPP 模式"不但起不到政府与企业合作提高孵化效率的作用，反而会提升政府管理成本，浪费资源，甚至成为新一轮权力寻租的温床。

（二）创业孵化采用 PPP 模式的前期思考

首先，是否采用 PPP 的模式开展创业孵化，取决于以下 3 个前提标准：

——创业孵化中的哪些服务是政府应向民众提供的？

——对于服务和设施，PPP 的模式是否能够实现资金投入的最佳效益？

---

① 林强、姜彦福：《中国科技企业孵化器的发展及新趋势》，《科学学研究》2002 年第 2 期，第 200 页。

——公共利益能通过 PPP 的模式实现吗？如果不能，能否通过在合同中订立保护性条款或通过监管措施来满足公共利益？

对这三个主要问题的回答构成了我们倾向于采取 PPP 模式解决创业孵化公共服务的基础：社会公共利益（经济上的、政治上的）需要政府为初创企业的发展提供公共服务，上文对纯政府创业孵化的弊端分析支持了 PPP 模式的介入，我们也可以区别创业孵化核心服务和辅助服务或相关服务有哪些。

其次，我们要理解创业孵化管理的 PPP 模式 5 项内容是怎么构成的：

——政府参照创业的发展规律和明确的业绩标准，确定其长期（通常为 10 年至 30 年）所需的服务，对交付方式没有很具体的规定。

——在资产交付和运行前，政府不支付费用，如果孵化的服务业绩要求得不到满足，政府将减少付款，甚至提出赔偿要求。

——在决定所需资产类型、提供符合标准的服务方面，私人企业承担规划和设计的风险，但资产的所有权和经营权归私营部门所有。

——政府在项目建造阶段不提供资金，成本超支、延误等风险均由私人企业承担。

——政府必须把交付服务所需资产和资源的控制权（全部或部分）移交给私人企业，使私人企业承担风险并享受有效的所有权所带来的全部或部分收益。

在确定一项具体的 PPP 合作项目时，我们要针对以下 7 个方面进行仔细的筹备：

——成果的定义（什么是成功的创业孵化）。

——参与方的一致意见（达成公私合作的前提）。

——明确的审批过程（包括但不限于招标、委托、运营、拨款、评估等）。

——所有权的分配（包括但不限于孵化场地、设施、补贴、股权收益、服务收益等）。

——权利和责任的识别（应在合同列明，并对未来出现的新情况做指导性规定，做到详细与灵活性的统一）。

——资金最佳使用价值的有效参照样本。

——清晰的商业模式（不仅仅是企业需要考虑的事情）。

——风险的认定和分配（风险分配必须是成本—效益型，转移风险才可以确定私营部门具有进行有效定价和生产激励措施）。①

最后，在 PPP 的进程中，公私双方要基于以下 7 个标准随时评估公共利益是否得到了保护：

——创业孵化合作项目能有效地实现政府目标吗？

——创业孵化合作协议能确保公众了解政府和孵化器企业的义务吗？能确保受到审计监督吗？

——受到孵化合作项目影响的初创企业能不能在规划阶段就参与进来，他们的权利有没有通过公平申诉程序和其他矛盾解决机制得到保护？

——有没有充分的安排来确保目标服务初创企业有效地利用到了设施或者服务？

——在合同违约的情况下，有没有备用的保护措施来确保创业孵化工作能持续进行？

——创业孵化合作项目有没有侵犯到所在社区的环境和安全？

——创业孵化项目有没有为孵化企业和创业者的隐私权提供充分的保护？

（三）创业孵化 PPP 模式成立的要素

我们要知道一段创业孵化的 PPP 关系建立需要什么内容：

——要有明确的合作参与者。PPP 模式主要涉及两方或多方，至少有一方应为政府机构，其他为提供孵化服务的私营企业。当前为了减少创业服务责任归属不清的问题，至少在具有法律意义文书的层面上很少有多个承接方共建一个项目的情况。但无论如何，每一方都应能代表自己参与谈判并签订合同，并且都必须对该合作关系做出组织承诺。

——是持续性的合作关系。PPP 的核心是基于合同的合作，而非命令式的管理与被管理的关系。否则弱势的一方就会从自身利益出发理解揣摩强势方的意图，偏离合作的跑道。政府应该意识到，创业孵化器在企业创办之初为其提供各类需求促进企业的成长，最终会繁荣地方经济，实现政治经济的稳定。而这一切无论从人力投入、智力投入、财力投入来看，绝

---

① 风险问题具体参见《PPP 革命：公共服务中的政府和社会资本合作》第 6 章 "PPP 中的问题"。

非政府单一主体可以达成。格里姆赛进一步解释说，这种合作关系应该是持久且是有关联的。政府购买商品和服务并不表明合作关系的真实延续。即使一个公共部门机构每年都和同一个供应商合作，这种形式也不能被认为是一种合作关系。即使一个政府部门每天都从同一家餐饮企业订购三明治当午餐，这也不能构成一种合作关系。

——分享有价值的资源。每个合作方都必须给合作关系带来一些有价值的东西。随着互联网发展，私人创建的创业孵化载体发生了变化，新型孵化器（种子加速器，Seed accelerator）为创新创业企业提供平台的实体空间，其中不乏有为创业者提供生产车间、工作室、实验室等诸多服务的平台，主要承载互联网、通信设备等相关领域的创业企业。这些创业企业往往具有数据、软件和智能密集的特点，通常采用迭代模式进行产品开发，试错周期较短。这些企业特征是政府机构和传统高技术工业企业所不适应的。当前发达国家的私人新型孵化器积累了较好的孵化资源，包括隐性知识的流动、创业导师指导、资讯和资金机会共享、高质量人力资源共享等。政府希望通过合作导流这些资源，按需为孵化企业提供创业增值服务，企业则需要政府提供权威公信力、财政补贴、优惠的孵化政策、良好的声誉，以此来背书其创业孵化行为，高效地获得市场利益。

——共担风险与责任。与一般基础设施 PPP 模式不同，创业孵化管理不仅仅是硬件设施建设与管理，更是面对一个个鲜活创业者与不确定市场价值的创业项目的服务，这就为创业孵化的绩效带来更多的复杂性和不确定性。在这样的合作框架中，一方面各方应共同承担责任及不管是财务、经济、环境还是社会方面的各种风险；另一方面应详细说明所有可预测到的各种风险及结果，基于共同的价值和利益，建立解决机制。一旦操作顺利，可以对优先等级和政策目标达成共识，建立基于长期合作的良好互信。

——鼓励服务创新。创业孵化服务不是一般意义上的福利性服务，政府有投入资金的绩效诉求，合作企业有产生市场价值的利益诉求。这种合作的基础，是政府接受到的孵化企业对创业者提供的优质服务。这种服务应该具有增值性、专业性、网络性、全程性等特点，并且随着长时期的服务不断创新。这样合作企业才能获得更多的合作机会和激励措施。

——关注成本与收益。在漫长的履约期内，没有覆盖全程的成本与收益分配方案是不可想象的。我们引用以色列创业孵化器的例子说明成本与收益的问题。20世纪90年代以来，以色列有一百多家高新技术小企业在纳斯达克上市，上市数仅次于美国和加拿大，位居世界第三。姚福根对以色列创业孵化器的资金分配进行了总结：该国设立孵化器23家，孵化器的日常收入直接或间接来自于政府。其中，孵化器20%的收入由政府考核孵化器业绩后直接拨给，50%来自被孵企业成功后的股权收益，30%来自对企业的服务收入。其中，孵化器股权收入其实也是来自政府的补贴。政府对进入孵化器的初创企业，一律从政府孵化基金中拨给30万美元作资助，此资助费用约占初创企业两年全部预算的85%，因政府出资并全权委托孵化器管理，企业孵化成功后，政府规定企业股权的20%应属孵化器所有。此外，还规定企业成功孵化后，其市场销售额的3%返还给政府的孵化基金。这样的成本与分配模式下，政府不仅资助初创企业，也直接资助孵化器企业本身，而且资助孵化器收入的50%与初创企业的成功直接挂钩，从而调动了孵化器合作企业的服务意识与孵化责任。

——平衡绩效要求和廉洁要求。创业孵化管理是对经济体的管理，出于自身的属性特点和自我保护的需要，政府作为购买服务和提供补助的一方必然要有廉洁要求。格里姆赛认为，廉洁是指正直、诚实、行为得体、合乎道德准则、待人接物有分寸。在政府创业孵化服务招标中，要求在一开始就制定、理解并遵守合法的明确程序，对所有投标人一视同仁，而且保持决策透明。但是廉洁考虑不应该成为阻碍项目目标和资金使用的借口，在招标完成签署协议后为了避免将对创业孵化的责任全部推给企业方，因为在市场条件下政府和私营部门的分歧很大，有时候企业很难理解政府为某个项目设定的目标，因此政府需要通过PPP项目和市场保持对话。一个值得推荐的做法是成立PPP项目的廉洁顾问专家组，由律师、审计师、会计师等专业人士构成，其职责是建立一套用于廉洁管理的通用标准和应对手册，并在需要的时候提供法律法规、组织政策、信息保密与披露以及利益冲突的咨询服务。

（四）创业孵化PPP的风险管理

风险管理是PPP模式永恒的话题，再大的收益预期也难以抵消对长期运营不可知风险的担忧。在理论上，政府不承担包括设计、建造、经营等在内的基于资产的风险而购买长期无风险服务，并且当未按时获得服务或按照合同服务未达到质量标准时，可减扣支付款或获得赔偿。但在实践中，一个创业孵化 PPP 项目中的风险分担要复杂得多。政府可能同意承担部分风险，因为如果将这些风险全部转移给孵化器企业，企业将会收取过多的费用。例如，在有的孵化器共建项目中，政府以其掌握的土地或房产资源，甚至一些办公设备等作为孵化器的硬件投入，降低企业投入的成本。我们以格里姆赛的风险矩阵表为母体，搭建一个创业孵化 PPP 模式的风险框架，以便显示每个项目阶段的风险范围，并粗略地列出在风险分担中政府的位置。如果风险矩阵得以恰当应用，将成为政府和企业的有用工具。它有两个因素：（1）优化风险管理和具体实施的动力；（2）以及实现资金的最佳使用价值。其中第一个因素的基础是将风险分配给最有能力控制它的一方。第二个因素指最有能力控制风险的一方应当能够以最低的成本进行管理。

表 6 - 1　　　　　　　　　创业孵化器 PPP 模式的风险框架

风险类型		风险来源	风险承担者
孵化场所风险	孵化场所条件	地面条件、支撑结构	建筑承包商
	准备工作	使用期限、卫生许可、经营注册许可、街道社区联络	孵化项目公司
		既往法律纠纷	政府
	土地使用	产权归属、文物保护	政府
技术风险		招标规定中的错误	政府
		承包商设计错误	设计承包商
孵化建设风险	费用超支	工作不足和材料浪费	建筑承包商
		法律变更、批准延迟	孵化项目公司
	完工延迟	承包商协作不足，未获得审批	建筑承包商
		对不可抗力事件的保险	保险公司
	未达到性能标准	质量不良/建筑缺陷/调试实验不合格	建筑承包商孵化项目公司

续表

风险类型		风险来源	风险承担者
孵化服务经营风险	经营成本超支	项目公司要求改变做法	孵化项目公司
		行业关系、物业、健康和安保、其他	孵化项目公司
		政府服务要求改变	政府
	经营延迟或中断	经营者失误	孵化项目公司
		政府审批工作延迟	政府
	服务质量不佳	经营者失误	孵化项目公司
		项目公司的失误	孵化项目公司
收入风险	供给价格提高	政府拥有的支持网络发生违约	政府
		供应商违约	供应商
	税收改变	收入降低	孵化项目公司
	产出需求	需求降低	孵化项目公司
财务风险	利率	保值措施不足、利率波动	孵化项目公司
	通货膨胀	通货膨胀影响支付	孵化项目公司
不可抗力风险		洪水、地震、暴乱、罢工	按合同分担
法规政治风险	法律变更	建设期内	建筑承包商
		经营期内	孵化项目公司 政府补偿
	政策干预	许可证失效或取消	政府
		土地或房产征用	保险公司 孵化项目公司
		重新申请批准失败	政府
项目失败风险		多个风险的组合	资方、贷款方组合
		发起人符合性风险	政府
资产风险		孵化服务落后	孵化项目公司
		孵化服务终止	孵化项目公司
		移交残值	政府，有针对维护责任的补偿机制

在创业孵化 PPP 论证阶段，合作双方均应该认识到，虽然许多风险处于掌控之中，但在某种程度上，总会有一些具体的风险没有预料到或不受双方的控制。例如文化创意孵化器一般偏向开办在具有历史意义的建筑

群落内，这就需要考虑一旦该建筑群落被认定为文保建筑的风险应对。

出现这种情况时，政府要考虑支付该定价是否合理，考虑因素包括：风险实际发生的可能性，政府承担该风险的成本，政府减轻风险后果的能力等。此外，各方也可通过各种风险分担机制来分担风险。

而私营部门则要考虑如何对该风险进行定价。格里姆赛认为，当对一个项目进行投标时，企业应该估算项目风险及其对项目收入的潜在影响，并设置溢价，以便当风险变为现实时保护自己免受财务损失。该溢价会平摊到该私营部门设计的那个项目或所有项目中，并根据不同种类事件的概率和后果设置权重。这样，估算的风险溢价可以视作自办保险的一种形式。然而，一些风险所带来的财务后果可全部或部分明确地转移给他人，包括保险提供商。

第三节　创业公共管理的外部关系处理

我们上一章探讨创业公共管理的责任问题时，主要聚焦在公共部门的内部管理责任上。本章的头两节我们从公共部门拓展到了公共服务外包的PPP 模式上，这也包括了创业公共管理的跨界合作与责任分配的问题。现在，我们要探讨一下创业公共管理的外部关系问题。

一　公共关系处理

当代公共管理的一个重大的变化，就是政府开始打破自身的樊篱，积极应对外部环境的影响。外部组织和公众不再被看作麻烦，而被视为可以给公共管理带来好处，甚至可能成为政府的一种无形资本。那种拒绝提供信息或采取限制性接触的方式，应该被更为积极的信息沟通取代，妥善处理公共关系成为新时期公共管理的外部责任。

（一）公共关系与媒体

当前的公共管理学术领域，已经将公共关系的处理认定为一种公共管理职能。格伦·布鲁姆引用了雷克斯·哈洛博士的观点[1]，即认为公共关系是一种特殊的管理功能，它能帮助建立和维护一个组织与其各类的公众

---

① 参见格伦·布鲁姆等《有效的公共关系》，明安香译，华夏出版社 2002 年版。

之间传播、理解、接受和合作的相互关系，它参与问题和事件的管理，并能够帮助管理层及时了解舆论并且做出反应。此外，公共关系界定和强调了政府管理者服务于公共利益的责任，引导其及时了解和有效利用变化，以便作为一个早期报警系统帮助预测发展趋势。这种公共关系的处理有赖于健全客观的研究体系和符合职业道德的传播手段。布鲁姆本人也认为公共关系是这样一种管理功能，它建立并维护一个组织和决定其成败的各类公众之间的互利互惠关系。这个概念式的定义，把公共关系实践中的许多活动和目标定位于管理功能。

在公共关系处理中，媒体总是最主要的信息渠道，也是联结政府与公众之间最直接的桥梁。我国在改革开放以前，公众所能接触到的媒体非常有限，主要就是政府举办的报纸、广播和电视。王晓成认为，"在国家垄断了全部媒体渠道的情况下，基于对媒体喉舌的定位，媒体只是作为各级政府的下级而存在，本身即是政府的一部分，而无法独立、主动地发挥作用。改革开放以后尤其是 20 世纪 90 年代以来，在整个社会发展的过程中，媒体的管理体制也发生了巨大的变革，事业单位体制改革使之获得了相对独立的经济地位，经济的独立为媒体在社会事务中独立发挥作用奠定了基础。同时，在媒介技术的推动下，媒体在社会中的影响和地位日益上升，媒体及其从业人员的主体意识、专业意识开始复苏。这些都为媒体在公共关系的处理中单独发挥作用提供了条件。"[1]

(二) 公共管理的信息披露

如今，公众和政府之间在信息方面的互动越来越频繁。公共关系处理中，首要的任务是信息的传递与交流，这是任何公共决策的前提。政府对于信息的公开和披露，是基于委托代理理论而来的。国民将资源托付给政府行使管理权力，政府据此对国民收入进行分配及再分配，用于公共事务管理以及经济建设。从征集到使用的整个过程，要受到国民及其代表、国家法律、行政法令等方面的限制。政府使用这些资源，必须对资源使用的经济性、有效性和效率性负责，并在法律范围内及时对其使用的状况进行披露。

---

① 王晓成：《论公共危机中的政府公共关系》，《上海师范大学学报》（哲学社会科学版）2003 年第 6 期，第 24—27 页。

此外，随着公民社会的日益成熟，政府和社会组织、企业之间的合作越来越广泛。在这样的外部环境中，要求公共管理者越来越多地投身于外部交易、谈判协商等对外交往活动中，直至公私机构开展经常性的协同工作。这种合作的延续也需要政府作为合作方而非管理方尽到对等的信息公开，并对信息的真实性、权威性负责。

良好的信息交流和披露也是政府塑造形象的基础性工作。"文化大革命"结束以后，党和政府面临执政考验，林尚立提出，当时"在政治权力方面，面临着党的领导的合法性危机；在政治制度方面，面临着整个国家制度和国家法律的合法性危机；在政治意识方面，面临着社会主义信念和马克思主义意识形态的合法性危机"①。全面改革势在必行。当前，政府形象的塑造是国家政治体制改革的一项内容，传统的官僚式政府已经不适应政治经济的发展。一个亲民、为民、有力、充满活力的政府形象正被塑造，这就需要良好的信息交互机制，让公众及时全面了解政府的行为，并获得公众的同情与支持。

二　创业公共管理的外部关系处理

当前我们处在创业事业发展的快速成长期，在国家治理的理念下，这一时期对政府的创业外部关系处理提出新的要求。我们从四个方面归拢创业公共管理涉及的公共关系处理。

（一）创新型政府形象塑造

政府形象是政府在社会印象的汇集，是公众对政府的总体感觉，是主客观相统一的产物。政府形象并不是单靠独立的事件，抑或是某一官员或公务员的行为等建立起来的。②政府的形象管理是一个系统性的工程，从执政理念到政府行为，再到政府形象的视觉展现，无不影响着政府在公众心目中的形象。

当前我国政府的首要目的，是建设创新型政府。俞可平认为："创新型政府的主要特征，就是政府部门将创造性的改革作为提高行政效率、改善服务质量、增进公共利益的基本手段。政府创新的主要目标是：民主，

---

① 林尚立：《当代中国政治形态研究》，天津人民出版社 2001 年版，第 377 页。
② 唐钧：《政府形象风险及其治理》，《中国行政管理》2010 年第 5 期，第 75 页。

法治，责任，服务，优质，高效，专业，透明，廉洁。这些目标体现了政府创新的五个必然趋势：从管制政府走向服务政府，从全能政府走向有限政府，从人治走向法治，从集权走向分权，从统治走向治理。"并且，创新型政府的建立特别要"注重实际，切忌搞政治秀"。①

这种注意实际效果，重视服务的政府理念，在创业管理中释放了这样的信号：我国的创新创业事业不仅仅是经济领域的变革，更是全社会深层次全方位的战略性变革，政府要以积极的心态参与和引领这场变革。党的十八届三中全会提出，市场在资源配置中起决定性作用。十八届四中全会提出，社会主义市场经济本质上是法治经济。要使市场在资源配置中起决定作用，必须从提升政府的服务能力与法治水平入手。通过改进服务和强化法治，为各类市场主体创造平等交换、公平竞争、有效监管的环境。

这样的改变要求我们的政府形象符合一个创新性公共管理者的形象。这就要求政府向公众倾注更多的关注，以更加开放和专业的姿态去处理外部关系，摆脱传统官僚制下政府在应对外部关系时的尴尬与不自然。而公民也要感受到来自政府的信号：政府愿意通过创新的方式，来提高公共服务质量，建立与公民之间良好的互动关系。总的来说，创新型政府对于创业者来说，发生了理念和行为上的转变，政府开始专注于创业者需求的回应。这种回应性公共行政和创业者需求导向确实给公共管理文化带来了挑战，但各级政府要认识到，如果"创业者导向"的观点能在政策过程的早期被加以考虑，并能够将这种改变及时、准确地传达给公众和创业群体，那么创业公共管理过程的质量提升将具有明显的优势。因此，在处理创业公共管理外部关系时，要以创新型政府的建设要求作为全部活动的总方针。

（二）创业价值与资讯的传播

政府需要通过与公众对话来了解民意，将政府制定的与创业相关的法律政策向公众作出说明，及时、完整、准确地公开法律不禁止的数据信息，以此完成创业资讯的传播，宣传政府对创业事业的价值主张，并获得民意的反馈。无论是价值的宣传还是资讯的沟通，目的都是建构观点上的认同，由此，政府与社会公众进行态度想法的交换，从而达成对创业公共

①　俞可平：《大力建设创新型政府》，《探索与争鸣》2013 年第 5 期，第 47 页。

管理事务的一致意见。这正是强调了政府公共关系的沟通协调功能的重要性。

从政府的内部建设上，由于公众对于网络传播的偏好，政府也在逐步开展基于互联网的创业公共关系互动。为了考察这种公共关系互动的效果，本书以微信公众号作为一个小的分析样本，从 2016 年 4 月 17 日至 2016 年 5 月 27 日止，跟踪北京、上海、深圳等创业发达地区的 9 个公众号，对其发布更新信息的次数进行了统计。选取公众号的原则，是在微信端选择公众号，输入查询关键词"北京创业""上海创业""深圳创业"，选择排序靠前且通过了微信认证的公众号，并在这个范围内力争包括政府（含机关事业单位）、企业、社会组织 3 个类型。统计结果如下：

表 6 - 2　　　　"北上深"三城市创业公众号信息发布数量表

地区	名称	认证机构及类型	发布信息次数
北京	创业北京	北京青年创业就业基金会/其他机构	16
	创业天使公益基金会	创业天使公益基金会/其他机构	24
	创业邦	北京创业邦咨询有限公司/有限责任公司	31
上海	上海创业者联盟	中国电信上海分公司/有限责任公司	0
	上海创业汇	上海市普陀区创业者协会/社团法人	26
	上海青年创业学院	上海青年干部管理学院 （共青团上海团校）/事业单位	23
深圳	深圳公共创业服务平台	深圳市劳动就业服务中心/事业单位	3
	创业在深圳	北京小胖儿网络科技有限公司/ 有限责任公司	10
	深圳市青年创业促进会	深圳市青年创业促进会/社团法人	15

从表 6—2 可以看出，在这个基于微信公众号的调查样本中，北京主要的创业资讯传播平台来自企业，政府直接发声较弱；深圳的政府创业服务平台同样较弱，低于企业和社会组织的表现；上海政府背景的公众号表现不弱于社会组织，但企业背景的社会公众号似乎出现异常，本书未对其原因进行研究。这样的调查结果尽管并不严谨，但也可以从一定程度上看出目前政府对基于移动端的创业公共关系互动发展还不足，并且地区间的

差异较大。应该认识到，30 多年的改革开放带来了思想的解放，僵化的宣传策略和保密式的信息处理已经不适应信息社会的现实。进入 21 世纪，社会媒体的快速发展，同样带来了思想文化的交织和碰撞。在新时代下，抱守旧有的宣传是无济于事的，也不符合创新创业的时代取向。政府要尝试各种各样的公共传播手段在创业公共管理领域的应用，这有助于提高政府推广创业价值观的社会整体认同感。

从政府创业公共关系处理的内部建设上，公共管理人员的媒体关系处理能力同样重要。他们必须亲自处理与新闻媒体和公众的关系，对这些关系的管理被视为公共管理职能中极其重要的部分。媒体和公众对创业政策的理解、赞同及执行是必需的，这一点至关重要。政府应该学会通过新闻办公室和宣传机构提出创业管理的政治主张，通过民意测验等一些类似的工具来收集了解社情民意，为自己的政策寻找舆论支持和铺垫。在这种活动中我们应该认识到，处理这些事务的管理者也是单个的人，身为自然属性的人也有自己的情绪、意见、特长和性格，若是处理得当，培养一批专家型的创业管理"发言人"，在公共关系处理中彰显出这些管理者的人格魅力，则对创业公共管理的社会认同有较大的帮助。他们在其权限内，应该尽量与其他机构开展活动，建立联系，鼓励他们更为自由地公开发表意见，出席各种创业论坛，为各种创业刊物撰写文章，成为令人瞩目的公共活动家。这一点在我国的外交领域和公共安全领域已经有了多年的实践，无论是积累的经验还是存在的问题，都可以为创业公共管理所借鉴。

在职业人员媒体关系能力仍然较为欠缺的当下，创业公共关系处理要学会和外部公共关系处理企业打交道、建立合作。我国主要的职业公共关系机构有公共关系公司、顾问公司和咨询公司，这些公共关系机构拥有众多具备公共关系知识和实践能力的专业人才，可以提供公共关系活动策划、咨询顾问和公共关系代理服务等。许多大中型企业也设置了公共关系部门，这些部门在企业领域的公共关系处理方面专业化程度较高，其策划和实施流程也相对成熟，为企业经营做出了巨大的贡献。政府完全可以以合作的形式导入这些企业的公共关系处理能力，在创业大赛的策划组织、创业论坛的举办、路演及项目展会、创业服务平台内容托管等方面建立合作关系。

（三）特殊事件处置

特殊事件处置管理，是政府面对公共管理突发事件所采取一系列措施，以防止问题蔓延、挽救各类损失、消除不良影响、处理善后事宜等。事实上，特殊事件种类繁多，表现多变，这就意味着政府在遇到特殊事件的时候，会面临更为复杂的局面，这对政府的危机公关提出了较大的挑战。政府在面对特殊事件时，应该在事前保持危机意识，常态化具备处置机制；事件处置当中兼具随机应变的能力，处理好与媒体的沟通，危机的信息发布以及与事件利益相关者的沟通交流等；事件处置后进行结果评估，并向公众及时、全面通报处理结果。

这其中，政府新闻发布是政府的一项重要公共关系活动，在特殊事件处理中的作用尤为显著。公众是公共特殊事件最直接的影响对象，因此公众对于信息有着极大的渴求。一方面公众会积极通过各种途径寻求信息作为决策和行动的依据；另一方面也会通过自身的体验和交流对各种信息进行印证、评价和传播，最终形成强大的社会舆论压力，监督和批评政府的决策和措施。我们以两次中国遭受的重大传染病风波为例进行解释。2004年"非典"在我国大面积爆发，在爆发初期信息的不透明、不公开给社会公众造成了极大的恐慌，疾病的蔓延未得到及时有效的控制，中国的经济受到严重损失，政府形象在国内外也受到严重影响。面对教训，政府改变了特殊事件的应对方略，新闻发言人制度逐步铺开并走向常态化，地方政府也开始系统地培训新闻发言人，完善和媒体之间的信息发布渠道。信息公开成为处置特殊事件尤其是公共疾病事件的共识。到2013年的"H7N9"事件，地方政府确保信息的真实可靠，通过相关的程序及时发布信息，组织专家和主要政府部门的负责人针对此事召开新闻发布会。信息的公开透明遏止了谣言，也防止了恐慌情绪的蔓延，为之后事件的有序处理提供了良好的社会及舆论环境。

创业公共管理中，特殊性事件的出现往往和经济形势的波动及对政策的颁布及执行的疑问相关。2015年，历经"互联网＋"投资热潮之后创业者认为"资本寒冬"正在逼近，一篇名为《中关村创业大街的咖啡凉了》的帖子于2015年12月发出，在网站及微信端传播甚广。这篇文章以中关村创业大街为观察对象，认为当前的创业热潮遇冷，一时间争议较大。微信运营商在第一时间的处理方式是删帖，通过"封堵"的方式处理质疑。然而在 2016 年 8 月本书撰写过程中，该贴仍能够在百度搜索引擎中查阅到全文，百度搜索到的相关信息有 5000 余条。① 可见这样的处理结果是完全无效的。在这些搜索结果中，出现一些新闻媒体对这一观点的追访，代表性的有"网易科技"的《2015 创业社群大会：中关村没有冬天》（2015 年 12 月 23 日）②、《北京商报》的《创业大街的咖啡凉了吗：企业生死存亡本是自然》（2015 年 12 月 31 日）③、《中国企业家》的《创业咖啡能否滚烫依旧》（2016 年 1 月 27 日）④，以及"千龙网"的《中关村创业大街孵化千个创业团队，有力回击"咖啡凉了"》（2016 年 6 月 13 日）⑤ 等。这些新闻报道或采用专家访谈形式，或采用实地走访的形式，或援引权威数据，在长达半年的时间对 2015 年以来北京创业事业的发展进行梳理，对"咖啡凉了"的说法进行深度分析，对其中较为夸大的描述进行了澄清，最终得出创业事业不但没有降温，反而继续良性发展的结论。这种疏导的做法，为公众和潜在的创业者提供了多样化的资料来源，不至以偏概全，同时又加以理性分析及案例印证，求得读者的认同。这样的做法是创业公共管理中处理特殊事件所倡导的。

（四）创业政策的咨询决策

创业政策的咨询决策功能，即通过调查研究，为政府制定创业相关的各项政策方针提供可行性论证，并为国家和政府部门的各项创业决策提供依据和可供选择的方案。这一功能应当是涵盖了信息收集、研究分析和提供建议这几个方面的内容，有助于政府决策的科学化与民主化。

政府创业咨询决策的合作伙伴可以是学者个人也可以是社会组织，以专兼职专家或智库的形式发挥"外脑"的作用。但是目前地方政府在处理公共关系时对智库组织的重视程度是不够的。长期以来政府在处理公共关系时一直处于超强势地位，主管或者负责官员的个人主观意见一直被视

---

① 以 2016 年 8 月 3 日百度搜索结果为截点。

② 网易科技：《2015 创业社群大会：中关村没有冬天》（http：//tech. 163. com/15/1223/17/BBHMPBJQ00094PDU. html）。

③ 北京商报网：《创业大街的咖啡凉了吗：企业生死存亡本是自然》（http：//www. bbt-news. com. cn/2015/1231/135010. shtml）。

④ 详见高婧、邹壁宇《创业咖啡能否滚烫依旧》，《中国企业家》2016 年第 2 期。

⑤ 千龙网：《中关村创业大街孵化千个创业团队，有力回击"咖啡凉了"》（http：//inter-view. qianlong. com/2016/0613/673956. shtml）。

为主导意见，外部学者或组织在咨询决策、形象维护等方面的作用不明显，也没有形成制度化、规范化的合作机制。智库是肩负着社会责任，以公共政策为研究对象的专业咨询建议机构。智库建设对创业决策科学化、民主化起着至关重要的作用。目前，智库参与地方政府创业政策决策的情况还远远不够。我们将在接下来的几章重点分析智库在创业公共管理当中的作用和内容。

本章小结

本章的主题是合作：公共管理者和企业的合作，和公众的合作，以及外部关系的处理。

创业管理引入公共服务外包的模式是值得探索的话题。人们期望用服务外包这种形式降低成本、提高质量。其中，公私合作伙伴关系（PPP）在创业孵化领域正在自觉不自觉地进行实践，这需要我们认清几个问题：是否采用 PPP 的模式开展创业孵化？创业孵化 PPP 模式管理的内容是什么？PPP 进程中的评估标准有哪些？一段创业孵化的 PPP 关系建立需要什么内容？以及创业孵化 PPP 中的风险有哪些？

作为公共管理者要考虑如何处理公共关系，与媒体怎么打交道，公共信息是否该披露。当前我们处在创业事业发展的快速成长期，这对政府的创业外部关系处理提出新的要求。我们从四个方面归拢创业公共管理涉及的公共关系处理：创新型政府形象塑造、创业价值与资讯的传播、特殊事件处置、创业政策的咨询决策。

第 七 章

大数据——创业公共管理的利器

夫未战而庙算胜者，得算多也；未战而庙算不胜者，得算少也。
多算胜，少算不胜，而况于无算呼！

——《孙子兵法·始计篇》

无论我们是否意识到，大数据的时代已然来临。互联网技术结合大数据思维的新浪潮已经登陆商业领域，体现出巨大的价值。现在，这股浪潮也正在向公共管理领域进发，并在公共卫生服务、突发事件预警防范、气象与自然灾害预测等方面偶现峥嵘。创业公共管理作为与商业最贴近的公共管理领域，在适应和利用大数据方面反倒是后起之秀。本章将对大数据给公共管理带来的影响进行分析，列出创业公共管理如何应对和布局大数据，以及如何建设创业公共管理大数据的载体——政府创业公共管理云端平台。

第一节　大数据给公共管理带来的影响

在前大数据时代，公共管理者对于电子政府的认识主要是基于互联网技术的。大数据的出现，给公共管理带来了非凡的意义。某种意义上说，大数据对于公共管理不仅仅是一场技术变革，更意味着一场社会变革，而这场变革又伴随着公共管理与公共服务领域的变革。

一　前大数据时代公共管理的电子化

20世纪中后期起信息技术在民用领域蓬勃发展，之后基于互联网的技术就在公共管理——政府管理的框架内被逐渐认识和接受。其中主要的形式是"电子化政府"的建设。在政府与其他各方，特别是与公民、企业、社会组织和其他政府机构之间，也存在各种互动的可能性。欧文·休斯总结认为，基于互动的程度可以将电子化政府分为四个阶段：

信息阶段。第一阶段是指政府部门和机构为了外部使用者的利益，发布关于他们自己的信息。政府网站被动地提供信息，列举公共组织的目的以及告知如何与政府取得联系。这种信息并不包括真正的服务。网站是由政府部门而不是由职能部门建立，而且只有有限的更新能力。这是最普通的网站形式。

互动阶段。这些网站成为双向沟通的工具，允许公民提供有关他们自身的新信息（例如，地址的变更），并且收集了诸如电子邮件一样的应用工具。与政府联系再也没有必要通过打电话或写信这种方式。文件目录呈现出更多的关于问题、职责和服务方面的信息并可下载；表格可以下载并在脱机状态下填写，然后以正常的方式发送出去。但是，反馈是有限的。目前存在很多这样的网站，他们大多依赖于相对低级的电子邮件技术。

处理阶段。此阶段出现了正式的价值转换，如为执照或处罚而进行网上支付，甚至是填写纳税申报书。这个阶段允许那些以往由公务员执行的工作成为以网络为基础的自助服务——尽管这需要在脱机状态下来完成。

交易阶段。这一阶段通过政府服务的整合提供公共服务，依据公民的需求提供单一的服务通道，代替了传统的部门构架。通过这个端口，所有部门和机构的信息系统都能够链接起来以提供一体化的服务，而这种方式避免了使用者不得不了解政府结构的问题。

欧文教授不认为电子化对政府的公共管理是一场颠覆性的改革。但他承认电子化政府确实提供了机会以实施公共管理改革早期所预示的变革。政府中通信技术的使用正在飞快地进行，并且甚至会远远超过改革过程中所见到的政府运作的变革。尽管如此，他还是认为电子化政府不是取代或超过其他公共管理改革的管理改革。电子化强化而非替代了公共管理，电子化政府原则上是一种技术——是帮助管理者更好的工作的工具。它是管理的推动者，是管理主义变革的推动者，但本身不是一种革命。

二　大数据的现实及公共管理应用

电子化政府之所以是一种技术而非变革，从本质上来讲是因为它仅提供了一个更高效的工作平台，而没有带来思想上的深刻变化。这种现象在21世纪的头10年有所改变：人们开始发现电子网络的价值不仅在于高效率的沟通互动，它的背后还隐藏着沉睡的宝库——海量数据。正是从这一认识出发，大数据的理念首先从商业领域开始席卷全球，进而在公共管理领域有所作为。

（一）大数据的基本特征

大数据本身单从字面来看它表示数据规模的庞大。其定义基本是从大数据的特征来阐述的。在这些定义中，比较有代表性的是3V定义，即认为大数据需满足3个特点：规模性（Volume）、多样性（Variety）以及高速性（Velocity）。除此之外还有提出4V定义，即在3V的基础上增加一个新的特性：国际数据公司（International Data Corporation，IDC）认为大数据还应当具有价值性（Value），而IBM公司认为大数据必然具有真实性（Veracity）。中国的李国杰、程学旗提出，大数据一般意义上是指无法在可容忍的时间内用传统IT技术和软硬件工具对其进行感知、获取、管理、处理和服务的数据集合。他们在详细描述大数据特征时总结："首先，数据集合的规模不断扩大，已从GB到TB再到PB级，甚至开始以EB和ZB来计数。IDC的研究报告称，未来10年全球大数据将增加50倍，管理数据仓库的服务器数量将增加10倍。其次，大数据类型繁多，包括结构化数据、半结构化数据和非结构化数据。现代互联网应用呈现出非结构化数据大幅增长的特点，至2012年末，非结构化数据占有比例将达到整个数据量的75%以上。同时，由于数据显性或隐性的网络化存在，使得数据之间的复杂关联无所不在。再次，大数据往往以数据流的形式动态、快速地产生，具有很强的时效性，用户只有把握好对数据流的掌控才能有效利用这些数据。另外，数据自身的状态与价值也往往随时空变化而发生演变，数据的涌现特征明显。最后，虽然数据的价值巨大，但是基于传统思维与技术，人们在实际环境中往往面临信息泛滥而知识匮乏的窘态，大数据的价值利用密度低。"[①]

互联网是大数据的主要来源。邬贺铨提出我国网民数居世界之首，每天产生的数据量也位于世界前列："淘宝网站每天有超过数千万笔交易，单日数据产生量超过 50TB（1TB 等于 1000GB），存储量 40PB（1PB 等于 1000TB）。百度公司目前数据总量接近 1000PB，存储网页数量接近 1 万亿页，每天大约要处理 60 亿次搜索请求，几十 PB 数据。"[②]

在商业领域，大数据已经获得广泛应用。宏观经济方面，IBM 日本公司建立经济指标预测系统，从互联网新闻中搜索影响制造业的 480 项经济数据，计算采购经理人指数的预测值。印第安纳大学利用谷歌公司提供的心情分析工具，从近千万条网民留言中归纳出六种心情，进而对道琼斯工业指数的变化进行预测，准确率达到 87%。在微观经济方面，一些企业利用大数据分析实现对采购和合理库存量的管理，通过分析网上数据了解客户需求、掌握市场动向。例如，华尔街对冲基金依据购物网站的顾客评论，分析企业产品销售状况。沃尔玛公司通过分析销售数据，了解顾客购物习惯，得出适合搭配在一起出售的商品，还可从中细分顾客群体，提供个性化服务。德温特资本市场公司分析 3.4 亿微博账户留言，判断民众情绪，依据人们高兴时买股票、焦虑时抛售股票的规律，决定公司股票的买入或卖出。阿里巴巴集团根据淘宝网上中小企业的交易状况筛选出财务健康和讲究诚信的企业，对他们发放无须担保的贷款。目前已放贷 300 多亿元，坏账率仅 0.3%。

大数据的应用风险主要包括：隐私保护问题，涉及隐性的数据暴露、数据公开与隐私保护的矛盾、数据动态性与隐私保护的滞后等问题；易用性问题，大数据时代的数据量大，分析更复杂，得到的结果形式更加多样化，其复杂程度已经远远超出传统的数据库，而行业的绝大部分从业者都不是数据分析的专家，在复杂的大数据工具面前他们只是初级的使用者，复杂的分析过程和难以理解的分析结果限制了他们从大数据中获取知识的

[①]　李国杰、程学旗：《大数据研究：未来科技及经济社会发展的重大战略领域——大数据的研究现状与科学思考》，《中国科学院院刊》2012 年第 6 期，第 648 页。

[②]　邬贺铨：《大数据时代的机遇与挑战》，《求是》2013 年第 4 期，第 47 页。

能力；大数据处理与硬件的协同问题，硬件的快速升级换代有力地促进了大数据的发展，但是这也在一定程度上造成了大量不同架构硬件共存的局面，日益复杂的硬件环境给大数据管理带来挑战；大数据能耗问题，在能源价格上涨、数据中心存储规模不断扩大的今天，高能耗已逐渐成为制约大数据快速发展的一个主要瓶颈。

（二）大数据的公共管理应用

虽然公共管理在大数据方面的行动要落后于商业应用，但是大数据在诸如城市交通、城市规划和运营、公共安全、社会福利、应急管理等公共治理中已得到应用，被认为有利于解决公共治理中的复杂问题，提高了政府决策制定能力。

在大数据的背景下，信息技术和数据分析技术的进步，为更加优质高效的公共服务提供奠定了技术基础。政府能够运用更先进的技术手段改变公共管理的方式，实现以往很难实现的公共服务目标。例如，利用大空间尺度的数据库和传感器，政府能够快速获取地理人口灾害等方面的数据，更快捷地应对灾情。"美国在黄石火山安装了数百个观测仪器，仪器观测的数据分为常规数据和异常数据，异常数据越多，自然灾害发生的可能就越大。观测数据实时传递到预警系统，由预警系统进行快速甄别并通过网络对外发布。日本'3·11'大地震后的海啸预警也是大数据运用的典范。地震后，美国国家海洋和大气管理局快速发布了海啸预警，之所以反应迅速，在于美国建立了覆盖全球的庞大的海洋传感器网络，通过海洋传感器，美国国家海洋和大气管理局能够及时获取并分析大量海洋信息，促进灾害预警的及时发布，为公众的人身安全和财产转移赢取时间。"大数据也带来了公共服务方式的转变，随着数据存储成本的降低和数据读取速度的加快降低了服务成本。"警方能更多地存储各种社会信息以备执法和犯罪预警使用。如洛杉矶警方将基于数据分析的犯罪热点图运用到了日常工作中，在犯罪热点区域加强巡逻的警力，有效地降低了辖区的犯罪数量，维护了辖区的治安。"①

中国对大数据的应用，正处于全面发展的时期。一方面鼓励大数据相关产业的应用；另一方面积极建设大数据的示范地区。各省市正在争抢大

①　杨光：《大数据时代的西方公共管理变革》，《计算机与网络》2014年第12期，第4页。

数据这个新一轮科技和经济发展的制高点，制订各自的大数据应用计划。例如，北京市东城区利用移动互联网技术建立网格化管理试点，这一案例被比尔·盖茨在微软全球移动应用开发合作伙伴大会上介绍，并被称为是一项世界级的案例。广东省 2012 年提出了启动大数据计划，在政府各部门开展数据开放的试点工作，通过部门网站向社会开放可供下载和分析的数据，进一步推进政务公开。广东省的计划，是在 2015 年力争信息化水平达到中等发达国家的水平，到 2020 年则迈入世界先进水平，基本建成智慧广东。目前，大数据在我国各地政府的主要应用方式是建设智慧城市。徐继华等人引述，全国已经有 95% 的副省级以上城市、76% 的地级以上城市，总计 230 多个城市提出或在建智慧城市，投资规模近万亿元。①

（三）大数据的公共管理战略

实际上，大数据深化了对于"数治"的理解。公共管理的数据治理战略不再停留在数据对决策、管理、创新驱动的参考层面，更重要的价值是实现一种扁平化、开放化、高效化的治理模式。它包括如下特征：

一是数据治理弱化了公权力对数据流向和内容的控制，强化了政府治理的"能见度"，通过数据建立不同事物之间的量化关系，实现一种理性治理。以往遇到某些重大事件或为解决某一重大问题，政府往往会成立一个由上级部门组成的领导小组，再由各职能部门组成工作小组具体落实。工作小组通过信息共享、工作联动的方法加以推进。但是，大数据能够比现有的临时专项小组模式做得更好："它能够以更接近于零的边际成本，构建出整个政府和社会数据资源之间的全连接、全流程和全治理框架。这'三个全'打通了政府部门、企事业单位之间的数据壁垒，实现了合作开发和综合利用，有效促进了各级政府数据治理能力的提升。"②

二是数据治理为公众的直接参政提供了平台，公共管理的职责逐渐在

---

①　各地具体情况详见徐继华等《智慧政府——大数据治国时代的来临》，中信出版社 2014 年版。

②　参见大数据战略重点实验室《块数据：大数据时代真正到来的标志》，中信出版社 2014 年版。

政府和社会之间获得平衡。政府和社会在数据共享中实现深度沟通与合作，推进政府治理水平现代化。大数据时代，国家治理强调多元协同，从过去一个主体变为多个主体，从过去由上至下的单向管理变成各个方向协调的治理。"大数据与互联网、微信、微博等新媒体深度融合，可以突破时间和空间的限制，从更深层次、更广领域促进政府与民众之间的互动，形成多元协同治理的新格局。"① 在全能型政府传统根深蒂固的中国，大数据应用对协同治理的真正落地至关重要。

三是数据治理驱动公共管理绩效评价和风险防范水平升级。大数据不仅为政府行为提供决策信息，而且可以根据公众实用效果及评价提供信息反馈机制和决策纠偏调控机制。大数据可以实现公共管理行为效果的即时记录，起到全过程监督、全员监督的效果，为避免某些政府单位的政绩工程和公共管理行为失范提供了技术保障。

位于贵阳的国家大数据战略重点实验室，在其出版的一本大数据专著中，套用美国管理学家、统计学家爱德华·戴明的话："除了上帝，任何人都必须用数据来说话——除了上帝，任何政府必须用数据来治理。"② 该实验室在列举了美国、欧盟等发达国家和组织一系列关于推动大数据治理的战略性文件后认为，大力推动政府的数据化转型，从维护国家安全的高度来说，可以增强政府对于未来网络空间和数据主权的保护能力，从而有效提升国家的数据治理力和数据竞争力。毫不夸张地说，得数据者得天下，已然成为各国政府的普遍共识。

表 7 - 1　　　　　　　　全球各国政府和组织机构的大数据战略

国家/组织	时间	行动计划
美国	2009 年	利用数据的力量服务科学和社会
		建立全球首个数据开放的门户网站
		透明和开放政府备忘录
		开放政府指令
	2010 年	规划数字化的未来

---

① 贺宝成：《大数据与国家治理》，《光明日报》2014 年 3 月 27 日第 7 版。

② 同注 126。

国家/组织	时间	行动计划
美国	2011 年	联邦政府云计算战略
	2012 年	大数据研究和发展计划
	2013 年	"数据—知识—行动" 计划
		政府信息的默认形式就是开放并且机器可读
		支持数据驱动型创新的技术与政策
	2014 年	《大数据：把握机遇，守护价值》白皮书
欧盟	2011 年	开放数据：创新、增长和透明治理的引擎
	2012 年	释放欧洲云计算服务潜力
		云计算发展战略及三大关键行动建议
	2014 年	数据驱动经济战略
		数据价值链战略计划
英国	2009 年	政府部门推特使用指南
	2012 年	开放数据白皮书
		数字化战略及建立世界上首个 "开放数据研究所"
	2013 年	设立全球首个运用大数据技术的医药卫生科研机构
		把握数据带来的机遇：英国数据能力战略
法国	2011 年	启动 "Open Data Proxima Mobie" 项目
	2013 年	数字化路线图
澳大利亚	2010 年	超级国家宽带网工程
	2012 年	澳大利亚公共服务信息与通信技术战略（2012—2015）
	2013 年	公共服务大数据战略
		数据中心结构最佳实践指南
日本	2012 年	面向 2020 年的 ICT 综合战略
	2013 年	创建最尖端 IT 国家宣言
新加坡	2006 年	智慧国家 2015 计划
		整合政府 2010（iGov2010）计划
	2011 年	电子政府 2015（eGov2015）计划
	2014 年	智慧国家 2025 计划
韩国	2006 年	"U-Korea" 发展战略
	2011 年	智慧首尔 2015 计划
		构建英特尔综合数据库

续表

国家/组织	时间	行动计划
韩国	2012 年	就大数据未来发展环境发布重要战略规划
	2013 年	政府 3.0 时代计划
		第五次国家信息化基本计划（2013—2017）
		建立"韩国大数据中心"
	2014 年	2014 信息通信广播技术振兴实施规划
		未来增长引擎执行计划
联合国	2012 年	全球脉动计划
八国集团	2011 年	开放数据声明
	2013 年	G8 开放数据宪章

资料来源：本表数据来源自大数据战略重点实验室《块数据：大数据时代真正到来的标志》，中信出版社 2014 年版，并由作者整理得出。

我国在 2011 年由工业和信息化部提出的物联网"十二五"发展规划中，将信息处理技术列为关键技术创新工程之一，其中包括了海量数据存储、数据挖掘、图像视频智能分析等。国务院 2012 年在"十二五"国家战略性新兴产业发展规划中，提出支持海量数据存储、处理技术的研发与产业化。2016 年国家制定的"十三五"规划纲要中，正式提出实施国家大数据战略。纲要指出，要"把大数据作为基础性战略资源，全面实施促进大数据发展行动，加快推动数据资源共享开放和开发应用，助力产业转型升级和社会治理创新。全面推进重点领域大数据高效采集、有效整合，深化政府数据和社会数据关联分析、融合利用，提高宏观调控、市场监管、社会治理和公共服务精准性和有效性。依托政府数据统一共享交换平台，加快推进跨部门数据资源共享共用。加快建设国家政府数据统一开放平台，推动政府信息系统和公共数据互联开放共享。制定政府数据共享开放目录，依法推进数据资源向社会开放。统筹布局建设国家大数据平台、数据中心等基础设施。研究制定数据开放、保护等法律法规，制定政府信息资源管理办法。深化大数据在各行业的创新应用，探索与传统产业协同发展新业态新模式，加快完善大数据产业链。加快海量数据采集、存储、清洗、分析发掘、可视化、安全与隐私保护等领域关键技术攻关。促进大数据软硬件产品发展。完善大数据产业公共服务支撑体系和生态体系，加强标准体系和质量技术基础建设。"

第二节 大数据时代下的创业公共管理策略

国家"十三五"规划发展纲要对大数据战略的描述，是对创业公共管理大数据策略的最佳指引。以下将以发展纲要中的内容作为核心，描述大数据时代下的创业公共管理策略。其中，打通创业公共管理信息化瓶颈和构建数据驱动的管理决策模式，是创业公共管理的内部策略；开放创业相关公共数据给公众，是创业公共管理的外部策略。

一　打通创业公共管理信息化瓶颈

"全面推进重点领域大数据高效采集、有效整合……依托政府数据统一共享交换平台，加快推进跨部门数据资源共享共用。"

纲要当中对大数据整合共享的规定，是基于目前政府数据信息化瓶颈做出的。目前的创业公共管理同样存在信息瓶颈，表现在信息共享存在孤岛效应、数据资产没有有效盘活两大方面。

（一）消除信息孤岛

所谓信息孤岛，指的是一个个相对独立的不同类型不同学科的数字资源系统，不包括网上无序和自身没有控制的数字信息资源。由于各系统相互封闭、无法进行正常的信息交流，犹如一个个分散独立的岛屿，因此被称为信息孤岛。[①]

2013 年，国务院总理李克强在回答新加坡《联合早报》记者关于简政放权和转变政府职能提问的时候提到，如果说机构改革是政府内部权力的优化配置，那么转变职能则是厘清和理顺政府与市场、与社会之间的关系。说白了，就是市场能办的，多放给市场。社会可以做好的，就交给社会。政府管住、管好它应该管的事，李克强总理曾说道："我经常在地方调研的时候，常听到这样的抱怨，办个事、创个业要盖几十个公章，群众说恼火得很。这既影响了效率，也容易有腐败或者叫寻租行为，损害了政

---

① 李希明、土丽艳、金科：《从信息孤岛的形成谈数字资源整合的作用》，《图书馆论坛》2003 年第 12 期，第 121 页。

府的形象。所以必须从改革行政审批制度入手来转变政府职能。现在国务院各部门行政审批事项还有 1700 多项，本届政府下决心要再削减三分之一以上。"①

创业者申报企业和项目的"公章旅行"，在某种程度上体现出创业公共管理信息孤岛的存在。各级政府以及不同职能单位对于创业的管理都拥有自己的信息管理系统，而这些系统往往在兼容性和交互性上相对较低，造成创业者在填报相关表格文件时总是重复一些基本信息，需要反复取得不同单位的盖章许可。

消除信息孤岛在技术上要做到数据资源整合。承担创业管理的政府部门要依据一定的需要和要求，通过数据无缝链接整合软件的中间技术，把不同来源和不同通信协议的数据信息完全融合，使不同类型、不同格式的数据信息资源实现无缝链接。经过整合的数据资源系统具有集成检索功能，最终建立一种跨平台、跨数据库、跨内容的新型数据资源体系。

消除信息孤岛在管理上需要从纵向和横向同时发力。纵向上，上下级政府之间应该利用多级网络和中心数据库打通信息交流渠道，构建一个统一的创业信息平台。在内部实现数据获取、处理及分析的即时响应，提高工作效率，降低管理运行成本。例如安徽省在"创业江淮"行动计划（2015—2017 年）当中提出建设全省创业服务云平台，主要任务就是整合各部门创业服务资源，以在线服务为主、线上线下相结合方式，为创业者提供全方位、"一条龙"互联网服务。其具体措施是鼓励运用现代信息技术，建立一批具有地域和行业特色的创业服务网络平台，推进面向全省的互联网融合创新服务平台、公共技术服务平台、中小企业信息化服务平台建设。按照统一建设、省级集中、业务协同、资源共享的原则，建设安徽创业服务门户网站及移动客户端。在横向上，要实现跨部门的政府数据资源共享及政务协同。例如企业的税务质检登记采用工商信息，可以减少流程及办事人员的等待时间，而初创企业申请贷款，则代理银行、国税、地税、工商等部门可以打通企业的财务、税务、工商记录等信息渠道，避免重复信息征集的同时，还可以减少信息漏洞，降低企业贷款风险。

① 凤凰财经：《李克强：办事创业要盖几十个公章群众恼火损害政府形象》（http://finance. ifeng. com/news/special/2013lianghui/20130317/7783182. shtml）。

（二）盘活数据资产

对创业公共管理的大数据策略而言，当数据渠道打通后，首要的任务是让数据发挥价值。创业活动每时每刻都在产生数据，这些数据是海量、复杂（结构与非结构化数据并存）、即时生成的。这就需要采用数据挖掘的思路和技术来处理数据，盘活即存的数据资产。

数据挖掘（Data Mining DM）是指从大量不完全的、有噪声的、模糊的、随机的数据中，提取隐含在其中的有用的信息和知识的过程。[①] 数据挖掘在解决金融电信、股票市场、网络数据、顾客关系管理、超市货品优化等市场领域的海量数据问题上具有很大优势，但在创业公共管理领域的应用目前还不多。政府部门多年来积累了丰富的数据资产，但利用频率及效率却很低，距离决策、预测的效果甚远，没有充分发挥其应有的效用。例如大多数创业管理部门（科技、教育等）网站都有类似创业者调查或创业测评的栏目，这对于了解创业者需求及创业现状来说是一个很好的途径。但是对于调查结果数据的展示，多见工作总结性的叙述，或者简单罗列的数据，少见深度的数据挖掘和价值提炼。

创业公共管理的数据挖掘是一个多步骤的处理过程，这个过程是交互和迭代的。

第一要确定分析对象，清晰地定义出需要发现或解决什么问题，例如全市范围内何种学历层次的人更倾向于去创业、何种行业创业企业的盈利或完税情况最好等。认清数据挖掘的目的是数据挖掘的第一步，挖掘的最后结果是不可预测的，但要探索的问题应是有预见的。

第二是数据准备。这个阶段第一步要做数据的选择，即根据管理者的挖掘目的，搜索所有与问题有关的内部和外部数据信息，从数据源中提取与挖掘相关的数据。第二步，要对收集上来的数据做预处理加工，主要包括检查数据的完整性及数据的一致性，对其中噪声数据进行处理，推导计算出丢失的数据，消除重复的记录，完成不同数据类型的转换等。在前期，政府各类创业相关信息平台的交互性越强，这一步所花费的成本和精力越少。第三步是开展数据变换，即将数据转换成一个分析模型。分析模

---

① ［美］J. Han、M. kamber：《数据挖掘：概念与技术》，范明、孟小峰译，机械工业出版社2001年版，第3—10页。

型是数据挖掘成功的关键，可以有效减少数据挖掘时数据的数量，提高挖掘算法的效率。

第三是数据挖掘，对所得到的经过转换的数据进行挖掘。人工智能、数据库技术、概率与数理统计是主要数据挖掘技术。通过数据挖掘得到的信息包括：关联信息，用于寻找数据库中值的相关性，目的就是为了挖掘出隐藏在数据间的相互关系；分类信息，反映同类事物共同性质的特征型知识和不同事物之间的差异型特征；聚类信息，将具有共同趋势和模式的数据元组聚集为一类；预测信息，根据历史的和当前的数据推测未来数据；偏差信息，对差异和极端特例的描述，数据库中常有一些异常记录，从数据库中检测这些偏差很有意义。

第四是对挖掘结果的表述和评价。结果表述方面，要求数据挖掘所获得的模式是创业公共管理者可以理解的，最好利用工具实现数据的可视化，帮助管理者理解挖掘的结果。如果管理者对挖掘模式不满意，可以重新选择数据并执行挖掘算法和挖掘过程，直到满意为止。

第五是挖掘结果的应用，要将分析所得到的结果集成到管理系统的组织结构或工作流程中去，实现数据挖掘的最终价值。

二 构建数据驱动的管理决策模式

"提高宏观调控、市场监管、社会治理和公共服务精准性和有效性。"

创业大数据的最终用途，是提升创业公共服务的精准性和有效性。大数据环境下，创业管理、服务的决策与传统行政决策有根本的区别：管理实践由经验导向的范式，向数据导向的范式发生转变。

（一）大数据环境下，创业管理决策应以数据为支撑

传统的创业管理决策过程中，多采纳行政首长个人观点与专家经验进行决策。然而，大数据环境下，决策模式将发生革命性的变化，数据分析在一定程度上否定了直觉和个人经验决策的科学性。在大数据环境下，如Hadoop、Hbase 等大数据技术与工具的引入，为大数据驱动下的创业管理政策驱动提供了基础，只有把大数据纳入到决策的核心体系当中，与国家政策、企业需求相结合，才能促使单纯的大数据上升到"数据决策"的高度。大数据环境下，政府不仅要关注技术革新问题，更应该侧重于如何解决大数据带来的管理挑战以及由此产生的管理决策模式变化。

需要指出的是，基于数据的决策应该是在决策体系当中占据先导及核心的位置，避免"伪大数据决策"。当基于严谨和科学流程的创业大数据挖掘结果出现后，应以其作为决策的基本支撑，在此前提下以经验和直觉等其他要素作为修正的辅助条件。更不能出现以传统方式预设决策思路后，寻找或者修改数据作为支持依据。

（二）大数据环境下，创业管理决策应以全体数据为依据

大数据的特征在于对全体数据的采集和分析。刘晓洋认为，借助于小数据和基于结构化数据的决策支持模型做出决策，其本质仍是一种经验式决策，"在大数据时代，传统位置相对固定的电脑和基于移动互联的手机、CPS、平板电脑、传感器等大数据采集技术可以采集文本、图像、音频和视频等全样本数据，大数据处理技术、数据分析/挖掘技术可以对这些结构化和非结构化数据进行科学分析，这样基于整体的、海量的、准确的数据预测更为精确，是一种科学式的可能性认识。"① 在现有数据共享模式的前提下，云计算与云存储技术的引入极大地扩展了数据共享能力，从某种程度上克服了领导者或领域专家"决策权"的过分倚重，是数据驱动决策的重要体现。正如维克托·舍恩伯格在其《大数据时代》一书中引用维克多·迈耶—熊伯格所言，"当我们可以获取海量数据的时候，它就没有任何意义了。"② 数据处理技术已经发生了翻天覆地的改变，这就要求我们将支撑管理决策的数据样本扩大到全体数据，从而提高决策的准确性。

（三）大数据环境下，创业管理决策应重视相关关系

传统管理决策以现有数据资源为核心，习惯寻找数据分析结果背后的种种原因，强调问题分析的因果联系。然而大数据环境下数据量骤然增大，数据流动速度加快，了解数据"是什么（What）"而不是"为什么（Why）"成为数据分析的新思路。

围绕大数据的相关分析在创业管理领域的应用前景广泛。例如，通过收集创业者的所有相关数据，可以统计并预测其所处的创业阶段，从而在

---

① 刘晓洋：《思维与技术：大数据支持下的政府流程再造》，《新疆师范大学学报》（哲学社会科学版）2016年第3期，第121页。

② 参见维克托·舍恩伯格《大数据时代》，盛扬燕、周涛译，浙江人民出版社2012年版。

不同时期为其发送相应的优惠政策资讯；通过收集每个创业者的创业能力测评数据，以及创业投入产出的绩效比，研究其是否具有关系，可以分析出不同条件下，创业者对于不同创业培训的需求，从而做到创业的精准培训教育。

（四）大数据环境下，管理决策应以监控及预测为重点

只有充分掌握事物发展变化的大量数据，并关注数据的实时变化，才能形成准确的分析与评估。传统的决策支持过程，对数据和分析工作的需求量较小。而为达到更为准确和有效的决策支持结果，数据采集、加工以及分析等各个环节通常需要适当的人工参与，模型一般无法实现实时化。实时的监控及预测，是在长期分析与评估且通过机器学习等手段掌握事物变化规律后，进行精准监测的结果，而只有那些能够利用大数据解决方案并进行实时决策的机构才能够茁壮成长。

这里所说的实时监控及预测不是单纯的大数据分析，而是在以机器进行大数据分析的基础上，融入人的经验与思维的过程，这也被认为是一项比较理想的技术方案。配置了云服务平台的创业服务管理机构，在大数据环境下可以做"创业活跃度指数排行""创业工作及服务满意度报告""创业行业及投资热点的追踪及预测""创业企业财务健康及预警"等专项的创业数据监控及预测工作，将数据驱动模式引入组织的管理决策制定过程中，从而使得在大数据背景下，通过借助于先进的管理决策模型与先进的计算机技术，使创业决策更加快捷、准确。

三 开放创业相关公共数据给公众

"加快建设国家政府数据统一开放平台，推动政府信息系统和公共数据互联开放共享。制定政府数据共享开放目录，依法推进数据资源向社会开放。"

开放创业相关公共数据给公众的意义有两重。首先，开放和共享数据是现在打造服务型政府的内在要求。政府是其所收集的信息的托管人，提高行政透明度，开放公共数据，建设阳光政府，是人民行使知情权和监督权的基础，这已经成为全球共识。其次，开放数据本身就为私营部门和个人的创业提供了机会。以美国政府公开全球定位信息GPS为例，之前这一领域的数据只用于军事，1983年后开放给民用和商业领域，推动了一

系列以 GPS 信息为基础发展起来的产业，包括航空器导航、精确播种和各类 LBS（基于地理位置的信息发布功能）服务等。2000 年后更是取消了对民用 GPS 精度的限制，这一举措每年给美国经济规模贡献多达数十亿。目前政府还在上述基础上推行医疗数据开放，即将政府掌握的有关医院、药品、健康保险等的数据公开。数百项与健康服务方案转型和患者信息有关的服务和公司已经得益于这一数据开放政策。

（一）信息公开与数据开放的区别

早在 2007 年，中国就制定了《中华人民共和国政府信息公开公开条例》。需要认识到，从政府信息公开到数据开放，不仅仅是措辞的变化，而是深刻的整体变革。张毅菁对这两者的区别进行了精要的分析：

"信息是经过解读的，数据是原始可再利用的。一般而言，信息是指经过人为解读和二次加工的数据，具有非常明晰的含义。政府信息作为一个法律术语，有相关法律条款明确其定义。数据则是原始的未经加工的记录，是信息的一种载体，不仅指传统的结构化数据，还包括音频视频等海量的非结构化数据，政府数据作为一个技术词汇，具有更强的真实性，其内在的隐藏的价值可被进一步分析挖掘开发和利用。

公开是单向的，开放是流动的。政府信息的对外公开是政府的单方面行为，许多信息一经公布就再无下文，使得不少政府信息金矿常年处于沉睡的状态。数据开放强调的是政府利用信息技术和服务平台，主动向公众提供无须特别授权、可被机器读取、能够再次开发利用的原始数据。因此，数据开放是一种数据的流动，更是知识和权力的流动，其核心是发现更多有价值的信息。

信息公开是基础，数据开放是发展。政府信息公开旨在信息的公示，对应的是公众的知情权。政府信息的公开程度常常与政府的透明度紧密相关。但对数据开放而言，知情只是第一步 数据开放的终极目标在于利用，因此更多对应的是公众的参与权，以及开放利用数据之后实际获得的表达权和监督权。政府数据的开放力度往往更能凸显社会的民主程度及国家的创新能力，政府信息公开是政府数据开放的前提和基础，而政府数据开放则是政府信息公开的发展和跃进，两者之间存在衔接与递进的关系。在整个数据流转的链条中，公布是第一步，紧接着是开放，然后才是分析、整合、挖掘和利用。在此过程中，数据不仅不会被消耗，反而可以如滚雪球般创造出更大的价值。"

（二）数据开放的标准及原则

开放数据也不仅仅意味着公开数据。要让数据可以重复使用、自由加工，数据公开的格式至关重要。

数据开放的标准和原则，可以参考蒂姆·奥莱利的开放公共数据的8条规定，这几条规定在徐继华等人的《智慧政府——大数据治国时代的来临》一书中做了完整引述：

> 数据必须是完整的；
>
> 数据必须是原始的；
>
> 数据必须是及时的；
>
> 数据必须是可读取的；
>
> 数据必须是机器可处理的；
>
> 数据的获取必须是无歧视的；
>
> 数据格式必须是通用非专有的；
>
> 数据必须是不需要许可证的。

完整数据指的是没有经过加工和解读、能够被计算机读取调用、可供再次分析的。而在目前，我国政府公布的数据基本都是报告和报表，没有标准的格式，不能以数据的形式查阅下载。因此也无法进行深入的加工、分析、挖掘。

数据开放的第一步是提供尽可能多的原始数据，只要不涉及隐私和国家安全的相关数据全部开放、开源，允许公众免费查询、下载，使个人和企业以最大自由度重新处理这些数据。结合中国的情况，开放政府信息资源可以先易后难，从气象、地震、交通、公安、社保、医疗卫生、教育等公共数据资源的开放入手，再重点推进至投资、生产、消费、统计、审计等经济领域，使公共数据与民间和企业界拥有的数据资源相互融合，形成巨大的知识创新力、财富创造能力和社会进步推动力。

在保证数据开放的立法方面，应该强调法无明文规定则不禁止的开放原则。现行的《中华人民共和国政府信息条例》，存在信息公开的范围有限、公开内容避重就轻等诸多问题。在组织架构上，政府层面可设置专门的领导机构和专项资金，比照美国政府设立首席数据官的职位，来统筹负责整个政府数据开放的运作协调。各个职能部门应指派专人来担当数据协调员，专门负责向政府数据开放平台提交数据，制订本部门的数据开放计划，搜集本部门数据开放的反馈意见。

可借鉴其他国家政府数据网站建设的成功经验，让政府数据被更广大的民众方便获取、灵活运用。有学者举例："例如，在数据搜索过程中增加多维度的筛选项，在查询结果展示时，以最直观的可视化图表形式呈现，在原始数据下载及保存时，提供机器可读的多种数据格式，同时加强计算统计比较等辅助功能；开发政府数据服务的移动 APP 应用程序，进一步方便市民使用；增加政府与公众的互动功能，为公众研究者政府部门等提供交流平台，强化公众在数据需求上的话语权。"[①]

（三）利用数据合作促进创业

"十三五"纲要提出，数据开放要积极探索合作开发的模式，"深化政府数据和社会数据关联分析、融合利用，深化大数据在各行业的创新应用，探索与传统产业协同发展新业态新模式，加快完善大数据产业链"。

要使社会各方最大限度地受益于数据开放，政府不能成为唯一的主角，作为数据开放的推动者、参与者和受益者，来自社会的创业者发挥着越来越重要的作用。美国阳光基金会举办程序员公共数据开发大赛，在只公开了 47 组数据的基础上收到了 47 个新开发的应用程序。新加坡为在 www. data. gov. sg 网站上举办的 "ideas 4 apps challenge" 活动提供一定数额的资金奖励，鼓励更多的人参与数据开放运动。纽约市政府自 2009 年起资助 "NYC Big Apps"（纽约城大应用）竞赛，邀请创业团队运用来自 32 个市政部门的政府开放数据来设计网页或移动应用程序。

中国政府目前开放数据的内容主要还是前期的政务信息公开，对于促进大众创业的影响较弱。优质的数据资源往往被政府部门、事业单位或个别大型企业占有，行政垄断使得社会资本很难涉足这一领域，因而成功开发政府数据的商业案例极少。张涵、王忠在研究了各国数据开放对创业的

---

① 张毅菁：《从信息公开到数据开放的全球实践：兼对上海建设政府数据服务网的启示》，《情报杂志》2014 年第 10 期，第 178 页。

影响之后认为，"创新驱动发展大背景下，转变政府职能，政府数据更多向公众开放，对于形成大众创业生态具有重要推动作用。为进一步发挥数据资源的价值，政府应当将开放政府数据的重点，放在打开局域数据壁垒，降低自由获取数据的成本，扩大数据再开发利用途径，探索建立信息资源社会化增值开放共享绩效评价制度，引导社会资本对政府数据增值开发，鼓励大众自由运用和开发数据产品，形成应用政府数据大众创业的局面。"①

第三节　政府创业公共管理服务云平台建设

云计算技术是支撑大数据应用运行的高速公路。正是云计算平台在数据存储管理与分析等方面的支撑，才使得大数据有用武之地。也有学者形象地提出大数据的基本框架是"天上有云（云平台），地上有网（物联网），中间有数（大数据）"。因此，建设创业公共管理和服务的云平台，将是大数据技术在创业管理应用当中的基本任务。需要指出的是，创业服务的"云"并非虚无地飘在天上，而是需要和地面的实体服务紧密结合，才可以充分发挥其功效。因此，本节提出的云平台建设思路，也包括了其如何与线下活动相对接。

一　创业公共管理服务云平台功能实现

创业公共管理服务的云平台，可以归纳为"三维塔式"的功能内容体系。在本体系当中，创业管理与服务的功能按照创业者创业成熟程度不同的需要，被划分为"创业知能激发""创业实操实训""大数据评估反馈"三个模块。三大模块采用金字塔式的分层结构，一方面由低到高涵盖创业管理云平台的基本功能；另一方面随着创业服务走向深入可以表现出较好的延展性。其中，"创业知能激发"模块是创业管理服务的发端，主要任务是实现线上线下的政策引导、培训启发、竞赛激励功能。"创业实操实训"模块是在创业者成熟度有一定提高的情境下，为其提供实训

---

① 张涵、王忠：《国外政府开放数据的比较研究》，《情报杂志》2015 年第 8 期，第 143—144 页。

保障、实操保障以及融资保障的服务功能。"大数据评估反馈"模块则是以"大数据"服务功能的实现为核心，这也是云服务平台在功能实现上有别于一般门户网站的特质所在。在创业者创业全过程中建立起数据的存储、分析、发布的功能体系，从一般评估反馈、专项评估反馈和个案评估反馈等维度，即时对创业情势进行掌握和分析，为政府决策提供支撑和依据，以之更好地服务于创业者。三大模块均主要以云端环境的建设为基本呈现方式，集中于云服务模式内形成闭环。

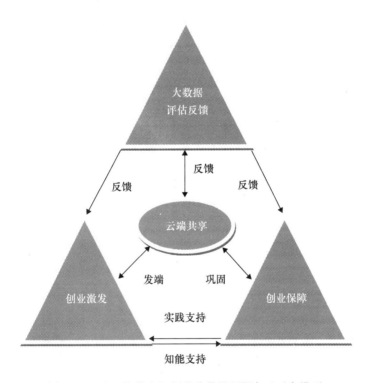

图 7 - 1　"三维塔式"创业公共管理服务云平台模型

云平台建设功能内容将按照"三维塔式"结构进行分解，依托线上和线下渠道综合完成。在线上，以云技术为平台完成政策宣传、在线教育培训、竞赛组织宣传、在线实习实训、中介及融资端口对接、数据库建设、大数据评估分析等功能；在线下依托各个部门的创业服务窗口和创客空间，搭建高质高效的"一站式"创业综合服务基地。线下的服务窗口满足创客和初创企业对创业服务的需求，提供工商注册咨询、法律咨询、管理咨询、科技咨询、投融资咨询和推荐对接等多元化服务，助推创业企业快速发展。创客空间则要建立集实训、孵化、融资功能为一体，具有网络化、示范性的创客实体平台，促进各类创新创意的交流展示、成果转化、市场推广和资金对接。

二 "创业知能激发"实现功能

"创业知能激发"模块解决的是创业者初期从信息资讯收集、萌发创业想法、实体化形成创业项目阶段的创业云平台服务工作。该模块由普及到高级、由大众到特定人群提供三级服务，分别是政策引导、培训启发、竞赛激励。

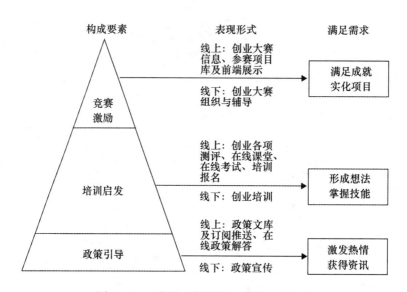

图 7-2 "创业知能激发"模块功能示意

（一）资讯推送与政策引导

实现目的：激发用户的创业热情，让用户在创业前获得最全面的咨询服务，帮助其掌握政策、运用政策。

1. 政策资讯发布

依托云端平台实现政策解读、咨询服务、政策文件库、订阅推送等功能。具体内容包括：

提供多种信息传播方式，实现信息一次录入多渠道共享，覆盖电脑、微信、微网站、手机、移动客户端的多种渠道，提供统一管理，一次录入，多屏、多终端多渠道发布。支持创业大咖在线直播访谈，实现全要素内容覆盖。

为创业者提供全面、及时、准确的政策快讯、创业动态、申报快讯。创业者同时可查看不同地区、不同系统、不同项目的最新政策资讯及其他相关资讯。

提供自动抓取采集功能，自定义关键词，面向全网进行抓取，积累创业服务的大数据，为垂直行业动态、背景深度分析等提供大数据支持。

支持网站类内容抓取、微博内容抓取、微信内容抓取，尤其针对微信自媒体大号进行内容抓取和分析，获取高质量资讯来源。

2. 政策权威解读

政策解读。对各级政府及平台所隶属的政府部门的重要政策法规、指导意见、申报通知、实施方案等进行深入解读，通过图文的方式展示，同时与相关资讯关联，快速切换，解决创业者对政策理解不深入的难题。

政策文库。提供各项政策的概述、政策法规、案例模板、申报审批流程及相关动态。通过该数据库，创业者既可以在线预览各政策相关的文件资料，也可下载和收藏自己感兴趣的资料，同时也可以上传自己的文档，管理员审核通过后即可发布。

3. 多方式文件订阅

创业者可通过平台会员中心、PC 客户端、手机 APP、微信公众号四种方式根据地域系统或项目关键词订阅政策资讯，如有更新系统自动第一时间推送至创业者的 PC 客户端、手机 APP。

线下实现创业政策资讯宣传解读。依托当地的众创空间、高等院校、创业学院（大学）等进行政策宣传，开展创业政策专项解读的讲座培训等活动。

（二）培训启发

实现目的：帮助潜在的创业者形成创业初步想法，掌握创业所需要的基本技能和知识。

1. 创业能力素质测评数据库

建立创业者的创业能力素质测评系统非常重要。它可以为创业培训提供受训者的基础数据，并形成测试者远程报告，供教学提供者参考，为定制化、精准化的创业培训和教育提供原始依据。除了通用版的创业测评系统外，未来应该按照创业者创业方向的不同而专门开发创业能力专项测评，做到创业能力测评的精准化。

2. 在线课堂

云平台初期可以实现课程视频的在线学习，建立线上教学教育管理系统。中后期根据慕课思想建立创业云端课堂，实现课程和师生互动的实时在线，形成创业在线课程生态群。通过远程多媒体教学系统，集中优秀师资，开设模拟实训、网络创业等培训项目中的基础理论课程，以及专家讲座、成功创业者经验介绍等。在线课程一般可以由政府购买，实行普惠制，注册用户均可自由选择课程学习。

3. 在线考试

建立创业课程学习的在线考试和考试成绩记录发布系统。集成创业专项培训技能和相关职业技能考核端口，丰富创业者的学习体验。云平台的考试完成后，系统要自动生成答案清单，错题给予解释。系统应该自动分析这张试卷的知识点分布情况，以及每个知识点的正确率。系统要对本张试卷的全部参与人成绩生成图表，考生可以查看自己成绩所在的位置。云端的考试数据积累越多，对于培训质量提升和培训要点、难点的确认越有价值。

4. 培训报名

建立创业培训报名专口，集成各级政府单位要求的培训报名端口。在平台前端可以分地区、分项目展示创业培训定点机构、实训基地、创业学院、创业大学等机构情况、师资情况、课程介绍等，创业者可以通过网络选择线下课程、培训机构并在线报名。参加各项政府补贴培训项目的学员，应通过在线课堂学习达到规定学分，经在线考试合格，并满足享受补贴的其他条件，才能获得补贴。

线下实现普及创业培训。依托创业各培训机构开展创业培训，创业成功者可以利用覆盖全地域的创业服务云平台基站迅速扩大，以点带面扩大创业服务的社会化效益和经济效益。另外，可以结合当地创业培训师资现状，以及当地创业者的特征，开展创业师资遴选、培训、考核等一系列师资培养的标准化设计及实施。到后期随着云端数据不断积累及培训数据挖掘出现结果后，可以根据创业者的不同需求开展定制化专项培训，如创业融资培训、创业法律实务培训、互联网商业模式培训等。

（三）竞赛激励

实现目的：满足创业者的阶段性认可和成就体验，实化其创业项目。

提供创业竞赛信息，各级政府部门指定的各级各类创业大赛的报名端口集成、结果公示、获奖项目展示等。

线下实现创业竞赛支持，在各级高校、众创空间内开展创新创业大赛的线下宣传和支持活动。选拔创业大赛经验丰富的创业教练，为优质潜力团队进行一对一重点培养指导，帮助其在各级竞赛中获得较好成绩。

三　"创业实操实训"实现功能

"创业实操实训"模块解决的，是创业者在形成创业项目后，开展实训实操直至进入孵化状态成立企业的保障任务。该模块以创业者实际需求为核心，提供三级服务模式。

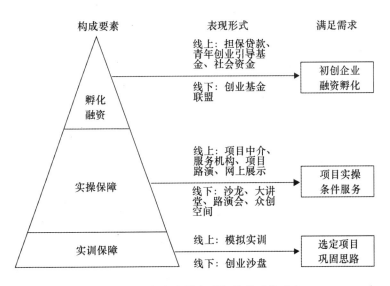

图 7 - 3　"创业实操实训"模块功能示意

（一）创业实训

实现目的：实现创业者项目的选定与巩固。

在云平台嵌入创业模拟实训、电子商务训练等模拟实训系统，配合开展创业培训教学。采用云教育平台搭建教学内容与教学管理的承载平台，抛弃传统的以建 PC 机房为主的思路，构建基于"云计算"技术的实训系统。通过在云教育平台上部署各类实验环境、教学资源和实训资源，让创业者和服务者可以通过 PC 端或移动端实现灵活访问，做到随时随地学习和互动。

实际上，采用以"互联网＋"的电子商务创业为代表的实际演练体系，可以增加创业者创业竞争的感性认识，用真实创业行为锻炼自己。通过教学资源和实训资源在云教育平台上的部署，可以满足自我学习、复盘实验、综合实训等不同创业服务场景的需求。学练结合，着力于提高创业者的创业意识、创新素质和创业实践能力，解决理论知识与创业实际需求相脱节的矛盾，培养能够快速适应市场环境、融资环境、用户需求的复合型创新创业人才。需要注意的是，云教育平台要根据市场需求及培养要求，不断补充完善实训系统。另外，实训演练系统要配置适合于案例教学的创业服务管理系统。

（二）实操保障

实现目的：为初步选定的创业项目提供实际操作条件。

在这部分实现项目中介机构对接、创业服务机构库、在线对接、项目路演的在线组织和信息发布、基于电子商务平台的网上店铺展示。云端上的体验中心，是最新产品和技术的展示和体验窗口，为创业者、学习者提供发布展示创业成果、了解行业内新技术新趋势，以及普通学习者进行认知学习的平台。

依托体验中心的在线对接功能，云平台的建设者可以在线下开展众创空间的活动组织，对接优势资源进入当地，定期组织一定规模的创业大讲堂、综合类或专业类路演。中后期成立创业精英高端创业沙龙，每年推荐若干个创业团队进入孵化园区或众创空间进行企业孵化。

（三）孵化融资保障

实现目的：为初创型企业或已成型的创业项目提供急需的孵化资金支持，以经费统筹各种资源的导入。

1. 孵化及场地信息发布、入驻对接

创业孵化机构、闲置创业场地资源所有人可通过平台发布企业入驻条件及联系方式等信息。政府组织认定并受财政补贴的孵化机构，应该通过平台发布相关信息并及时更新。云平台的使用者可通过站内即时通信工具在线向上述机构联系办理入驻事宜。

2. 融资端口对接和发布

在云端可以开放创业担保贷款端口对接，青年创业引导基金端口对接，其他具有公信力的社会资金端口对接。邀请风险投资、创业投资、天使投资等社会投资机构虚拟入驻，引导创业者按照投资方式、资金类型、投资行业、投资金额、资金推荐等筛选方式找到合适的融资方式和融资对象，并进行在线对接。

四　"大数据评估反馈"模块功能描述

"大数据评估反馈"模块是基于云平台大数据特征，以及创业精细化管理的客观要求所设计的服务模块。该模块解决的是创业服务提供及管理方，在创业服务全部运行阶段的数据跟踪、收集、分析、汇报的职能型需求。按照创业大数据管理和挖掘的形式划分为三级结构。

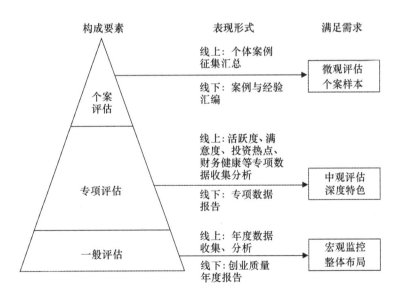

图 7 - 4　"大数据评估反馈"模块功能示意

（一）一般评估及反馈

实现目的：实现大数据的基本功能，满足各级公共管理部门宏观情势把控的需要。

依托云平台构建创业大数据征集系统，按年度进行相关数据的收集，在网络后台进行数据分析，形成创业大数据库。

线下实现年度创业报告，按照年度提供创业质量数据报告。

（二）专项评估及反馈

实现目的：满足创业大数据的深度和专项分析，形成全省创业大数据挖掘体系。

分专题进行创业数据收集整理，进行创业大数据的深度挖掘。

线下实现专题报告发布，包括但不限于"创业活跃度指数排行""创业工作及服务满意度报告""创业行业及投资热点的追踪及预测""创业企业财务健康及预警"等。

（三）个案评估及反馈

实现目的：满足创业样本和地区创业典型性成果的展示宣传，为工作的总结和绩效评价提供感性材料。

提供端口供创业者上传及分享自己的创业实例，也提供平台供公共管理部门发布自己的工作报告和经验汇总。

线下实现创业案例库，采用典型创业者案例追踪和访谈的方式，打造地方或行业的创业案例库建设，宣传与弘扬具有特色、可资交流的创业精神。

五　云平台技术思路及实现体系

本节所提出的云平台建设，将以云技术的实现为切入点，分析云技术比对传统 PC 方案的优势。

（一）云平台技术路线设计总体思路

云平台的技术路线思想，是以云端环境建设为主体，以大数据中心、桌面云平台方式构成的 PaaS 环境[1]。在此技术环境下，一方面开展"创业知能激发""创业实操实训"模块的线上线下应用实现，承担政策传导、创业培训、实训实操、中介引导、创新创业孵化、政企合作等功能；另一方面开展"大数据中心"建设，依托中心云及各地云端建设基点的数据交互，实现数据的分布式储存，通过数据的清洗和分析深度挖掘数

---

[1]　PaaS，是 platform-as-a-service 的缩写，意思是平台即服务。

据，形成数据报表。在此基础上按照公共管理部门的需求形成咨询报告，协助创业工作主管部门掌握创业情势，提供精准化靶向创业服务，出台针对性和落地性更强的政策，最终回馈给创业者，由此形成创业服务的闭环。

技术设计框架见图7—5所示。

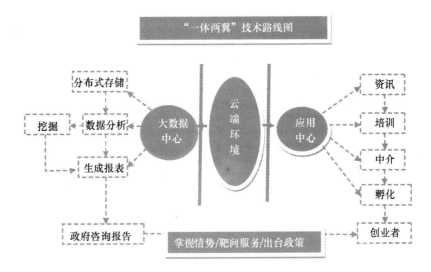

图7-5 "一体两翼"创业管理服务云平台技术路线

按照目前业界的云计算技术标准，云平台建设环境一般包括通过云中心、桌面云平台、高速局域网构成的基础设施（IaaS）层，和采用云操作系统及管理软件构成的应用管理平台（PaaS）层，二者构成资源池。在此基础上集成各类教学应用、实训实操、创业孵化、数据评估所需的多种应用系统组成应用环境（SaaS）层，构成一个创业服务和管理的云。在云端应该实现资源高度共享，技术架构和计算资源动态伸缩，以适应未来创业管理内容的扩展。总体而言，利用云平台技术开展创业管理的信息化，整体安全可靠，节约能源，终端成本大大降低，运行维护简单，功能和性能的横向扩张相对便捷。在这个架构上，实现了物理空间的虚拟化，业务类型不受物理空间限制，业务环境实现即插即用，为以后的各类管理及服务的扩展，奠定了稳固的技术基础。

（二）云技术方案的比较优势

云技术实现了通过瘦客户端①或者其他任何与网络相连的设备，来访问跨平台的应用程序，以及整个客户桌面——即我们只需要一个瘦客户端设备，或者其他任何可以连接网络的设备，通过专用程序或者浏览器，就可以访问驻留在服务器端的个人桌面以及各种应用，并且用户体验和我们使用传统的个人电脑是一模一样的。

表 7-2 云方案与传统 PC 方案功能对比

比较内容	传统 PC 解决方案	云技术解决方案
核心数据安全	防泄密较困难，容易导致数据泄密，尤其是研发文档资料和客户资料	操作系统运行在云服务器上，终端只显示数据而不存储数据，以此能够确保数据安全
访问连续性	终端硬件设备如硬盘等容易损坏，将导致用户数据的丢失	终端用户的数据存储在云服务器上，终端设备损坏不会影响用户数据
数据可靠性	对终端用户的数据管控力度弱，通常无法有效地对终端用户的数据进行归档备份	终端用户的数据集中存储，可以对终端数据进行统一的归档备份
系统部署及管理	需要每台设备单独安装，耗时耗力，通常需要到本地进行安装操作	只需要在云服务器上操作，不需要到本地进行安装，可以把操作系统和应用程序做成一个模板后进行快速发布
故障恢复	通常需要到现场进行操作，耗时耗力	只需要在云服务器上操作，方便快捷；若是终端机器出现故障，可以马上在云服务器上重新发布
终端远程维护	受到远程网络稳定、授权、与现场工程师沟通等条件的限制，远程维护通常比较困难	所有终端的 OS②和应用程序运行在云资源服务器上，维护与管理简单方便

---

① 瘦客户端（Thin Client）指的是在客户端—服务器网络体系中的一个基本无须应用程序的计算机终端。瘦客户端部署相对容易，其安全性也是很高的。

② OS 是指操作系统（Operating System，简称 OS），它是管理和控制计算机硬件与软件资源的计算机程序，是最基本的系统软件，任何其他软件都必须在操作系统的支持下才能运行。

比较内容	传统 PC 解决方案	云技术解决方案
移动办公	通常仅能够支持 B/S 架构①的应用程序	只要终端设备能够运行支持 HTML5 协议②的浏览器，就可以进行移动办公
售后的维护成本	高	低

最后需要指出的是，创业公共服务云平台的建设，根本上是公共管理者们从传统管理模式向大数据思维管理模式的转变。任何硬件建设的升级都不如思想的升级，假如云平台的建设者们更关注的是开展云平台建设的占地、投资规模、硬件投入、装修水平等问题，那么，我们可能离大数据时代下的创业公共管理还有较长一段路要走。

本章小结

本章的主旨是探讨大数据给公共管理带来的影响，指出创业公共管理如何应对和布局大数据，以及如何建设创业公共管理大数据的载体——政府创业公共管理云端平台。

大数据需满足三个特点：规模性（Volume）、多样性（Variety）以及高速性（Velocity）。除此之外还有学者提出 4V 定义，即在 3V 的基础上增加一个新的特性：价值性（Value）或真实性（Veracity）。

公共管理的数据治理战略，不仅体现在管理决策参考方面，更重要的是实现扁平化、开放化、高效化的治理模式。在创业公共管理领域，云端平台的建设是大数据技术应用的基本任务。在功能上，创业公共管理云平台可以总结为一个"三维塔式"的结构，其技术路线则可以归纳为"一体两翼"的结构。

---

①　B/S 结构（Browser/Server）中文翻译为浏览器/服务器模式，是一种目前主流的网络结构模式。

②　HTML5 协议是对 HTML 标准的第五次修订。其主要的目标是将互联网语义化，以便更好地被人类和机器阅读，并同时提供更好的支持各种媒体的嵌入。HTML5 的设计目的是为了在移动设备上支持多媒体。

第 八 章

绩效——创业公共管理的质量

> 举事有道，计其入多，其出少者，可为也。惑主不然，计其入，不计其出，出虽倍其入，不知其害，则是名得而实亡。如是者功小而害大矣。凡功者，其入多，其出少，乃可谓功。今大费无罪而少得为功，则人臣出大费而成小功，小功成而主亦有害。

> ——《韩非子·南面第十八》

是时候讨论一下工作效果的问题了。一直以来，中国创业公共管理的效果问题缺乏完整的研究。我们理解管理过程中责任分配的重要性，相关部门也出台了一系列鼓励支持创业的政策，我们可以采取最新的大数据技术开展具体工作，也可以采用外包的模式进行公共管理合作。但是这些管理行为带来怎样的结果，以及如何评价这些结果，既是我们评价管理行为的依据，又是启动改进方案的起点。本章我们首先要对传统的公共财政投入模式进行分析，指出公共财政管理的方向；其次对公共管理当中的绩效评价进行介绍，认识当前创业公共管理绩效评价的问题；最后，说明如何开展内外合作的创业公共管理绩效评价，并通过两个政策实例探讨绩效评价指标的问题。

第一节　公共财政管理及其变革

绩效问题关注的要点，是投入与产出之间的关系。遗憾的是，长期以来我们的创业公共财政管理是粗放式的。政府对创业事业的直接投入逐年增加，既有的投入模式已经不适应现代的公共管理理念，改革正在悄然开启。

一 传统线性模式下的财政投入管理

传统以来的公共管理投入是线性项目制的，所谓线性是指以执行部门的预算上报、编制、审核、下达、审计、总结作为主要的流程形式；项目制是指公共管理部门以某个特定名目作为管理载体，在规定的时间期限内按照申报时的承诺行使管理行为，考评的依据主要是经费执行的充分性和合理性。

线性项目预算存在的问题广受诟病。欧文·休斯认为，"第一，从预算数字中不能清楚地看到部门或机构实际做了些什么，或他们做得好不好，也就是说，他强调投入而不是产出。在投入的费用和任何目标的实现之间不存在必然的联系。因为在任何数据中，这两者都是不相关的。第二，线性项目预算是非常短期的，一般只持续一年的时间。这意味着长期的预算项目趋于持续不变而且缺乏任何细节上的考虑。支出决定不是建立在对需求进行评估的基础上，而是趋于渐进的执行，并缺乏严格的评估。由于如此短期的预算观念，经常就不会有两年、三年甚至是十年的新计划的未来成本观念。第三，预算中详细说明的支出项目是非常严格的，因此管理者把资源从一种支出转向另一种支出时几乎是没有灵活性。所以如果资金被配置到特定的投入，它们总会一如既往地被花费掉，否则下一年度的预算就有可能被削减。一些部门可能雇用额外人员或将钱花在一些不必要的项目上，目的只是用完分配到的资金。尽管在特定项目上的支出不再像预算年度增长那样被需要，但为防止下一年度分配的减少，他们仍倾向于花掉这笔钱。第四，传统预算中信息的匮乏意味着政治官员进行重大变革的能力是有限的，而且将成本与成就联结起来的资料也是有限的。政治官员和公众没有令人满意的方式来判断纳税人的钱是否用在预期项目上，或者是否得到有效的使用。"①

这样的投入机制显然到了需要改变的时候。高培勇在总结近几年中国的财政管理模式改革的时候认为，中国财政体制机制所呈现的突出变化，

---

① ［澳］欧文·休斯：《公共管理导论》（第四版），张成福等译，中国人民大学出版社2015年版，第191页。

可归结为如下三点：

"其一，从国有制财政走向多种所有制财政。财政的覆盖范围不再以所有制分界，而跃出国有部门的局限，延伸至包括国有和非国有在内的多种所有制部门，或者说，财政收支活动的立足点，由主要着眼于满足国有部门的需要逐步扩展至着眼于满足整个社会的公共需要。

其二，从城市财政走向城乡一体化财政。财政的覆盖范围不再以城乡分界，而跃出城市区域的局限，延伸至包括城市和农村在内的所有中国大陆疆域和所有社会成员。或者说，财政收支活动的覆盖面，由基本限于城市里的企业与居民逐步扩展至包括城市和农村在内的所有企业与居民。

其三，从生产建设财政走向公共服务财政。财政支出的投向不再专注于生产建设事项，而跃出生产建设支出的局限，延伸至包括基础设施建设、社会管理、经济调节和改善民生等所有的公共服务事项。或者说，财政支出的主要投向，由专注于生产建设领域逐步扩展至整个公共服务领域。

可以看出，伴随着经济社会体制的转轨，中国财政体制机制所发生的变化，集中体现在其覆盖范围的不断拓展上。财政覆盖范围的不断拓展并逐步实行财政的无差别待遇，无疑是其公共性逐步增强和日渐彰显的标志。所以，由'国有制财政＋城市财政＋生产建设财政'向'多种所有制财政＋城乡一体化财政＋公共服务财政'的跃升，既是中国财政体制机制在过去30年间所发生的重大变化，也是其在从'非公共性'趋向'公共性'过程中所走出的基本轨迹。"①

二 公共财政管理改革

经过多年的财政管理改革，当前中国的公共财政管理具备了初步的改革共识，并且形成了看重绩效的鲜明趋势特征。公共管理中的绩效问题，我们将在后文详细分析。

（一）公共财政管理的基本共识

高培勇认为，可以把公共财政制度的基本共识归结为如下三点：

---

① 高培勇：《公共财政：概念界说与演变脉络——兼论中国财政改革30年的基本轨迹》，《经济研究》2008年第12期，第4—16页。

第一，公共财政制度的高覆盖性。即它以满足整个社会的公共需要，而不是以满足哪一种所有制、哪一类区域、哪一个社会阶层或社会群体的特殊需要，作为界定财政职能的口径。凡不属于或不能纳入社会公共需要领域的事项，财政就不去介入。凡属于或可以纳入社会公共需要领域的事项，财政就必须涉足。

第二，公共财政制度的公益性。即它以公共利益的最大化作为安排财政收支的出发点和归宿。与政企不分、全面介入竞争性领域的传统体制机制迥然相异，公共财政制度是立足于非营利性的。这是因为，在市场经济条件下，政府和企业扮演的角色不同，具有根本不同的行为动机和方式。企业，作为经济行为主体，其行为的动机是利润最大化。它要通过参与市场竞争实现牟利的目标；政府，作为社会管理者，其行为的动机不是也不能是取得相应的报偿或赢利，而只能以追求公共利益为己任。其职责只能是通过满足社会公共需要的活动，为市场的有序运转提供必要的制度保证和物质基础。即便在特殊情况下，提供公共物品和服务的活动会附带产生一定的数额不等的利润，但其基本的出发点或归宿仍然是满足社会公共需要，而不是赢利。表现在财政收支上，那就是，财政收入的取得，要建立在为满足社会公共需要而筹措资金的基础上。财政支出的安排，要始终以满足社会公共需要为宗旨。围绕满足社会公共需要而形成的财政收支，通常只有投入，没有产出（或几乎没有产出）。它的循环轨迹，基本上是"有去无回"的。

第三，规范性。即是说，它以依法理财，而不是以行政或长官意志，作为财政收支运作的行为规范。与随意性色彩浓重的传统体制机制相区别，公共财政制度是建立在一系列严格的制度规范基础上的。其根本的原因在于，以满足社会公共需要为着眼点的财政收支，同全体社会成员的切身利益息息相关。不仅财政收入要来自于全体社会成员的贡献，财政支出要用于事关全体社会成员福祉的事项，就是财政收支出现差额而带来的成本和效益，最终仍要落到全体社会成员的身上。在如此广泛的范围之内运作的财政收支，牵动着如此众多社会成员的财政收支，当然要建立并遵循严格的制度规范。

需要指出的是，高培勇在此强调的"只有投入、没有产出、有去无回"，指的是财务层面的回报，而非一般意义上的绩效回报。高培勇也在其文章中说明，之所以强调不求产出，是出于对市场有效竞争及廉政风险等问题的担忧。实际上，高文中明示财政的收支要"围绕满足社会公共需要"，这也是对绩效要求的一种表述。

（二）公共财政管理的主要特征

当代的公共管理领域，其财政管理的改革逐步具备强调绩效的特征。

1. 财务报告强调绩效

公共经费投入的预算计划，其本质是直接将资金更多地用于实际政策目标的实现或产出上。在总体计划预算之下，总体计划被分配到专项项目、从属项目、追加项目之类的等级结构中，并配套拨款给特定的项目。与传统预算中看重资金投入相比，现代的财务报告更鼓励对项目绩效进行更好的反馈，而且在原则上考虑到对管理者和工作人员的有效性评估。

2. 看重指标及标杆等途径测量绩效

无论是项目本身的执行效果，还是衡量整体公共管理的质量，都依赖于建立适当的绩效指标。对一个组织的所有层级而言，目标、项目结构和绩效指标的适当发展是一项困难而又费时的工作，但它确实是政府从行政到管理变化的一种逻辑上的延伸。

3. 采用开放合作的形式提升绩效

从横向的角度来看，基于市场的基本资源配置地位，越来越多的行政管理部门采用合法合规的外包形式采购公共服务。从纵向的角度来看，上级单位逐渐采取措施，向实际执行部门下放预算及调整的权力。

例如2016年7月，中共中央办公厅、国务院办公厅印发了《关于进一步完善中央财政科研项目资金管理等政策的若干意见》。意见中明确提出，要简化预算编制，下放预算调剂权限：根据科研活动规律和特点，改进预算编制方法，实行部门预算批复前项目资金预拨制度，保证科研人员及时使用项目资金。下放预算调剂权限，在项目总预算不变的情况下，将直接费用中的材料费、测试化验加工费、燃料动力费、出版/文献/信息传播/知识产权事务费及其他支出预算调剂权下放给项目承担单位。简化预算编制科目，合并会议费、差旅费、国际合作与交流费科目，由科研人员结合科研活动实际需要编制预算并按规定统筹安排使用，其中不超过直接费用10%的，不需要提供预算测算依据。

4. 对工作的成果进行系统而详细的绩效审计

与传统的财务审计相比，综合审计比以前更加频繁地得到了应用。公共部门的审计曾以管理者财务的廉洁为中心，而不关心项目或实施机构是否履行了职责，而强调绩效的综合审计则可以通过对项目的产出和财政廉洁的评估做到这点。

第二节　公共管理领域的绩效评估

虽然绩效在公共管理领域当中的重要作用已经渐渐被承认，但如何推进有效的绩效评估仍然面临重重困难。这其中包括了绩效管理的结构问题，也包括绩效评价的方法问题，即使绩效制在公共管理领域被实施起来，它还面临着自身变革发展的挑战。

一　绩效评估管理的要旨

如果公共管理者要为管理的结果承担个人责任，那就有必要进行某种形式的评估以判定预想的结果是否达成。欧文·休斯认为，传统公共行政下的绩效评估管理，无论是对个人绩效还是对组织绩效而言，其测量都是临时性的，且远远不够系统化。与私营部门相比，公共部门中的绩效测量确实存在困难，但在这方面所做的努力却少之又少。或许人们曾假设官僚制组织会自然而然地产生结果，因此无须任何明确的测量。人们过去经常不去考虑公共部门生产了什么产品、质量如何、谁将得到奖惩以及谁是一个优秀的工作人员。对各种方案和人员的评估既不经常进行也不充分，而且即使有明确的目标，也没有实现目标的想法。传统行政中对绩效的监控非常不足，其他内部管理要素，尤其是预算，旨在监控投入而非监控支出或绩效目标。

因此，首先我们要清楚创业公共管理当中绩效管理的要旨。

（一）对管理目标的清楚认识

宏观层面，中央政府应该设定明确的国家创新创业战略目标，地方和垂直管理部门将战略目标分解为指向明确、可执行、聚焦于效果的执行方案，而非在词语上略事修饰，加几句模糊的远景目标后简单地下达政策。这意味着在任何可能的环境下，创业公共管理利益主体都有办法去评估与这些目标有关的方法、产出和绩效。

(二) 更为完善的公共合作

为了最大限度地利用资源，可以将责任转移给创业公共服务的提供者，使其发挥当地最大的灵活性，并鼓励实际执行上的创新，确保实现当地创业者的需求。这种合作需要明确规定的权责分配，也包括对产出的严格检查。此外，创业公共管理者要想有效的履行其职责，也需要从外界建立有效的信息、培训及获得专家建议的渠道。这一点我们在谈到创业服务外包方面已经做过较为详细的介绍。

(三) 制定绩效指标和产出标准

要精确分配各种管理活动和项目的成本，用来评估目标实现过程中所取得的成果。无论是中央还是地方政府对于绩效目标要有较高的透明度及更充分的绩效信息。绩效标准（指标）是绩效管理当中的核心。在下一节我们具体谈谈这个问题。

(四) 完善问责制

对于过程和结果的监督，需要安排独立且有效的审计和检查制度，并对结果建立问责制度。但这需要实践上的平衡：不能以繁缛的细节再次束缚住创业公共管理者的手脚，创业的本质是创新，创业公共管理也是如此。

二 绩效评估标准的建立

许多政府部门现在期望设计绩效评估的标准，绩效指标就是一种用来衡量组织在实现既定目标的过程中所取得的进展的方法。绩效指标理应成为创业公共服务中一项必备的要素。绩效评估方法可以进一步延伸，可以根据实现既定目标的程度而对管理者和执行者进行奖惩。绩效的非正式的评估方法被认为是无效的，并且会产生不良的组织结果。绩效评估的一般目标是，监督并推动工作人员和机构实现组织目标的进程，确实，创业公共管理人员的工作绩效也将比以前获得更加系统的测量。

(一) 绩效评估的意义

首先，私营部门活动有最终的裁定标准：利润。但公共管理部门不是以利润为导向的，这就为绩效评估在创业公共管理当中的作用提供了基础。管理者个体尽管会把绩效评估的运用看成一种威胁，但绩效评估同时也是一个机会,它能够表明谁有好的表现和绩效,而这两者都可能受到奖励。第二,在当前的国内外经济形势下,任何公共活动的成本都处于被高度关注之下,而国家对创业事业的投入却在不断增加。在此背景下绩效测量结果不佳的部门更容易受到责难,创业公共管理机构需要证明其价值。第三,如果没有一些能够用来监督目标实现情况的手段,那么设定清楚的目标或为既定计划提供相应资金都几乎没有任何意义。既然在其他方面的改革中已投入了很多资本,那么绩效测量将会得到进一步的运用。

(二)绩效评估的目的

测量绩效有很多目的。贝恩(Behn)认为有八个主要目的:评价、控制、预测、激励、晋升、赞扬、学习、改良,并认为"公共管理者的真实意图——事实上是唯一的真实目的——是为了提升绩效"。现在绩效管理作为公共财政管理的一个组成部分,在创业公共管理机构执行具体任务时扮演着十分重要的角色:我们要通过预算和绩效测量来确定是否实现了目标。

另一个重点是:绩效管理的应用要切实地改变政府与公民的关系。弗林(Flynn)在谈到英国的情况时认为,"政府最令人失望的是在绩效的改进和公众满意度方面没有建立起联系"。比如,尽管数据表明犯罪率在减少、公共安全状况优于从前,公众仍然觉得他们不如以前有安全感。政府的数据并不起作用。从创业公共管理的角度来看,创业者是如何评价现在的创业公共服务的?除了目标全面进展情况的指标,或者财务目标成就的指标之外,还应该有关于创业者及相关人员的满意程度或者关于提供服务的速度和质量的指标。

(三)绩效评估的标准

与私营部门相比,公共部门在研制统计标准的时候可能会遇到更多的困难。卡特尔等人认为,西方国家有些公共部门对绩效指标的运用数量之大达到了令人费解的地步。如果中央政府在对日常责任进行分权的同时,又想维持对政策执行的控制,那么,绩效指标就成了一个基本的工具:必须集中了解绩效的主要方面,以便能够进行权责的分配。

设计合适的绩效测量方式是有难度的。绩效标准要有一定的实质意义而且应当是非常精炼的,并能对公共部门的运作产生直接影响。指标应旨在测量项目的有效性、服务对象感知和其他因素。欧文·休斯提醒说,在绩效标准的选择上稍有不慎就可能会使管理部门把焦点集中在所要实现的满意结果上，而不是整个组织可能的最佳绩效上。另外，尽管有一套严密的人事绩效评估制度，它在判断执行者的优劣方面有一定的吸引力，但却难以设计一套制度以便与之进行比较，并被有关人员所接受。

三 当前我国绩效评估的挑战

任何制度的迁移都面临一个"水土不服"的挑战。源自西方国家的现代绩效评估制度，在引入中国的过程中也会出现各种问题。中国目前的公共管理绩效评估主要采用的是体制内组织评估。这种内部评估也是世界各国政府绩效评估实践中最为常用的形式，它的特征主要是自上而下评估的单向性，从政府层级关系看，主要表现为上级政府或代表上级政府的派出机构或临时机构，对下级政府和本级政府职能部门的评价。下级评价上级的成分即使有，其所占权重也不会很大，且实际执行中存在困难。这种绩效评估模式的优越性在于可控性较强，动员效率较高，易于获取第一手资料，对相关信息掌握充分等。

内部评估的问题也是明显的。郑方辉等人自 2009 年至 2012 年对福建、广东、深圳等省市级政府开展的绩效评估进行了一系列研究[①]，得出以下几点结论。

首先是评价组织独立性较差。下级政府在政治体系中处于被动地位，尽管有自己的利益诉求，但出于现实考虑，会调整自己的利益以适应上级政府的要求，容易助长公共管理者唯上不唯下的不良风气。由于评价权由上级政府掌握，评价结果及运用亦在很大程度上取决于上级政府意愿，从长期来看，不利于调动下级的积极性。

其次专业性不足。虽然拥有行政资源，但比起专业研究机构，在绩效评价理论、方法上存在欠缺，科学性和有效性难以保证，往往评价质量不高，流于形式，表现为：各种评价模式雷同性较大，特征不够鲜明，政府绩效评价的管理权、组织权和评价权并不清晰，指标体系构建欠缺科学性统一性和针对性，评价历程较短，评价效果有待检验。

---

① 具体研究成果参见郑方辉、毕紫薇《三方绩效评价与服务型政府建设》，《华南理工大学学报》（社会科学版）2009 年第 8 期。

第三，全面性不足。自上而下的评价对实现上级政府的目标作用明显，但评价的仍是政府正在干什么，与应该干什么的政府绩效内涵要求存在质的差别。从某种程度上说，政府绩效评价是对政府施政"成绩单"的全面衡量，对政府进行公开化、透明化评价，而长期以来形成的"报喜不报忧"心理的影响以及领导干部任用体制存在的缺陷，行政组织自我评价不可避免会夸大成绩，或把问题归咎于客观原因，甚至隐瞒实情以逃避责任。

第四，评价结果带有主观性偏差。"政府主导"的评价结果由于受到自我欣赏、自我认同等心理因素和利益驱动的影响难免会与公众、企业的感受存在一定差距，面对处于强势地位的政府，公民往往不易吐露心声。

第五，总体布局较差。考评是组织管理的有效手段，以考评推动党和政府中心工作的实现是中国的宝贵经验。但过去十多年来，随着经济规模扩大和社会事务的日趋复杂多样，各种形式的考评活动不断增加。以广东省为例，2009年以来，全省以省委省政府领导小组名义的考评有：广东省市厅级党政领导班子和领导干部落实科学发展观考核评价（办公室设在省委组织部），广东省基本公共服务均等化绩效考评（办公室设在省财政厅），广东省推进珠三角一体化考核（办公室设在省政府办公厅），建设幸福广东考核评价（办公室设在省发改委）等，这些评价从特定角度推进了党和政府的中心工作，但同时付出了巨大的资源，甚至于被评对象苦不堪言。更应关注的是，以目前体制内的部门格局，争取考评权成为部门争取最大化利益的选择，各种考评活动呈现各自为政的局面。

此种背景下，观察目前中国政府绩效评价的实践，总体上仍处于自主或半自发状态，国家层面上的政府绩效评价通用模式尚未建立，省市一级的政府绩效评价，无论是在理论上还是在实践上均不成熟。

第三节　创业公共管理中的绩效管理实践

现代意义上的政府绩效管理制度发端和建立于20世纪60年代。为提升效能、降低成本，美国会计总署率先建立以经济性、效率性、效果性和公平性的绩效管理及评价体系，试图解决植根于传统机器大工业的官僚制模式的弊端和政府管理的困境问题。从动因上来说，当前政府及其他公共管理部门实施绩效管理与评价的直接动力源，是源自公民意识的提升，及经济下行的财政压力。公众要求并且逐渐具备评价的信息基础和资格。这样的背景下，创业公共管理的实践，必然包括了组织内部管理及外部管理合作的双重意义。

一 内部绩效管理模式设计

绩效管理是上级与下级之间、与其所属部门之间、公共管理部门与内设机构之间、公共管理部门与其所属工作人员之间，通过绩效协议而实施的双向互动式的管理活动。包括绩效计划拟订、绩效计划实施、绩效评估、绩效反馈与绩效改进等活动，以促进公共管理部门及其所属工作人员绩效持续提高，并最终实现公共管理目标。因此，绩效管理是一个包括了绩效计划拟订、绩效计划实施、绩效评估、绩效反馈与绩效改进等环节在内的完整的螺旋式循环过程。我们结合陈小钢[1]和陈亮[2]的研究成果，汇总一个创业公共管理中内部绩效管理模式。

(一) 创业公共管理绩效计划与实施

创业公共管理绩效计划是公共管理部门绩效管理的基础和起点，是一个把创业者或者相关利益群体的目标与公共管理公共部门目标结合的确定过程。创业公共管理部门绩效实施，是指创业公共管理部门绩效计划确定以后，按照既定目标和计划进行操作的过程。在实施过程中，创业公共管理部门可以根据目标进展情况和实际需要，对绩效计划进行修正和调整。

制订绩效计划前期的工作主要是调研。通过调研可以对业务有较为深入的了解，归纳并总结业务的现有流程。在具体的调研实践过程中，在调研每一个部门之前，尽可能详尽地获取被调研单位的部门设置、人员编制、工作内容和该部门现有的对外业务情况等相关资料，同时根据所获得的资料，设计该部门对外业务的初步流程及流程相关说明，反映现有业务办理程序的问题，最终整理成调研方案。在调研期间，可以通过与被调研

---

① 参见陈小钢《基于流程优化的政府绩效管理研究》，博士学位论文，暨南大学，2006年。

② 参见陈亮《我国政府绩效管理的现状分析及优化》，硕士学位论文，山东师范大学，2014年。

单位的领导、各科室负责人进行座谈的方式深入了解现状；根据实际调研的情况，调整和修改调研方案中的内容，形成该部门业务流程调研总结报告。

（二）创业公共管理绩效考核

公共管理绩效考核，是指按照预定的绩效目标任务，对创业公共管理机构在公共管理活动中的成本、效率、效能和效果进行评估和测定，并根据结果确定相应的等次。公共管理部门绩效考核按照考核对象的不同，可以分为组织绩效考核和个人绩效考核两个层面。

在完成前期调研以后，应该通过对岗位职责的分析，运用统计、管理以及数学等方法、理论，同时根据各个部门的特殊性，提炼出各个流程独立的绩效考核指标，为绩效管理体系的建立提供事实依据。考核指标体系的建立基础是岗位职责分析和流程优化，因此，应该在调研和工作流程优化的过程当中，通过理论分析进一步细化考核指标。对于调研方法的选择，建议采用360度全面考核方法，通过上级、同事、下级以及服务的创业者等多个主体的评价，增加获得有关员工总体贡献的综合情况的可能性，使考评结果更加客观、公正。

依据国内外组织管理的实践的经验表明，在进行绩效考评时须遵循以下原则，方能做到行之有效、科学客观。

1. 公开原则

首先是要公开评价目标、标准和方法。在绩效评价之初就要把相关信息公开地、毫无保留地传递到每一位评价对象。其次，评价的过程要公开，即在绩效评价的每一环节上都应接受监督，防止出现暗箱操作。最后，评价结果要公开，即在绩效评价结束之后，应把评价的结果通报给每一位评价对象，使他们了解自己和其他人的业绩信息。公开原则的好处在于，由于增加了公开性，消除了评价对象对于绩效评价工作的疑虑，提高了绩效评价结果的可信度；由于公开了绩效评价的标准、过程和结果，有利于评价对象看清问题和差距，找到努力的目标和方向，激发进一步改进工作、提高素质的积极性；增加了绩效评价工作透明度和公开性，也增强了被评价对象的工作责任感，促使其不断改进和提高工作质量。

2. 公正原则

在制订绩效评价标准时应从客观、公正的原则出发，坚持定量与定性相结合的方法，建立科学适用的绩效指标评价体系。这就要求制定绩效评价标准时多采用可以量化的客观尺度，尽量减少个人主观意愿的影响，要用事实说话，切忌主观武断或长官意志。这样做，至少有这么两方面的好处：相对公平，每个评价对象都以同一的、较为客观的评价标准来衡量，可以相对真实地反映其工作状况，评价结果客观、公正、有很强的说服力；可以减少矛盾，维护组织内部团结，如果绩效评价标准不够客观、公正，则会引发评价对象对于评价结果的怀疑，进而引起员工之间、员工与人力资源管理部门之间的矛盾，最终影响到组织的士气和凝聚力。

3. 全方位原则

在进行绩效评价时，应多方收集信息，建立起全方位的评价体系。目前采用的评价方式，除了自上而下的评价外，还应该包括自下而上评价、电脑信息平台评价、群众评价等几个方面。

（三）公共管理绩效反馈与改进

公共管理绩效反馈是指以适当途径和方式，将评估结果和考核等次告知公共管理组织或者个人，让其了解绩效情况。公共管理部门绩效改进是指根据反馈结果，找出存在的问题，分析问题产生的原因，明确目标方向，制订整改方案和措施，在今后的工作中进行改正和提高。

在绩效沟通反馈过程中，可以从定期沟通反馈和不定期沟通反馈两种方式着手。定期的沟通反馈包括初期设定绩效目标时的沟通反馈、中期绩效回顾时的沟通反馈以及末期绩效考核结果的沟通反馈，不定期的沟通反馈包括领导传达最新信息、想了解人员的工作进展时的沟通反馈，下属员工遇到或预见问题时向领导请求指导帮助时的沟通反馈等。

沟通有各种各样的方式，口头的方式与书面的方式，会议的方式与谈话的方式等。然而随着计算机和网络技术的发展，人们也越来越多地采取在网络上进行沟通的方式。每种沟通方式都有优缺点，因此，关键是在不同的情形下选择什么样的沟通方式。根据政府部门的特点，可以考虑集中沟通方式，包括正式的沟通和非正式的沟通。正式的沟通方式包括正式的工作总结、定期员工会议、小组会议等。非正式的沟通包括走动式管理、开放式办公、工作间歇沟通及非正式会议。

最终，我们要达到绩效改进的目的，就要对以下几个问题进行回答：

——现有对外业务办理情况如何？

——被评价人员在对外业务办理过程中哪些方面完成得很好？

——被评价人员在哪些方面需要进一步的改善和提高？

——为使被评价人员更好地完成绩效目标，需要为其提供哪些更好的外界条件？

——在提高被评价人员的知识、技能和经验方面，还需要做哪些工作？

——是否需要对绩效目标进行调整，如果需要，怎样调整？

遗憾的是，从我国目前公共管理绩效管理试点反映的情况来看，现在还普遍存在着绩效管理行为环节不完整的现象。蔡立辉等人提出："绝大多数试点地方与部门认为绩效管理就是构建评估指标体系实施绩效评估，把绩效评估等同于绩效管理的全部。绩效计划实施、绩效反馈、绩效改进等环节虽然在试点地方与部门的试点工作方案中得到了体现，但基本上没有纳入到绩效管理的实际工作之中。与绩效计划实施、绩效反馈、绩效改进等环节相适应的各项制度措施、各种方式方法，各实施主体及其工作机制还没有全面形成和建立，工作分析与绩效管理的内在关联性还没有厘清，工作分析的结果没有应用到绩效管理之中，绩效目标分解、绩效沟通的方式方法还没有实际运用。因此，与其说是在推进公共管理绩效管理试点，还不如说是将我国传统就已经存在的考核制度换上了绩效管理的新装。"①

二 外部合作式的绩效评价

在之前我们探讨过创业公共服务中的外包合作问题，并且提到，第三方智库可以实现创业政策的咨询决策功能，即通过调查研究，为政府制定创业相关的各项政策方针提供可行性论证，并为国家和政府部门的各项创业决策提供依据和可供选择的方案。实际上，智库机构作为第三方，在创业公共管理的绩效评价方面可以发挥重要作用，避免施政主体"既是运动员又是裁判员"的体制尴尬，也可以充分发挥自己的专业优势，相对公正客观地开展评估。因此，我国各级各类创业公共管理机构，都应该广

① 蔡立辉、吴旭红、包国宪：《政府绩效管理理论及其实践研究》，《学术研究》2013 年第5 期，第 38—40 页。

泛采用第三方评估的形式开展绩效评价合作。在国外，评价主体可以为传媒、高校、中介组织或者个人。第三方评价按照实施主体的不同，可以分为委托第三方和独立第三方评价。在具体评估中，尤其是委托第三方评估的具体流程，可以参照内部评估的基本内容。

（一）第三方评估的特征与管理

理论上，第三方评估的基本特征是：评价者和被评价者不存在隶属或利益关联，评价过程独立操作，资料信息由评价研究者独立取得。与传统的常见的政府或政府部门负责组织开展的绩效评价相比，第三方评价：一是具有独立性。评估组织者是政府以外的独立机构。它既可以是受政府委托，也可以是独立自发的组织者。二是专业性。第三方拥有自己专业的评估人才和评估技术，审时度势地选择合乎社会发展的评估导向，对评估活动做出整体的规划。三是非营利性。第三方组织的宗旨是增进社会公共利益，其活动不以营利为目的。四是多样性。不同类型的第三方组织对政府进行不同方面的绩效评价，同时，组织目标多种多样。五是民间性。来自民间、面向民间、服务民间，不是政府的附属机构，其合法运作不受政府的干预，主要依靠社会捐助、会费和服务性收费获得维持日常运转。

采用第三方开展公共管理及服务的绩效评价，是基于服务型政府理念及公共管理机构绩效观念的转变。传统政府本位理念指导下的政府绩效评价是改善政府自身管理的工具，评价结果往往不公布或者不完全公布，服务型政府建设坚持社会本位的价值取向，明确评价的根本目的在于促进政府管理水平和服务质量的提高，最终实现公共利益，评价内容、标准和指标切实反映社会公众的愿望与利益需求；目标定位由内部控制转向外部问责。不同于传统管制模式下更多地着眼于对政府组织内部各要素的控制和监督，服务型政府构建理念要求绩效评价必然倾向于外部取向，强化政府的公共责任，推动社会公众对政府绩效的监督；评估内容由工作导向转向职能导向。

当前，一些地方政府已经以正式的地方法规、规章等形式，规范了绩效评价服务的各种行为。例如，徐州市在 2014 年出台了《徐州市政府购买第三方绩效评价服务暂行办法》（徐财规［2014］1 号），在这项办法中，对政府采用第三方绩效评估的定义、适用范围、管理原则、资格资质、工作程序、监督管理等内容进行了具体规定。从这份文件当中可以看出，当地政府采用的是委托第三方服务的形式，第三方必须是组织的形式，评价服务纳入政府集中采购目录管理。在内容上，并未对应用范围做详细的规定，但从其文本分析，主要是倾向于财务及预算方面的绩效评价（项目的预算绩效目标管理、预算绩效运行跟踪、预算支出绩效评价等工作）。在这份文件中，详细规定了绩效评估的工作流程：成立评价工作组——制订评价工作计划——研发评价指标、报表、问卷——组织专家论证评审——收集绩效评价相关数据及材料——审查核实数据及材料——综合分析数据及材料并形成评价结论——撰写与提交报告——建立绩效评价档案。

总体而言，这份文件的出台，使徐州地区公共管理（包括创业公共管理）绩效评价做到了有章可循、有法可依，为所辖市县及所属创业管理相关委办局的绩效管理水平提升做出基础贡献。另外也可以看出政府对第三方评估的管制也是相对强势的。例如文件第二十五条规定，购买主体（注意，并非上级单位）对第三方机构工作质量进行综合考评，考核结果与下一轮购买服务相挂钩。考核等级为优、良、中、差。第二十七条规定，对考核结果为"差"的第三方将视情节轻重，由购买主体通报批评、终止或取消服务承接资格等。类似的制度安排是否会束缚第三方绩效评估的独立性、公正性及主动性值得观察。

链接：徐州市政府购买第三方绩效评价服务暂行办法（摘要）[①]

第一章 总则

第二条 第三方绩效评价服务，是指各级财政部门、预算部门（单位）（以下统称购买主体）开展预算绩效管理，将被评价的部门（单位）、项目或事项委托独立的第三方机构实施评价的服务事项。

第三条 第三方机构，是指向购买主体提供评价服务的会计师事务所、资产评估机构、政府研究机构、高等院校、科研院所、咨询机构及其他评价组织等。

---

① 内容具体参见徐州市财政局官方网站。本书对文件开头及结尾进行删节，内文未做处理（http://www.xzcz.gov.cn/Htmls/zhengwuzhichuang/zhengcefagui/guifanxingwenjian/bendanweiguifanxingwenjian/404DN0ZRHZDTJBF8LB.html）。

第四条　财政部门负责建立第三方机构库，实行动态管理。

第五条　遵循"公开、公平、公正"的原则，购买主体通过政府采购公共服务的方式，确定提供第三方绩效评价服务的承接机构（以下统称"服务承接机构"）。

第六条　政府购买第三方绩效评价服务纳入政府集中采购目录管理，购买服务所需资金列入年度部门预算。

第七条　政府采购第三方绩效评价服务应遵循以下原则：

（一）强化预算，权责明确。政府购买第三方绩效评价服务资金纳入财政预算管理，明确购买主体、服务承接机构的权利和责任。

（二）公开透明、竞争择优。公开购买第三方绩效评价服务的具体项目和内容，按政府采购规定的方式，择优选择信誉良好、执业规范、专业和管理水平较高的第三方机构。

（三）加强监管，培育市场。通过加强监管，鼓励第三方机构做大做强，培育财政支出社会评价体系。

第二章　第三方机构资格认定

第八条　参加第三方绩效评价的机构，应符合下列条件：

（一）具有独立承担民事责任的能力；

（二）相关行业管理部门认可的专业资质；

（三）具有履行合同协议所必需的设备和人力资源，以及开展绩效评价的专业水平和能力；

（四）具有良好的业绩和信誉，机构或人员在近三年内没有受到有关部门行政处罚或行业自律惩戒等违法违纪记录；

（五）具有健全的内部管理控制制度和质量控制制度。

第九条　符合条件的机构，应向财政部门提交《参加政府购买第三方绩效评价服务申请表》、营业执照和专业资质等原件及复印件。

第十条　财政部门通过评估审定的方式，确定入选资格。获得资格的机构入选财政部门第三方机构库。

第十一条　市、区财政部门分别建立第三方机构库，并实行资源共享。

第三章　第三方绩效评价服务购买

第十二条　在预算绩效管理工作中，购买主体可向符合条件的第三方机构购买全部业务、部分业务。

全部业务，是将被评价的部门（单位）、项目的预算绩效目标管理、预算绩效运行跟踪、预算支出绩效评价等工作整体向第三方机构购买。

部分业务，是将被评价的部门（单位）、项目的部分事项、业务向第三方机构购买。

第十三条　购买主体根据当年市级政府购买公共服务项目目录，编制本部门（单位）年度购买公共服务计划，报市财政局审核后组织实施。

第十四条　购买程序主要包括：

（一）提出购买项目。购买主体制订"政府购买第三方绩效评价服务项目实施方案"，明确具体购买方式，提出购买需求和绩效目标，量化考核标准等，并征得同级财政部门同意。

（二）组织实施购买。购买主体通过公开招标、邀请招标、竞争性谈判、单一来源采购、询价及规定的其他方式，由市级集中采购代理机构组织购买，确定服务承接机构，并与其签订购买服务协议。

（三）项目组织实施。服务承接机构应按照合同约定提供服务，保证服务数量和质量。购买主体对第三方绩效评价服务实行监管，依据协议约定条款和购买服务招标具体要求进行检查验收。

（四）开展绩效考核。评价结束后，购买主体应对第三方绩效评价服务的目标实现程度、服务质量等实行绩效考核。

第十五条　购买主体的权利、责任：

（一）制订绩效评价总体方案和工作规范、政府购买第三方绩效评价服务实施方案，并组织实施；

（二）审定第三方机构的评价工作计划、评价指标体系、绩效评价报告；

（三）下达第三方绩效评价通知，协调相关部门（单位），保证评价开展；

（四）加强业务指导，实行第三方绩效评价服务监管，按考核结果支付服务费用。

第十六条 服务承接机构的权利、责任：

（一）按投标承诺制订评价工作计划，报购买主体审定；

（二）按招标及购买服务协议要求，依照预算绩效管理工作程序实施第三方绩效评价；

（三）对第三方绩效评价报告的客观公正性、评价数据和材料的真实性、完整性等负责；

（四）对评价中知悉的国家秘密、商业秘密负有保密义务；

（五）按购买主体要求管理评价档案；

（六）收取服务费用。

第十七条 本着"谁委托、谁付费"的原则，购买主体购买第三方绩效评价服务所需资金，按照国库集中支付制度等规定办理支付。

第十八条 评价费用的核定，可采用以下方法：

（一）定额计费法。按照委托评价项目的工作量划分费用标准，定额支付。

（二）计时计费法。根据第三方机构实施评价的实际工作日和人数，参照一定的标准计算费用。

（三）成本计费法。根据第三方机构实施评价实际发生的费用，包括人员工资、税费等支出，计算核定。

第四章 第三方绩效评价工作程序

第十九条 第三方机构应遵循预算绩效管理的价值中立原则、客观公正原则、利害关系回避原则，开展第三方绩效评价。

工作程序主要包括：

（一）成立评价工作组。人员配备应统筹考虑业务能力、健康状况、利益关系回避等情况，并符合投标时的承诺。

（二）制订评价工作计划。调研评价项目的基本情况，制订评价工作计划（具体包括工作组人员、时间安排、评价程序、质量控制及工作纪律等内容），报购买主体审定。

（三）研发评价指标体系、基础报表体系，设计满意率调查问卷。组织专家论证评审，专家从购买主体专家库中抽取。

（四）收集绩效评价相关数据及材料。根据需要开展满意度问卷调查，调查内容和范围应具有代表性、权威性。

（五）审查核实数据及材料，取得被评价部门（单位）主要负责人的签字并加盖公章予以确认。

（六）综合分析数据及材料并形成评价结论。组织专家评价，按照设立的评价指标、评价标准和方法实施评价，形成评价结论。

（七）撰写与提交报告。绩效评价报告，应经第三方机构法定代表人签章后，提交给购买主体。绩效评价报告应依据充分、真实完整、数据准确、分析透彻、逻辑清晰、客观公正。

（八）建立绩效评价档案。

第二十条　第三方机构应建立绩效评价档案的立卷、归档、保管、查阅等管理制度，保证评价档案妥善保管、有序存放、方便查阅，严防毁损、散失和泄密。

第二十一条　购买主体有权查阅、复制和收回绩效评价档案。

第二十二条　因合并、分立、撤销、解散、破产或者其他原因而终止的，第三方机构应将评价档案，移交存续方管理或购买主体。

第二十三条　未经购买主体同意或授权，第三方机构不得将评价材料对外公布或发表。

第五章　第三方绩效评价服务监管

第二十四条　建立第三方绩效评价服务验收制度。购买主体对第三方机构工作底稿、人员配备落实、评价报告、合同履约等情况进行验收。

第二十五条　建立第三方绩效评价服务考核制度。购买主体对第三方机构工作质量进行综合考评，考核结果与下一轮购买服务相挂钩。考核等级为优、良、中、差。

第二十六条　建立第三方机构法人代表约谈制度。购买主体将项目验收、评价工作质量考核结果等反馈给第三方机构主要负责人。

第二十七条　购买主体、第三方机构有违法违规行为的，按照《政府采购法》、《财政违法行为处罚处分条例》等法律、法规进行处理、处罚。服务承接机构在评价中有下列情形之一的，视情节轻重，由购买主体通报批评、终止或取消服务承接资格等。

（一）违反绩效评价工作纪律和廉政要求；

（二）在政府购买第三方绩效评价服务中有舞弊行为的；

（三）应当回避而未回避的；

（四）实施评价过程中索取、收受不当利益的；

（五）提供虚假评价数据和结论的；

（六）未在规定的时间内完成评价工作的；

（七）擅自泄露评价信息、结论等有关情况的；

（八）绩效考核结果为"差"的；

（九）其他不当行为的。

（二）第三方评估面临的问题

各类智库是当前第三方评估的主体。无论是委托第三方还是独立第三方，均面临与被评估政府机构的关系问题。2015 年 1 月 20 日，中共中央办公厅、国务院办公厅联合发布了《关于加强中国特色新型智库建设的意见》（以下简称《意见》）。《意见》指出，我国智库建设跟不上、不适应的问题越来越突出。为此，要深入了解构建中国特色新型智库的现实起点，系统剖析智库各种表征问题产生的内在机理，准确把握我国智库体系不能适应现实需求的根本症结，如此才能对症下药，谋划有效的改革措施。

国际认可的智库功能主要包含六个方面："针对政策相关问题展开基础研究；针对当前政策问题提供建议；评估已经实施的政策；为民众与媒体进行政策解读；促进意见交流，形成问题讨论网络；为政府提供后备人员及为从政府退下的人员提供继续发挥影响的平台。"[①]

北京大学中国教育财政科学研究所的一项专题研究认为，当前智库与被评估机构存在着"胥吏化"的问题。瞿同祖提出所谓"胥吏"，泛指"没有官位的官府人员，是指在我国历史上长期存在的官僚体系中地位低

---

① 参见 McGann J. , Sabatini R. , *Global think tanks: policy networks and governance* , Routledge, 2011。

下的基层人员，其主要的工作任务包括但不限于为重要文件起草初稿、清誊完整的文稿、准备例行报告、根据档案中的文件整理出备忘录等"①。而"胥吏化"的智库在完成其应有功能方面遇到阻碍，关键症结在于，在高度行政化的基本格局中，大量智库与其决策咨询领域对应的政府决策部门为直接上下级的隶属关系。政府决策部门的行政建制与智库所属的事业建制和传统帝制官僚体系中的"官吏二层化"十分类似，都是后者直接接受前者的指令，并在职能上具有为前者提供文书等低端文字服务的特点。

从这一点出发，如果要切实建设与创业公共管理绩效评价需求相匹配、特别是要建设具有较大影响力和公信力的高水平智库，那么必须从去"胥吏化"入手，即需要改革智库与政府部门之间的关系，重新调整与界定智库的主要任务。具体来说，就是使智库从直接从属决策部门的关系中和低端的工作任务中解放出来。从这个意义上讲，加大资金投入只是提高智库的经济地位、蓄养高水平智库的基本条件保障，而提高智库的政治地位和行政地位是更为核心的制度保障。关于智库"坚持正确方向"的问题，可以设定负面清单和智库的成果与行为的标准；除此之外，应该鼓励和维系智库的基本的独立性，积极鼓励与扶持具有相对较强独立性的智库的发展，包括大学内的智库、企业智库和社会智库。

三　绩效评价实例分析

我们可以从现有的政府关于开展创新创业的实施意见当中，寻找政府创业公共管理绩效评价标准的基本脉络。2014 年至 2015 年，随着国家对青年创新创业各项政策的出台，地方政府及职能机构纷纷配套出台了各地实施意见，以落实国家政策精神。2015 年 5 月，天津市教育委员会出台了《关于构建高校众创空间促进大学生创新创业的实施意见》（下文简称《天津意见》）；同年 8 月，重庆市也出台了《关于建设高校众创空间促进师生创新创业的实施意见》（下文简称《重庆意见》）。两份"意见"的出台时间相近，规范的内容相仿，制定的政府机关均是直辖市具有创业公共管理职能的机构，因此可以成为比较的范例。我们主要从投入与产出两

---

① 　参见瞿同祖《清代地方政府》，法律出版社 2003 年版。

大方面，考察教育主管部门是如何对高校众创空间的创业管理实施绩效评价的。

（一）场地投入指标

创业服务与管理涉及空间供给的问题。对这部分投入的绩效评价，往往涉及场地来源、投入面积、如何使用等。

《天津意见》中指出，对场地来源，各高校要充分整合校内场地资源，利用现有的科技园、实训基地、实验室、孵化基地、学生活动中心等具备条件的场所，对老旧楼房、闲置房屋等潜在场地进行盘活和改造提升，为众创空间免费提供专门场所。投入面积方面，所有高校众创空间可自主支配面积不得低于 200 平方米，规模较大的高校众创空间可自主支配面积原则上不低于 1000 平方米。高校众创空间内公共办公与服务场地面积不低于总面积的 90%。场地使用上，提供开放共享式办公场地、流动工位、宽带网络、公共软件、互联网资源等设施，鼓励提供科研仪器设备及咖啡交流空间等设施。

《重庆意见》中提出，场地来源要根据众创空间的功能需求，进一步完善现有科技园、2011 协同创新中心、工程技术研究中心、大学生创业基地、硕博研究生创业园、科技成果转化中心、应用技术推广中心、文化创意中心、文化服务中心、孵化基地、实训基地、实验室、学生活动中心等功能，推动各级各类平台转型升级。同时，对老旧楼房、闲置房屋等潜在场地进行盘活和改造提升，开辟较为集中的众创空间专用场地。投入面积上，高校的众创空间可自主使用面积不低于 200 平方米，规模较大的高校众创空间可自主使用面积原则上不低于 1000 平方米。场地使用功能方面，要能提供开放共享式办公场地、流动工位、宽带网络、公共软件、互联网资源等设施，鼓励提供科研仪器设备等设施。

这部分两地主要是贯彻中央政府及教育部的要求，趋同度较高。

（二）资金投入指标

实际上，创业公共管理任何环节均涉及资金投入（例如场地建设）。我们主要从其直接资金投入进行考察。资金的投入，一方面要看自身直接投入，另一方面要看带动的社会投入。

《天津意见》中提出，对经认定的高校众创空间，由市财政部门分级分类给予 100 万元至 500 万元的一次性财政补助，用于初期开办费用，拨付高校众创空间运营主体，其中 200 至 1000 平方米的补助 100 万元，1000 至 2000 平方米的补助 200 万元，2000 至 5000 平方米的补助 300 万元，5000 至 10000 平方米的补助 400 万元，10000 平方米以上的补助 500 万元。引导众创空间运营管理机构设立不少于 300 万元的种子基金，主要用于对初创项目给予额度不超过 5 万元、期限不超过 2 年的借款，以及收购创业者的创新产品，市财政按 30% 比例参股，不分享基金收益，基金到期清算时如出现亏损，优先核销财政资金权益。高校众创空间应聚集天使投资人和创投机构，为学生创业者和创客提供资金支持和融资服务，通过提供借款、收购初创成果、天使投资等方式，促进持续创业。高校众创空间应建立新型市场化可持续发展的商业模式，在利用存量设施基础上，通过开放共享降低运营成本，向学生创业者和创客提供灵活、免费或低收费的日常服务，并通过投资与高附加值的专业服务获利，探索可持续发展的运营模式。

《重庆意见》中则未见资金投入的具体数额，仅具有原则性规定：根据众创空间建设需要，高校安排专项资金，用于众创空间建设和管理。高校设有专项资金且使用规范合理；建立有风险投资引入机制，引入社会力量投资建设、管理、运营众创空间。高校要主动联系企业、行业协会、天使投资人等，依托校友会、校企校地合作平台等，以多种方式向众创空间项目提供资金支持。发挥多层次资本市场作用，鼓励、引导、撬动民间资本和风险投资投向众创空间，通过开放共享降低成本，向师生创业者提供免费或低收费服务，以项目投资和高附加值专业服务等方式获取收益，实现孵化和投资相结合。经认定为"重庆市高校众创空间"和国家级众创空间的高校，市教委按有关规定以奖补的方式给予专项资金，用于环境条件建设等补助。

《天津意见》非常具体地给出投入要求，操作性强；《重庆意见》更强调"开源"的概念，希望更多地带动社会投资。

（三）人员投入指标

人员投入需要明确的是，人员投入的基本数量、来源构成（重点考察职业、资格、特长等）、服务内容。

《天津意见》中指出：建立创业导师工作机制和服务体系，借助以成功企业家、天使投资人和高校专家学者等为主的专兼职创业导师队伍，结合学生所学专业，提供有针对性的创业指导服务。各区县将抽调专门人员作为"众创空间政府服务专员"，组成服务专员团队，派驻本区县内的众创空间，为创业者提供一站式创业服务，协助办理相关行政审批事项，协调解决创新创业难题，实现政府职能的"最后一公里"延伸。

《重庆意见》中规定：要有专业的管理运营团队和高素质的创业导师团队，并建立起有效的工作运行机制。要建立创业导师队伍。打造一支高素质的创业导师队伍，鼓励有丰富经验和创业资源的企业家、职业经理人、天使投资人和专家学者担任创业导师或组成辅导团队，结合创新创业项目，提供有针对性的创新创业指导服务，形成师生创业者、企业家、天使投资人、创业导师互助的工作机制。

两地意见中均未对人员投入的指标给出定量规定，也未对其工作及服务的内容给出指导性很强的意见。

（四）机制保障投入指标

机制投入算是一种隐性投入，但却十分重要。创业公共管理的机制投入包括机构的建立、责任关系的建立、提供可执行的优惠政策等。

《天津意见》要求各高校要建立健全创新创业工作领导机制，由主要负责同志牵头，有关部门积极参与，协调合作。把构建高校众创空间作为"一把手"工程，建立专门机构，加强对学生创新创业的管理和服务。各高校要结合自身实际制订具体方案，加大资金投入、政策支持和条件保障力度。市教委将定期组织开展对高校众创空间的点评、分析、交流活动，及时解决存在的问题。

《重庆意见》表述为：高度重视众创空间建设工作，建立健全工作领导机制，加大资金投入、政策支持和条件保障力度，确保"机构、人员、场地、经费、服务"五到位。要主动对接政府相关部门，推动落实相关支持政策。要加强校内单位的联动和协同，确保工作有序推进。落实众创空间的管理职能，在科技管理部门下成立专门机构，负责众创空间的管理。完善众创空间管理岗位职责，明确入驻众创空间初创企业和团队的资格条件、具体任务和工作要求，制定相应的规章制度，形成稳定的运行机制。将创新创业融入高校内涵建设，优先配置相关资源。整合利用各类创新创业要素，鼓励青年教师、学生等活跃创客群体开展创新创业。坚持育人为本，将学科和科研资源转化为教学资源，将创新创业与专业和学业有机结合，突出人才培养的创新性、实践性和技术技能的应用性。积极落实国家和市有关支持政策，在职称评聘、评优评先、绩效分配等方面，对创新创业成效显著的人员给予政策倾斜。其中，职务发明成果转让收益用于奖励科研项目牵头人、骨干技术人员等重要贡献人员和团队的比例不低于50%，上不封顶；科技成果作价份额按不低于20%的比例给成果完成人以及为成果转化做出重要贡献的管理人员，上不封顶；高校专业技术人员带项目、成果离岗创新创业的，经所在单位同意，3年内保留人事关系，与原单位其他在岗人员同等享有参加职称评聘、岗位等级晋升和社会保险等方面的权利；高校学生从事创新创业活动，经历和成果可按相关规定经考核折算为学分；经高校同意，学生休学创业，3年内保留学籍。其他围绕高校众创空间开展创新创业的支持政策和措施，按照国家和市有关文件执行。

从文件中可以看出，《天津意见》以原则性规定为主，而《重庆意见》操作性较强，并且对优惠政策做出了执行规定和定量要求。

（五）提供日常服务与管理的产出指标

从产出的角度来讲，最直观的指标就是众创空间提供的基本服务及日常管理工作。众创空间的基本服务围绕创业培训、咨询对接、企业代理等三大类指标展开。

《天津意见》要求举办日常性创业沙龙、大讲堂、训练营等培训活动；整合社会资源，与企业、科研院所、行业组织及各类专业服务机构紧密合作，充分利用政府延伸服务、校内现有科研与实践设施，为学生创业者和创客提供研发设计、科技中介、金融服务、成果交易、认证检测等全方位、专业化服务。以上服务内容应延伸至线上，实现线上与线下相结合。应建立完善的运营管理制度，包括服务对象评估筛选、总量控制、退出机制、商务秘书和联系人制度、基本信息档案管理制度、信息报告及披露机制等。允许高校众创空间内按工位注册企业。大学生创业扶持期由原来的3年延长至7年，即毕业前2年和毕业后5年。

《重庆意见》要求，要定期举办项目路演、创业沙龙、创业大讲堂、创业实践、创业比赛等活动，建立起完备的创业辅导体系。能提供必要的企业注册、人员招聘、财务代账、政策咨询、法律援助以及投融资、认证检测、培训等服务。强化开放共享，融合创新要素，充分利用互联网技术，采用线上与线下结合方式，探索"互联网＋教育"、"互联网＋创业"等新形态。

值得注意的是，两地意见均强调了信息化在基本服务中的应用，而《天津意见》更提出了数据信息报告及披露制度。

（六）成果转化的产出指标

众创空间孵化成果的转化是重要的绩效指标。成果转化既要考察数量，更要考虑质量，而高素质创业人员的培养，也应该是成果考评的内容。

《天津意见》要求，应通过线上与线下相结合，逐步聚集一定数量的活跃创业团队和创客，与高校众创空间签订服务协议，在众创空间内开展明确的科技类或创意类设计活动，通过成立企业、成果转让实现商业化开发。

《重庆意见》要求，积极引导师生依托科技成果创新创业，提升创新创业科技含量，将科技成果转化为现实生产力。按照有关规定支持以技术许可、技术转让、技术入股、自行投资等形式将科技成果产业化。加强知识产权管理，强化知识产权申请、运营，为知识产权交易、投资、质押等提供服务，促进知识产权转化运用。

两地目前在成果转化的要求方面均无具体规定。

（七）最终产出目标

这涉及创业公共管理的绩效最终产出问题，一般包括绩效评价的截止时间、达成的基本效果（含定量考核、定性描述）。

《天津意见》对这部分的描述为：到 2016 年，全市每所高校至少建成 1 个众创空间，全市高校众创空间超过 55 个，形成一批国内知名、特色鲜明的示范性高校众创空间。聚集广大优秀大学生创业者和创客，建立一支服务高校众创空间的高水平创业导师队伍，培育一批大学生创业明星，让大学生经历创新创业过程，积累创新创业经验。倡导敢为人先、宽容失败的创新文化，树立崇尚创新创业的价值导向，广泛吸引大学生创业者和创客到高校众创空间，将奇思妙想、创新创意转化为实实在在的创业活动。要加强对大学生创新创业的宣传和引导，报道先进事迹，树立典型人物，让大众创业、万众创新在高校蔚然成风。

而《重庆意见》的表述是：2015 年底，全市高校建设众创空间 100

个以上，推出科技成果转化案例 100 项以上；2017 年，建成一批国内知名、特色鲜明的示范性高校众创空间；到 2020 年，通过建设高校众创空间，推动转化一批科技成果，孵化一批师生创新创业企业，培育一批师生创新创业明星，显著增强师生创新创业能力，显著提升高校服务地方经济社会发展能力。将创新创业文化作为校园文化建设的重要内容，积极探索创新创业文化建设的有效途径和机制。在全校师生员工中主动引导树立新时代创业观和成才观，形成崇尚创新、创业致富的价值导向。大力弘扬自力更生、奋发有为的自强精神和百折不挠、不懈进取的拼搏精神。坚持求实求真和改革创新，积极倡导敢为人先、宽容失败、尊重知识、追求卓越的创新创业文化。

可见重庆对绩效评估的时间要求相对较长，并且除了数量要求，还提出了科技成果落地的要求。这可能与其在文件中涉及教师创业的内容有关。

（八）其他要求

除了投入与产出外，众创空间的管理还有运营及日常考核的要求。

运营方面，两地均表现出外包合作的倾向。

《天津意见》规定高校众创空间应按照市场化原则，由各类企业、投资机构、行业组织等社会力量投资建设或运营管理。高校众创空间的运营管理机构应是在本市注册的独立法人，以服务创业者创新与创业为宗旨，并自有或聘请具备创新创业服务能力的专业团队进行运营管理。已经由高校自行建设并运营的众创空间，可暂由高校继续运营，并按照众创空间的场地要求和服务内容进行提升，待时机成熟后引进社会运营管理机构。

《重庆意见》提出坚持公益性原则，结合高校办学定位，合理部署安排、有效调配资源、规范稳定运行，逐步建立具有本校特点的自主管理模式。注重可持续发展，按照市场化原则，积极引入企业、投资机构、行业组织或专业团队等社会力量管理运营众创空间，探索建立与市场接轨的管理运营模式。

考核上，两地意见均明确表示采用绩效考核的制度，给出了奖惩的指导性原则，但均未提出具体的绩效考核细则。

《天津意见》规定经认定的高校众创空间及其管理机构应自觉接受市场监管、税务、人力社保、民政、教育、科技等相关部门的指导和监督；

市教委建立高校众创空间绩效评价体系，组织开展高校众创空间年度绩效考评，对考评优秀的给予奖励，对考评不达标的给予帮扶指导，对连续两年不达标的，取消其"天津市众创空间"资格；对提供虚假材料、骗取财政资金支持，及未按规定使用财政资金的，市有关部门有权取消其相关资格、收回财政资金，并依据国家法律、法规对责任主体进行处理。

《重庆意见》规定各高校在前期建设培育并取得较好成效的基础上，可向市教委提出认定申请，市教委对符合条件的高校众创空间认定命名为"重庆市高校众创空间"。通过绩效考核，对运行良好、成效显著的推荐申报重庆市众创空间。实行高校众创空间年度绩效考评制度，对考评优秀的给予奖励；对考评不达标的给予帮扶指导，对连续两年不达标的，取消其称号。高校对依托高校众创空间开展创新创业取得突出成绩的师生给予奖励。对未按规定使用财政资金的，将收回财政资金，并依据国家法律、法规对责任主体进行处理。市教委将高校众创空间建设情况纳入对高校的年度考核内容。

总体评价来说，目前高等教育领域内创业公共管理的绩效，强调机制、经费、人员的投入"三到位"，投入方面的要求往往是相对明晰的；在产出方面强调服务的全面性和孵化成果的技术含量，并对机构的数量做出规定，而对其质量问题则主要是原则性规定。在绩效评价的细则上未见具体的标准。

有理由相信，绩效评价的标准问题，将是未来完善创业公共管理事业所不得不面对的重点及难点问题。

本章小结

绩效问题关注的要点，是投入与产出之间的关系。传统的公共管理投入是线性项目制的，考评的依据主要是经费执行的充分性和合理性。这种方式广受诟病，存在着忽视产出、短期效应、没有灵活性、无法判断效果等问题。

面对这样的问题，当前的公共财政管理具备了初步的改革共识，并且形成了看重绩效的鲜明趋势特征，但如何推进有效的绩效评估仍然面临重重困难。这其中包括了绩效管理的结构问题，也包括绩效评价的方法问题，即使绩效制在公共管理领域被实施起来，它还面临着自身变革发展的挑战。

创业公共管理的实践，包括了组织内部管理及外部管理合作的双重意义。创业公共管理的内部绩效管理包括绩效计划与实施、创业公共管理绩效考核、公共管理绩效反馈与改进等三个大的流程。

智库机构作为第三方，在创业公共管理的绩效评价方面可以发挥重要作用，避免施政主体"既是运动员又是裁判员"的体制尴尬，也可以充分发挥自己的专业优势，相对公正客观地开展评估。我们从地方法规中可以得出一个可供参考的绩效评估的工作流程：成立评价工作组——制订评价工作计划——研发评价指标、报表、问卷——组织专家论证评审——收集绩效评价相关数据及材料——审查核实数据及材料——综合分析数据及材料并形成评价结论——撰写与提交报告——建立绩效评价档案。与第三方的合作过程中，如何保证第三方绩效评估的独立性、公正性及主动性值得关注。

通过天津和重庆两地的经验可以看出，目前高等教育领域内创业公共管理的绩效，强调机制、经费、人员的投入"三到位"，投入方面的要求往往是相对明晰的；在产出方面强调服务的全面性和孵化成果的技术含量，并对机构的数量做出规定，而对其质量问题则主要是原则性规定。在绩效评价的细则上未见具体的标准。由此可以认为，绩效评价的标准问题，将会随着创业公共管理事业的发展而愈加凸显，需要得到重点解决。

第九章

地方高校创业教育管理：以北京市为例

> 要把发展基点放在创新上，增强创新发展能力，深入实施人才优
> 先发展战略，率先形成促进创新的体制机制，从供给侧和需求侧两端
> 发力，释放新需求，创造新供给，推动新技术、新产业、新业态蓬勃
> 发展，构建高精尖经济结构，加快建设具有全球影响力的国家创新战
> 略高地，成为国家自主创新重要源头和原始创新主要策源地。
>
> ——《北京市国民经济和社会发展第十三个五年规划纲要》

我们可以从横向上看看一个城市是如何布局和推动创业事业发展的。
首都是国家科技、教育、文化的中心，也是北方地区创业的风向标。所以
这一章我们以北京为样本，看看首都高等教育领域内的管理现状及其效
果。但首先，我们要鸟瞰一下北京市的创业蓝图，试着发现首都创业关键
词是什么。

第一节　北京市创业宏观形势

疏解首都功能是北京市在"十三五"规划中非常强调的内容。疏解
功能，就意味着对传统产业以及和首都定位不符的功能的舍弃或改造。历
经几十年的发展，北京市的创业布局，将着力点放在了打造全国科技创新
中心上。北京市主动顺应网络时代大众创业、万众创新的新形势，充分发
挥中关村国家自主创新示范区的载体作用，坚持把科技创新摆在首都发展
的核心位置，以全球视野谋划和推动科技创新，以改革红利释放创业创新
活力，全面推进科技创新中心建设，在服务国家创新战略和促进首都转型

发展方面有更大的担当、更大的作为。以下是国家发改委编写的《大众创业万众创新发展报告》中对北京市创业整体形势的描述。

《北京市——着力打造全国科技创新中心》

2015 年前三季度，北京市新创办科技型企业达到 1.8 万家，同比增长 25%，全市高新技术企业超过 1 万家，占全国的 20%，涌现出小米、京东等一批领军型创业企业。目前，拥有各类孵化机构超过 150 家，国家级孵化机构 50 家，入驻企业超过 9000 家，累计毕业企业超过 8000 家，吸纳就业 17 万人，创业投资和私募股权投资管理机构超过 1000 家，居全国首位，已经形成了以科技企业孵化器、大学科技园为基础，创业投资、技术转移、知识产权服务、专业咨询等机构有机联系和互融互动的创业服务体系，搭建起了全方位、多层次的服务网络。拥有的国家级高新技术企业超过 1 万家、每万人发明专利拥有量达 48.1 件，均居全国城市首位。

一　充分发挥中关村国家自主创新示范区优势，大力推进先行先试

1．打造与全国科技创新中心相适应的政府监管服务模式

适应"互联网＋"产业发展新趋势，与科技部火炬中心共同研究发布《国家高新区互联网跨界融合创新中关村示范工程（2015—2020 年）》，在十大领域开展"互联网＋"产业创新，出台一批促进跨界融合创新的支持措施。适应高成长创业企业跨境投融资需求，推动设立人民银行中关村示范区中心支行，开展企业境外并购外汇管理改革、外债宏观审慎管理改革等试点，进一步加速了资本流动和有效利用，为企业创新提供了"源动力"。适应开放式创新环境下人才流动要求，加快形成具有国际竞争力的人才制度，在中关村开展外籍高端人才永久居留资格便利化试点政策，放宽人才中介机构外资出资比例限制试点政策，简化外籍高层次人才办理永久居留证、人才签证等方面审批流程，大大缩短审批时限。

2．开展"1＋6""新四条"等先行先试政策试点

充分发挥中关村先行先试政策优势，先后开展了"1＋6""新四条"等先行先试政策试点，在科技成果收益分配处置权改革、科研

经费管理改革、股权激励改革等方面开展一系列探索。2011—2014年，北京地区中央和地方高校、科研机构技术转让项目累计1756项，收入约116.5亿元；国有企业、高校和科研机构实施了100余项股权和分红激励计划。

在科技成果使用处置和收益管理改革方面，赋予科研单位对科技成果转化、转让、许可、作价入股等方式开展转移转化活动，充分调动科研人员参与成果转化积极性。在科研项目经费管理改革方面，开展间接费用补偿机制试点、分阶段拨付试点、后补助试点及科研单位和高端人才团队经费使用自主权试点，2013年以来，北京市所有科研项目均纳入改革试点，科研项目列支间接费用已形成常态化制度。在股权激励改革方面，开展了股权激励试点，截至2015年5月，共有104项来自高校、科研机构和国有企业的激励试点方案获得批复，共有404名科研和管理人员获得股权，激励总额约2.17亿元，平均激励额度53.6万元/人。

二 坚持高端引领，大力构筑高端创业创新平台

1. 推动国家级重大科技基础设施和创新平台布局

北京聚集了蛋白质大设施、材料服役安全设施等"十一五"时期6大国家重大科技基础设施，占"十一五"时期总数的一半；同时正在积极争取先进光源验证装置、综合极端条件实验装置等"十二五"国家重大科技基础设施落地。加快创新平台布局，集聚了国家工程研究中心41个、国家工程实验室52个，占全国总量的30%以上，中央在京及北京市已获批国家级企业技术中心62家，实现了对战略性产业八大重点领域的全面覆盖。

2. 推进与国家科技资源融合发展

按照"搭平台、聚人才、接任务、出成果"的要求，深化部市会商、院市合作、央地合作、军民融合等工作。中科院北京怀柔科教产业园建设有序开展，科研与转化基地初步形成聚集效应。与解放军总后卫生部签署医学科技创新战略合作协议，联合推动科技研发、成果转化和人才培养。与总装备部联合开展军民融合国防知识产权转化应用试点。深入推进中关村军民融合示范基地建设，促成无人直升机等一批"民参军""军转民"项目。产生了纳米薄膜太阳能电池、可

再生脱硝催化剂等22项国际先进水平的科研成果。支持成立首都创新大联盟，汇聚80余家联盟，促进5000余家企业、高校院所等创新主体跨界融合、协同创新。

3. 对接国际创新平台

依托双边国际科技合作和中国国际技术转移中心建设，支持孵化机构积极对接国际技术、资金、市场、人才等资源，与外方股份合作成立的国际企业孵化器，支持建立了"中美企业创新中心"，推进了中关村软件园孵化器与芬兰、以色列等国的孵化器、科技园区、技术转移服务器等的合作，对接国际资源。

三构建创业创新生态圈，培育创新内生动力

1. 发挥领军企业创业创新主体作用

近年来，北京市中关村深入实施了"十百千工程"、"瞪羚计划"、"展翼计划"等企业培育计划，培育了一批创新型领军企业。目前围绕中关村领军企业形成了"百度系"、"联想系"、"金山系"等创业系，领军企业也在成为创业微生态的营造者。

2. 发挥高校院所人才和成果源头作用

通过深化改革、创新服务促进高校院所科技成果转化和协同创新，使高校和科研机构为创业创新主体，提供可能商业化的技术成果，培养创业创新人才。在中组部指导下实施中关村人才特区13项特殊政策，为各类人才提供工作、生活上的便利条件，积极拓展高层次人才引进渠道，集聚众多海内外高端智力资源。

3. 重视发挥天使投资和创业投资对创业创新的加速器作用

不仅出资设立天使投资和创业投资引导资金，而且给予创业投资机构一定的风险补贴，企业在获得创业投资后的各个成长阶段，还可以获得贷款贴息、上市补助等多项金融政策的连续支持，从而实现加速成长。近年来中关村新增的上市公司中，75%以上都获得过创业投资的支持。

4. 发挥创业孵化业提供专业化的贴心服务的主体功能

支持车库咖啡、创新工场等一批创业创新孵化器代表的创业服务业发展，鼓励各类创业孵化机构特色化、差异化发展，推动形成创业社区、创业咖啡、智能硬件、创业媒体等各具特色的创业服务模式。

四 不断优化创业投资机制，促进科技与资本结合

1. 创新政府资金支持模式

积极参与国家新兴产业创投计划，围绕新一代信息技术、生物、新材料等战略性新兴产业重点领域，共设立 26 支新兴产业创投基金，总规模近 70 亿元，放大社会投资近 1.7 倍，累计投资项目 165 个，已投资金额 24 亿元，强化对初创期、孵化期、成长期企业和新兴业态发展的培育力度。设立了北京市科技型中小企业创新资金，创新立项筛选机制，与创业投资、天使投资加强合作，打造中小企业"创新资金＋投资机构"的支持模式，引导和带动社会资本流向科技型中小企业。目前，获支持的企业中已有 100 余家上市，1500 多家成为高新技术企业；通过创新资金撬动社会资本投资科技型中小企业，累计投资金额超过 120 亿元，实现资金放大比例近 1:12。发挥政府资金的引导放大作用，中关村与有关部门合作设立创业投资引导基金 45 支，基金总规模达 200 亿元；在全国率先推出天使投资引导资金政策，合作设立 14 支基金，基金总规模达 13 亿元。

2. 加大科技金融对创业创新的支持力度

中关村出台了小微企业信贷风险补偿资金管理办法，实施"风险补偿金"政策，引导银行、担保等金融机构创新产品和服务，加大对科技企业的支持力度。中关村搭建了科技金融综合服务平台，促进科技企业与银行信息对接，构建了集科技金融服务机构、金融产品、企业融资需求一体化的线上线下工作流转体系。

北京市在"十三五"规划中提出要全力建设中关村国家自主创新示范区，重点建设好中关村科学城、怀柔科学城、未来科技城等重要创新平台。积极推进"大众创业、万众创新"，打造全球创新网络的关键枢纽。未来北京市提升创新创业服务，要实现"四个一"：培育一批高端化的创业导师队伍，建设一批生态化的创业示范社区，支持一批品牌化的创业活动，催生一批全球化的新型创业机构。打造创业要素集聚化、孵化主体多元化、创业服务专业化、创业资源开放化的创新创业服务格局。建设具有中关村特色的"众创空间"，以大型科技园、创新型孵化器、留学人员创业园、创业孵化示范基地为主体，发展市场化、专业化、网络化的众创空

间。支持新型创业社区和创新型社会组织发展，积极稳妥推进中关村社会组织登记管理改革试点。科技，正在成为北京创业的关键词。

第二节　北京地区高校创业教育管理实践

历经近 20 年的发展，北京高校创业教育已初现格局，为首都创业事业发展提供了知识和人才储备。一大批高素质大学毕业生以知识技能为核心创办企业，为北京科技创新转化奠定了基础，也为在京高校创业教育的深入发展提供了宝贵素材。

北京市教委"大学生就业创业项目"对大学生创业教育的管理与服务，在实践层面主要有三大体现：北京地区高校优秀大学生创业项目评审、"一街三园"的市级大学生创业园以及北京高校示范性创业中心建设项目。2014 年开始，北京市教委组织开展北京地区高校优秀大学生创业团队的评选工作，对评选流程、专家组成、支持条件等各方面进行了细化规定。2015 年出台《北京高校大学生就业创业项目管理办法》（京教学〔2015〕4 号），对创业项目进行标准化管理，以此为标志，北京地区高校创业教育开始进入成熟期。

一　北京高校创业经费投入管理

2015 年之前，北京地区大学生创业教育的资金投入没有具体的管理办法，各校往往以财政专项的形式展开投入，在投入的额度、管理、监督、绩效评估等方面缺乏具体而权威的指导意见。2015 年出台的《北京高校大学生就业创业项目管理办法》，标志着北京高校大学生创业投入有了具体的执行依据。

（一）北京高校创业教育经费投入的原则

在投入原则上，市教委要求各高校应科学论证，统筹配置，对申报的项目进行充分论证和审核，严格按照项目目标和任务，科学合理地编制和安排预算。

文件明确了项目经费主要来源于市财政专项拨款，鼓励学校、社会等多渠道联合资助。其中市属公办高校就业创业经费在基本经费定额中列支。

（二）北京高校创业教育经费投入的范围和额度

文件规定北京地区高校大学生创业园建设项目经费支持内容，主要用于场地租赁费、办公家具及设备购置、水电物业补贴、云计算资源服务、孵化团队培育与服务以及修缮等。其中租赁费根据双方签订的合同确定租赁内容，考虑毛坯、装修、精装修等因素，不高于同期同类市场租赁价格。修缮费是指租赁毛坯房给予一次性修缮费。

北京高校示范性创业中心建设项目按照每个高校 50 万元标准给予支持，主要用于示范性创业中心建设校的创业教育与指导、创业教师培训、创业工作场地建设、大学生创业场地建设、专家咨询费、劳务费、会议费、差旅费、出版费等。

支持北京高校大学生创新、创意、创业实践项目，按照每个创新创意实践团队支持额度不超过 5 万元、每个创业企业（团队）支持额度不超过 20 万元的标准补助。具体补贴项目由大学生创业企业或团队根据需求，向学校提出申请，由学校根据本校促进大学生创业的工作目标和要求确定。经费主要用于创新创业实践团队及创业企业的专用仪器设备租赁费、材料费、测试化验加工费、差旅费、会议费、劳务费、专家咨询费、出版/文献/信息传播/知识产权事务费、创业团队培训费（创业团队参加创业培训或提升创业能力而聘用的创业导师所需费用）、创业项目市场拓展费用、社会服务所需费用补贴（如中小创业团队需要聘用专业财务人员、法律顾问等，可以从专项经费中给予一定补贴）和创业场地费用补贴（创业团队租用场地及互联网接入所需，可从支持经费中给予一定补贴）等。

（三）北京高校创业教育经费投入的限制性规定

除了经费投入的范围和额度外，文件还规定，大学生就业创业项目经费纳入各项目高校年度预算，经相关部门审核后予以批复。项目经费应单独核算，专款专用，不得挤占和挪用。项目执行中涉及政府采购和资产管理的，严格执行国家和北京市政府采购和资产管理相关政策。项目经费结余资金按照国家和北京市结余资金管理办法执行。

目前，对于大学生创业吸纳社会捐助或投资渠道的标准仍未出台，北京各高校依据校情，参照上级单位财务规定而具体实施。

相对严格的经费执行规定，在一定程度上加重了大学生创业者及高校执行经费的负担，束缚了创业者和创业教育执行部门使用经费的热情和积极性,这对于科技类创新创业项目而言尤其如此。这样的局面在今后可能会被改写。2016 年 9 月,中共北京市委办公厅公布下达了《北京市进一步完善财政科研项目和经费管理的若干政策措施》(下文简称《政策实施》),在这份文件里,明确提出要改革创新科研项目和经费管理方式,加快形成充满活力的科技管理和运行机制,充分调动科研人员积极性、创造性。为此制定的政策包括简化财政科研项目预算编制和评审程序、赋予承担单位和科研人员开展科研更大的自主权、创新财政科研经费投入与支持方式等。其中明确指出了要改进科研项目绩效评价:项目主管部门、财政局要建立既符合预算绩效管理要求,又适应科技创新规律的项目绩效评价体系。项目主管部门负责开展项目绩效评价,侧重依据科研项目任务书考核项目目标和任务完成情况,除了经费管理使用情况外,更要注重科技创新质量和实际贡献。应用研究和技术开发类项目突出市场评价,注重引入第三方和投资者评价。这样的政策可以为高校的科技型创业项目在财务上"松绑解套",充分调动科技成果向市场转化的潜力。

二　北京高校创业教育绩效管理

在投入与产出的制度安排上,北京市教委要求各项目参与高校建立本校经费使用项目管理制度和办法,并报市教委备案。高校负责对项目进行具体规划、实施、管理和检查,并按照要求组织项目的申报、管理与验收,科学合理使用项目资金,接受教育、财政、审计、监察等部门对项目实施过程和结果的监控、检查和审计。全程管理,追踪问效。对项目申报、审核、评审、政府采购、监督、决算和绩效评价,实行全过程项目管理。将绩效目标设定、绩效跟踪、绩效评价及结果应用纳入预算编制、执行、监督全过程。

北京市教委对创业教育服务管理的三大任务的总体绩效提出要求。其中,支持北京高校大学生开展创新、创意、创业实践项目,是指支持 100 个左右大学生创业团队、400 个左右包括"创客"在内的大学生创新创意、创业实践团队;北京地区高校大学生创业园建设项目要推进建设"一街三园",即在"中关村创业大街"建设"北京高校大学生创新创业服务中心",在良乡高教园区、中关村核心区及中关村软件园等地分别建设三个市级"大学生创业园",最终形成北京高校大学生创业园孵化体系；北京高校示范性创业中心建设项目是要支持 40 余所高校开展示范性创业中心建设，经过 1—2 年建设，评选出若干创业工作具有示范意义的高校成为示范性创业中心，引领和带动全市高校的创业教育（2016 年共有 28 个高校成为北京市首批示范性创业中心）。

对于高校层面创业教育管理的绩效要求，我们引用《北京高校示范性创业中心建设标准》来具体展示：

表 9 - 1　　　　　北京地区高校示范性创业中心建设标准①

建设内容	具体标准
组织领导	1. 成立以书记或校长为负责人的学校就业创业工作领导小组，每年召开由校领导、各院系负责人参加的学校创业工作会议；形成就业、学生、教务、团委、招生、校友会、学校科技园等多部门联动的创业工作协调机制，统筹开展学生创业工作。 2. 成立院系级就业创业工作领导小组，把学生的创业工作列入院系工作日程。 3. 明确导师、专业教师、院（系）就业工作人员、辅导员（班主任）在学生创业工作中的职责。
基本条件	1. 设立本校学生创业工作负责（牵头）机构，校级创业工作部门至少有 1 名专职人员，专（兼）职人员与在校学生人数的比例大于 1∶1000。 2. 设立大学生创业工作专项经费和专用场地。 3. 为大学生创新、创业提供专门孵化场地。
队伍建设	1. 学校重视创业工作队伍建设，专职人员要保持相对稳定。 2. 建立校内为主，校外为辅，专兼结合的创业工作队伍，确保人员队伍在专业知识、实践经验、学历层次等方面的合理结构。 3. 定期安排学校创业工作人员参加相应的学习和培训。
教育引导	1. 学校认真贯彻落实国家及北京市有关鼓励引导大学生创新、创业的政策措施。 2. 结合本校特色制定创业指导教学计划、教学大纲及教学内容（创业教材），将创业指导课列为必修或选修课程，分阶段进行创业意识引导、创业理念、创业方法和技能的教育与指导。 3. 学校制定奖励措施，对大学生创业进行奖励，营造校园创业氛围。

① 详见北京市高校毕业生就业指导中心网站《北京市教育委员会关于印发北京地区高校示范性创业中心建设标准的通知》（http：//www. bjbys. net. cn/cy/cyzx/272034. shtml）。

续表

建设内容	具体标准
创业指导	1. 坚持开展常规性的创业系列讲座或创业沙龙,同时保证固定时间开展日常创业指导与咨询,努力为大学生提供个性化服务。 2. 注重创业典型(特别是本校学生)的宣传,每年印制大学生创业宣传手册(材料)或大学生创业案例集,发挥典型引领、示范带动作用,促进大学生积极创业。 3. 积极联系社会资源,聘请成功创业人士作为创业导师,深入团队,指导和帮助大学生创业。
创业服务	1. 学校积极开展大学生创新创业大赛、模拟创业大赛等实践活动,同时,成立创业类学生社团,开展创业宣传、创业讲座等,多渠道、多途径培养学生的创业意识和创业能力。 2. 为本校学生创业团队或企业提供政策咨询、金融对接、资金支持、法律咨询等服务。 3. 组织大学生优秀创业团队评选活动,对优秀团队进行重点支持,制定了具体办法和措施。
信息化建设	1. 学校在创业信息化建设方面取得一定的成绩,已建成功能较完善的创业交流平台(如网站、微信、手机客户端等)。 2. 由专人负责学校网站创业内容的更新,并及时发布最新创业政策及交流资讯,为大学生创业提供方便快捷的信息服务。
工作实绩	1. 建立完善的创业工作管理与服务制度。 2. 准确、客观统计大学生创业情况,结合市教委年度工作目标完成本校创业工作任务,创业人数及成功率、创业带动就业人数在同类型、同层次高校间处于较高水平。 3. 创业学生对学校创业工作的满意度在80%以上。 4. 积极总结本校大学生创业情况,并将有关情况反馈教学、培养等部门,及时更新教学内容、修订培养计划,有针对性地帮助大学生提高创业能力。
理论研究	1. 开展高校大学生创新创业工作调查研究,并将研究成果用于实际工作中,促进创业工作有序开展。 2. 学校积极开展大学生创新创业研究,并形成论文、著作、教材等研究成果。 3. 开展大学生创业意向调查和创业学生跟踪调查,了解、分析大学生创业过程的重点和难点,指导学校创业工作开展。
工作特色	在创业工作中形成的相对稳定且能够在高校间推广的有特色、可示范的机制或做法。

第三节 绩效实证：北京市大学生创业能力评估

高等教育对创业者的影响，主要是从知识培训和能力培养两方面体现的。这两者当中，又以大学生创业能力培养为要。这一点笔者在本章起始引用了爱因斯坦的论述。这是因为创业本身是应用实践行为，相比信息的静态积累，对实际问题的解决才是创业活动的核心。因此，判断高校创业教育管理的绩效成果，不能够简单地以创业者是否创办企业、企业规模、收入如何等表征要素作为评价的要点，而是应该回归教育的本质，探索大学生创业者们未来发展潜力的状况，毕竟，高校承担更多的是教育的任务，而非市场主体孵化的任务。"学校的归学校，市场的归市场"，基于上述体认，本书对创业教育管理绩效的实证分析，主要从相关大学生的创业能力评估入手。

一 大学生创业能力概念

创业能力自其提出之后越来越成为创业研究领域的重点所在。总结学界对创业能力的研究的主要分为"创业能力的研究视角"和"创业能力的影响因素"两个层面。

（一）创业能力的研究视角

1. 资源观视角

资源基础观是管理学领域研究创业的一个重要理论。林嵩提出，创业资源是指"创业企业创立以及成长过程中所需要的各种生产要素和支撑条件，包括企业资产、资金、知识、信息、网络等有形的和无形的资源。根据资源基础观点，创业企业的资源获得与配置对企业发展有着至关重要的影响。在创业企业中特定资源的缺乏会限制企业的成长"[①]。这一派的学者强调在创业过程中不仅要广泛地获取创业资源，更要懂得如何提升创业企业的资源整合、机会识别和学习成长能力等，保障创业企业的创业成功。

---

① 林嵩：《创业资源的获取与整合——创业过程的一个解读视角》，《经济问题探索》2007年第6期，第166—169页。

2. 机会观视角

机会观立足于创业企业初期的不确定的商业环境，将创业资源用在最能够体现市场价值的机会之上。新的产品或服务、组织方式、生产方法、市场或材料，都依赖于创业机会探索和开发能力的构建。[1] 能力高的创业者能够准确地预见和通过外部反馈战略性的商业机会，通过对创业机会进行风险分析和商业价值判断，决定商业机会的利用方式，进而调整创业组织的形式和结构等配合商业机会的挖掘。商业机会的重要价值就是满足新的市场需求，提供新的生产组织方式，感知创业机会的存在，通过组织网络重新循环配置网络稀缺资源，创造潜在的利润空间。所以能够成功地预见创业机会和开发商机的价值，就成为创业企业家重要的能力。[2] 综上所述，机会观认为创业过程就是创业机会探索与开发的过程，创业机会的探索能力是创业企业实现创业目标的最重要能力。

3. 过程观视角

现代创业学之父 Timmons 认为，企业的创建和发展实际上是机会和资源两者相结合的过程。机会的实现离不开资源，资源的使用需要找到恰当的机会。创业管理把资源观运用于创业研究，更多关注的是成熟企业的公司创业，而机会观则更多的是应用于初创企业的创业研究。这种将机会和资源的分割是源自把创业周期进行了分割。[3] 朱秀梅等人通过实证研究证明了成熟企业的资源利用能力高于创业企业，而创业企业的资源整合能力强于成熟企业。对于新企业而言，在面对创业资源短缺问题的同时，往往能够捕捉到发展大事业的机会。因此人们评价创业企业创业能力主要考察其识别机会的能力。但创业企业要想发展就必须具有吸收外部资源和整合现有资源的能力，且最终实现创业目标。[4] 过程观视角的学者把机会和资源放到同一个分析框架内，认为创业实际上分为两个过程：一个是机会发

---

[1] 参见 Shane S., Venkataraman S., "Entrepreneurship as a Field of Research: A Response to Zahra and Dess, Singh, and Erickson", *Academy of Management Review*, 2001 (26), pp. 13—16。

[2] 参见贾宝强《公司创业视角下企业战略管理理论与实证研究》，博士学位论文，吉林大学，2007 年。

[3] 参见 Timmons J. A., *Andover: Brick-House-299 Entrepreneurial Mind*, House Publishing Company, 1989。

[4] 朱秀梅等：《新创企业与成熟企业的资源管理过程比较研究》，《技术经济》2008 年第 4 期，第 24—30 页。

现过程，包括机会的最初发现，机会的提炼以及市场形成；而另一个是开发和利用过程，该过程包括市场形成、资源获取、协调新资源以及整合已有资源。其中市场形成是两个过程的公共部分。通过以上分析，从机会和资源相融合的视角来看，创业能力主要体现在机会的探索能力、学习成长能力以及资源的整合利用能力，创业能否成功主要取决于这些能力的综合作用。

（二）创业能力的影响因素

1. 环境对创业的影响

环境对创业能力而言可以提供支持也可能存在阻碍。社会学理论强调社会、人文以及经济环境对创业能力的影响。Georgina Fogel 通过对小企业的问卷调查和电话访谈对匈牙利的环境做了现实的描述，利用五维度模型测量了匈牙利的创业活动的环境条件，为测量其他国家和地区的创业环境提供了范本。[①] Patrick Kreise 通过 8 个国家 1307 家企业的数据，分析了环境对创业意愿的三个子维度的约束效应。[②] Stevenson 等人认为创业的环境方面包括经济环境、政治环境和社会文化环境，"经济环境包括收入、资本税和财产税、经济增长和社会财富、低通货膨胀率和稳定的经济条件。政治环境包括自由、法律和财产保护措施、地方分权。社会文化环境包括对创业的社会尊敬、创业的压力和特定的文化信仰，但在可衡量性方面还缺乏相应的工作积累"[③]。杨武斌认为，"创业环境是指围绕创业企业成长而变化，并能够影响创业企业成长的一切外部因素的总和"[④]。环境影响创业能力的理论基础主要有两种，一种是资源依存理论，另一种是种群生态学理论。资源依存理论认为由于组织不可能从内部生产所有的必要资源，所以任何一个企业组织都处于一种与环境因素相交的关系中。新企业的创建、生存和发展与其获取可预测的、稳定的必备资源的能力直接相

---

① Georgina Fogel, "An Analysis of Entrepreneurial Environment and Enterprise Development in Hungary", *Journal of Small Business Management*, 2001, 39 (1), pp. 103—109.

② Patrick M. Kreiser, Louis D. Marino, K. Mark Weaver, "Reassessing the Environment-Eo Link: the Impact of Environmental Hostility on the Dimension of Entrepreneurial Orientation", *Academy of Management Proceedings*, 2002: pp. 1—6.

③ Stevenson H., Roberts M., Grousbeck H., *New Business Ventures and the Entrepreneur*, New York: McGraw Hill, 1994.

④ 杨武斌：《创业环境是创业成功的外部条件》，《科技创业》2004 年第 8 期，第 24 页。

关。种群生态学理论是以组织群落作为分析单位,通过检验企业的特别是初创企业的出生和死亡率来研究进化和选择。企业的生存和发展不仅依赖于必要资源的可获得性,而且也与取得合法化和具备市场竞争能力密切相关。

2. 态度对创业的影响

态度是个体内在的对创业的影响因素,具体包括对创业是否感兴趣、创业风险的认知和心理承受等,由此可见创业态度对创业起到重要影响,进而对创业能力的提高具有正相关关系。在创业过程中创业态度决定创业的倾向,只有创业倾向才能决定创业的过程进而影响创业能力的提高。创业的态度包括对创业的兴趣、愿望和需求。Lumpkin 和 Dess 提出创业"受到创新嗜好、风险偏好的影响而强调先于竞争对手积极行动的能力"[1]。黄炳沧认为影响中国人创业态度的因素有社会地位与权力:"受中国传统思想的影响,对社会地位和权力重视者其创业倾向比较明显,创业的能力越强,并会积极进取努力提高自身的能力创造条件。"[2]

(三)大学生创业能力概念

创业能力是具有实践性的、创造性的、综合性的能力,是一种实现自身价值把知识、技能、科研成果转化为现实生产力的能力。近年来学界提出的不少观点值得我们借鉴,但目前对于创业能力本质的揭示仍需深入。在学术界目前研究的基础上,本书认为创业能力是一种特殊能力,具有较强实践性、综合性和创造性的特征,是一种把自己或他人的市场创意转化为现实生产力的能力,是一种自我谋职的能力。创业能力与个性心理倾向、特征密切结合在一起,是一种具有很强实践性和综合性的能力。

因此,大学生创业能力可理解为凝结在大学生创业过程中、强调创业活动运行变化、体现大学生个性特质与核心的能力。需要强调的是,大学生创业能力与目前创业胜任力概念既有区别又有联系。与前者相比,创业胜任力的概念更加强调在创业岗位或者创业活动中的优秀者与一般者的区

---

① Lumpkin G. T, Dess U. , "Clarifying the entrepreneurial orientation construct and linking it to performance", *Academy of Management Review*, 1996, 21 (1), pp. 135—172.

② 参见黄炳沧《创业行为、个人特质、人际网路及社会倾向之关联性研究》,博士学位论文,台湾大学,1993 年。

别所在，通常被定义为构成执行及完成某个领域工作行为所获得的基本技能。其研究的对象一般是已经创业且创业成功的创业者，评价的重点还是在岗位的胜任上，与创业企业的经营效果直接相关，隐含的意义偏重于就业与职业层面。而大学生创业能力的概念从理念上更加强调发展的思想，它更加关注大学生创业主体成为面对未来社会需要的人的能力特质，强调大学生群体对原创的思想、知识、理念的生成以及转化为原创产品与服务的能力。由于两者在目的本质上的不同，造成其内容结构及评价方法也是不一样的。

二 大学生创业能力评价方法

创业能力具有个体和社会双重属性特征，创业能力不是一种孤立的心理能力而是围绕创业行为发生并具有一定心理特征和素质特征的综合系统，是一个非常复杂和模糊的概念。这体现在两点，首先关于衡量创业能力的指标的确定问题，不同的对象其完成的工作不同，衡量的指标也因而有差异。其次在指标确定后的评价问题，在现有的战略管理、心理学和创业研究中普遍采用自我效能或自我评估的方法来测度能力。个体在创业过程中需要完成多种任务，担任多种角色，个体对是否有能力成功完成这些活动的信念程度就是创业自我效能。自我评估的创业能力就是创业者自我评估其完成具体创业行为的能力状况。Wood 和 Bandura 认为，自我评估的能力是个体自我效能信念的核心。[①]

（一）创业自我效能评估维度

当前学界有两种已得到实证检验的创业自我效能的指标体系。一是Chen C. C.、Greene P. G. 和 Crick A. 提出的创业自我效能结构，可以预测个体成为创业者的可能性，认为创业自我效能体现在 5 个维度上：市场、创新、管理、风险承受、财务控制。[②] 二是 De Noble 等人从创业者所需要的技能出发，认为创业自我效能主要体现在 6 个维度：风险和不确定

---

① Wood R., Bandura A., "Social cognitive theory of organizationalmanagement", *Academy of Management Review*, 1989 (14), pp. 361—384.

② Chen C. C., Greene P. G., Crick A., " Does entrepreneurialself-efficacy distinguish entrepreneurs from managers?", *Journal of Business Venturing*, 1998 (13), pp. 295—316.

管理技能维度；创新和产品开发技能维度；人际关系和网络管理技能维度；机会识别技能维度；处理和配置关键资源的技能；发展并保持一个创新环境的技能。[①]

（二）创业能力自我评估的实践

以创业者自我评估的方法来分析创业能力概念的典型代表有 Chandler G. N. 和 Man T. W. Y. 。Chandler 认为，个体在整个创业过程中需要完成 3 个角色的工作，即创业的角色、管理的角色和技术职能方面的角色。这需要具备以下 6 个方面的能力：识别出可利用的机会；驱动企业完成从创建到收获的整个过程；概念性能力；人力能力；政策性能力；使用特定领域内的工具和技术的能力。[②] Man T. W. Y. 提出创业能力的 6 个维度，即机会能力、关系能力、概念性能力、组织能力、战略能力和承诺能力。但是，这 6 个维度在统计上的显著性并未得到实证检验。[③]

贺小刚等人借鉴 Man T. W. Y. 等人的创业能力概念，基于 277 份有效问卷进行了实证检验，确定了测量企业家能力的 6 个维度的能力因子，即战略能力、管理能力、关系能力、学习能力、创新能力和机会能力。从实证结果看，反映企业家能力的 6 个能力因子中，最具有解释力的是企业家的战略能力，其次是管理能力和关系能力，而学习能力、创新能力和机会能力相对而言并不是非常重要，也即 Man T. W. Y. 等人提出的 6 个关系能力对企业组织能力的影响并不稳定。[④] 唐靖、姜彦福在 Man T. W. Y. 等人的基础上，通过对创业能力概念和创业过程两大任务的分析，构建了二阶六维度的创业能力概念模型。创业能力的一阶维度为机会能力和运营管理能力，二阶维度为机会识别能力、机会开发能力、组织管理能力、战略能力、关系能力和承诺能力。以 1999 年以后新创企业的创业者、企业中的

① De Noble. A. , Jung D. and Ehrlich S. , *Initiating New Ventures：The Role of Entrepreneurial Self-efficacy. Paperpresented at the Babson Research Conference. Babson College. Boston. MA. 1999.*

② Chandler C. N. & Hanks S. H. , " Market attractiveness, resource-basedcapabilities, venture strategies, and venture performance", *Journal of BusinessVenturing*, 1994（4）, pp. 331—347.

③ Man T. W. Y. , Lau T. and Chan K. F. , "The competitiveness of small andmediumenterprise：a conceptualization with focus on entrepreneurial competencies", *Journal of Business Venturing*, 2002（17）, pp. 123—142.

④ 参见贺小刚《企业家能力评测：一个定性研究的方法与框架》，《中国社会科学院研究生院学报》2005 年第 11 期。

管理人员和高校学生为研究对象，采集 464 份样本进行实证研究，证明他们构建的创业能力概念在概念层面和维度层面都具有较高的效度和信度。① 马鸿佳、董保宝和常冠群在研究企业的网络能力对企业创业能力的影响时，也通过一套创业能力度量指标进行因子分析，提取机会能力和运营管理能力两个因子，但是其对该指标的信度和效度并未进行分析，该指标体系的可靠性也未能得到保证。② 黄德林、宋维平和王珍借用了 Don Macke 和 Deb Markley 的快速测试表的指标③，鉴于中国农民创业的特殊性，没有采纳 Don Macke 的计算方法。其对江苏、河南、湖南农民进行问卷调查，获得有效样本量 151 份，其研究认为创业的基本素质——创新性、合作性、坚韧性等就体现在快速测试表的 10 项指标当中。④

（三）大学生创业能力评价研究

目前国内的大学生创业能力评价研究主要聚焦于评价体系的建立、方法的选择上。在此基础上，国内就如何提升大学生创业能力展开了专门性和一般性相结合的研究工作。

1. 大学生创业能力评价研究

王国东、丁立群等构建了高职院校大学生创业能力指标体系表，通过不同的权重和分值确定高职院校大学生创业能力综合得分。⑤ 隋博文、董雄报采用德尔菲法和重要性排序法确定分值与权重，构建了创业能力评价体系的基本模型，并用此模型对广西 4 所高校经管类研究生的创业能力进行评价。⑥ 芮国星、华瑛在对创业大学生团队的品质、创业能力等研究的基础上归纳出创业团队创业能力综合评价指标体系，建立了大学生创业大

① 参见唐靖、姜彦福《创业能力的概念发展及实证检验》，《经济管理》2008 年第 5 期。

② 马鸿佳、董保宝、常冠群：《网络能力与创业能力——基于东北地区新创企业的实证研究》，《科学学研究》2010 年第 7 期，第 50—56 页。

③ Don Macke, Deb Markley, Entrepreneuiship Quick Test, *the Rupri Center for Rural Entrepreneuiship*（http：//www. Eneigizingentrepreneurs. org/content/cr. php）.

④ 黄德林、宋维平、王珍：《新形势下农民创业能力来源的基本判断》，《农业经济问题》2007 年第 9 期，第 8—14 页。

⑤ 王国东等：《关于构建高等职业院校大学生创业能力评价体系的思考》，《辽宁农业职业技术学院学报》2006 年第 12 期，第 43—44 页。

⑥ 隋博文、董雄报：《创业能力评价体系与经管类研究生创业问题探析》，《科技情报开发与经济》2008 年第 10 期，第 175—176 页。

赛中创业团队创业能力综合评价模型。[①] 杨雪、李文生建立了包括创业能力在内的大学生创业素质评价指标体系,利用 BP 神经网络对大学生创业素质进行了评价,实现了评价的非线性映射。[②] 在层次分析法应用于创业研究方面,王林雪、邓俊荣、彭璐运用 AHP 法对大学生创业素质模型指标体系赋予权重,通过专家咨询运用模糊综合评价法对大学生样本的创业素质进行评价。[③] 朱燕空、郑炳章利用 AHP 法计算创业机会评价指标权重评价创业机会,为"211 高校"大学生创业在内的一系列创业活动提供依据。[④] 陈龙、朱永华、刘海波认为政策支持、教育支持、资金支持和孵化支持共同构成大学生创业支持体系,运用模糊层次分析法对大学生创业支持体系进行评价。[⑤]

2. 对提升大学生创业能力的认识

徐献红提出提升大学生创业能力,不仅可以缓解就业难的困境,还可以培养知识型的企业家,为建设创新型国家提供大批创新型人才。[⑥] 祝春梅、宋文军等提出培养大学生创新创业能力具有重大意义,应积极探索创新创业能力培养的有效途径。[⑦] 李志刚认为构建创业导向与创业能力相结合的本科培养体系十分重要,培养方案要具有系统性、创新性、实践性、教学内容与课程设置的灵活性与互动性。[⑧] 朱晓丹提出要构建实用的大学生创业能力培养体系,将素质教育和实践教育相结合,提高竞争能力和创

① 芮国星、华瑛:《大学生创业大赛中创业团队创业能力综合评价模型研究》,《东北师大学报》(哲学社会科学版) 2009 年第 11 期, 第 229—232 页。

② 杨雪、李文生:《基于 BP 神经网络的大学生创业素质评价》,《华北水利水电学院学报》(社会科学版) 2010 年第 2 期, 第 94—96 页。

③ 王林雪、邓俊荣、彭璐:《大学生创业素质模型的构建及其评价》,《中国青年科技创新与创业》2007 年第 9 期, 第 122 页。

④ 朱燕空、郑炳章:《基于 AHP 的创业机会评价指标权重研究》,《石家庄学院学报》2008 年第 9 期, 第 23—26 页。

⑤ 陈龙、朱永华、刘海波:《大学生创业支持体系评价》,《武汉工程大学学报》2010 年第 6 期, 第 57 页。

⑥ 徐献红:《金融危机下的大学生创业能力培养》,《经济师》2009 年第 8 期, 第 105—106 页。

⑦ 祝春梅、宋文军、李淑慧:《略论大学生创业创新能力的培养》,《佳木斯大学学报》(社会科学学报) 2006 年第 7 期, 第 126—127 页。

⑧ 李志刚:《基于创业导向与创业能力的本科培养体系探讨》,《科技创业月刊》2006 年第 11 期, 第 53—54 页。

业能力。①

3. 大学生创业能力培养过程中存在的问题

吴友石、王振岩等人认为目前大学生创业能力提升面临的难题在于创业资金缺乏，创业环境也不理想。② 高微提到我国创业教育观念落后、师资力量与质量有限、创业教育体系尚未建立等问题，影响大学生创业能力的提升。③ 洪亚卡提出大学生创业意识不强，政府和社会对创业政策执行力度不强，在不同程度上影响大学生自主创业能力的发展。④

4. 大学生创业能力培养途径

金瑞莲针对当前社会的发展形势，指出大学生创业能力培养机制的构建应注意转变教育理念，改革教育模式和教学方法，将创业教育与社会教育、自我教育相结合。⑤ 霍宏提出校园文化活动对大学生创业能力培养的重要作用，培养对策包括转变高校工作观念，在校园内开展各种创业教育活动等。⑥ 施险峰提出建立渗透创业教育内容的教育课程体系，加强创业教育师资队伍建设，增强学生创新意识和创业精神，开展各种创业教育活动，以科技竞赛为依托提高学生创业能力。⑦

三 北京地区大学生创业能力实证评价

我们以北京联合大学（下文简称"联大"）为样本，对学校 2009 年以来的部分学生创业团队开展了创业能力评估工作。本次评估共调研创业

① 朱晓丹：《大学生创业意识与能力培养体系构建的研究》，《北方经贸》2007 年第 11 期，第 144—145 页。

② 吴友石、王振岩、李幸平：《鼓励自主创业，提高大学生就业能力的对策》，《河北北方学院学报》（社会科学版）2009 年第 6 期，第 46—48 页。

③ 高微：《大学生创业教育存在的问题与对策研究》，《全国商情》2009 年第 10 期，第 123—125 页。

④ 洪亚卡：《大学生自主创业存在的问题及应对措施》，《淮南职业技术学院学报》2009 年第 9 期，第 80 页。

⑤ 金瑞莲：《大学生创业能力培养机制探析》，《吉林教育》（教科研版）2007 年第 9 期，第 11 页。

⑥ 霍宏：《校园文化活动与大学生创业能力培养初探》，《中国市场》2008 年第 6 期，第 106 页。

⑦ 施险峰：《新时期培养大学生创新创业能力的实践与探索》，《管理观察》2009 年第 4 期，第 10 页。

团队 30 个,主要涉及科技创业领域,少部分涵盖教育培训、网络信息、文化创意、服务贸易等领域。此次评估采用的方式包括问卷调查和实地访谈,其中问卷采用原创性的创业能力量表,对学生的创业能力水平进行测评,在报告中以基本情况描述、相关性描述和差异性描述进行展示。在实地访谈中,编制了统一的访谈提纲,派遣调研员对 30 个创业团队进行了一对一的访谈,所有访谈留有录音材料及照片材料。

(一)创业能力评价量表的效度

效度分析的目的在于验证问卷的设计与调查能否达到研究者所希望了解特性的程度。效度可具体分为内容效度、效标效度和结构效度三个主要类型。内容效度也称逻辑效度,是指测量目标与测量内容之间的适合性与相符性。对内容效度常采用逻辑分析与统计分析相结合的方法进行评价。逻辑分析一般由研究者或专家根据自己的专业知识和经验来判断所选题项是否符合测量的目的和要求。本问卷题目的设计认真参考了已有各类关于大学生创业能力的研究,文字方面也经过了反复推敲,可以说是达到逻辑分析的标准。效标效度是把已有的某种量表作为准则,来衡量新设计的量表的有效性。如果新量表的测量结果与现有量表的测量结果相关度在 0.4—0.8 之间,则认为新量表的效标效度比较理想。这种检验方法的关键是要有一套有效的、可以作为准则的量表作为参照。由于笔者设计的北京地区大学生创业能力调查问卷还没有找到覆盖内容可以匹配的问卷,所以无法检验效标效度。

结构分析的目的在于验证问卷的设计与调查能否达到研究者所希望了解特性的程度,通过 KMO[①] 和巴特利(Bartlett)球形检验值分析进行了问卷的结构效度分析。当 KMO 值越大时(越接近 1 时),表示变量间的共同因素越多,变量间的静相关系数越低,越适合进行因素分析。依据学者 Kaiser 的观点,KMO 值进行因素分析的普通准则至少在 0.6 以上。Kaiser 给出了常用的 KMO 度量标准:0.9 以上表示非常适合;0.8 表示适合;0.7 表示一般;0.6 表示不太适合;0.5 以下表示极不适合。巴特利球形检验用于检验相关系数矩阵是否为一个单位矩阵,因为,因子分析需要一

① KMO(Kaiser-Meyer-Olkin)检验,是用于比较变量之间简单相关系数和偏相关系数的检验指标。

个单位矩阵，在做因子分析时，巴特利球形检验结构的值必须达到显著水平，即 $p < 0.05$。若 $p > 0.05$，则表明该数据不适合做因子分析。

本次调查采用的量表是"创业精神评价"和"创业管理能力"量表。两个量表的信度和效度均通过了测试。下表是量表效度测试结果。

表 9 – 2　　　　　　　　**KMO 统计量和巴特利球形检验结果**

	取样足够度的 KMO 度量值	巴特利球型检验（P）
创业精神	0.897	0.000
创业管理能力	0.90	0.000

上表可见各量表 KMO 值呈现的性质为良好（ > 0.800）至优秀（ > 0.900）的标准，表明该预测试卷的各个题目之间具有共同的因素存在，适合进行因素分析。显著性概率值为 0.000 < 0.05，适合进行因素分析。

（二）创业能力评价量表的信度

信度指量表一致性或稳定性的程度。一致性（内在信度）主要检验同一个量表里的题目是否测量了相同的概念或者特质。稳定性（外在信度）主要检验用同一份问卷在不同时间对同一组被测群体重复测量，测量结果是否一致。由于存在不同时间被调查者的思想、环境或观点都会有所变化，因此在进行信度分析时，常见的是进行内在信度分析。信度测量的标准系数常用的是科隆巴赫（Cronbach）Alpha 系数。该系数越大，表示变量的内部一致性程度越高，说明变量之间测量项目具有较好的相关性。可靠性统计表现为变量的内部一致性 Alpha 系数，Alpha 系数越高，表示量表内部一致性越高，量表的信度越佳。目前大多数学者认为，任何测验或量表的信度系数如果在 0.9 以上则该测验或量表的信度甚佳，信度系数在 0.8 都是可以接受的，如果在 0.7 则该量表应进行较大修订但仍不失其价值，如果低于 0.7 量表就需要重新设计。行为研究及心理学研究当中，一般能力与成就测验的信度系数在 0.90 以上，性格、兴趣、态度等人格测验的信度系数在 0.80—0.85 之间。通常使用未标准化的科隆巴赫 Alpha 系数，但当各项平均数和标准差相差较大时则使用标准化的科隆巴赫 Alpha 系数。此次调研量表的信度值见下表：

表 9 - 3　　　　　　　　　　　　信度测试结果

	科隆巴赫 Alpha	基于标准化项的科隆巴赫 Alpha	项数
创业精神	0.926	0.928	26
创业管理能力	0.957	0.957	24

（三）学生创业能力实际得分情况

在创业能力方面，创业团队对能力的评价基本呈正态分布的趋势，且正面评价较高。相对特殊的有三项表现，其中"具备基本的文史、管理等人文社科知识"当中 34.8% 的创业学生呈现负面评价，"可以为成就事业而牺牲其他"当中 37.2% 的创业学生呈现负面评价，"有效评估创业机会的潜在风险"当中 37.2% 的创业学生呈现负面评价。这样的能力认知是和成熟企业家（本量表设计时咨询的 18 位创业型企业家）不相符合的，这体现出创业学生样本对于创业应具备的知识、风险和相应的牺牲与付出缺乏足够的认识。

（四）创业学生基本情况与创业能力的相关性

创业培训和"知道创业需要何种外部资源"通过一般卡方检验，其 P 值和"似然比卡方值"均小于 0.05，说明两者之间显著相关。

教育程度和"预判到可能会出现的问题"以及"自觉对现有的观点及做法感到不满"通过一般卡方检验，其 P 值和"似然比卡方值"均小于 0.05，说明两者之间显著相关。

创办时间和创业能力多个选项有相关性，且呈现出一定的规律，详细如下：创办时间和"在市场中主动迎接挑战""主动在竞争中反思总结来提升竞争力""在自己实证或得到科学验证之前不轻易相信""具备良好的个性品质""在创业过程中体现出人文关怀""强烈的改变现有观点或者做法的意愿""可以为成就事业而牺牲其他""有效评估创业机会的盈利状况""有效评估创业机会的潜在风险""能够结合内外环境搭建资源结构""可以根据项目需要找到合适的合作者""设立及维护高效的工作程序""监控团队出现的问题及时解决""对选择的创业机会按照现实变化有效调整""能够按照现实的改变优化资源搭配结构"15 个能力评价具有显著相关。并且，随着创业时间的延长，创业者对上述能力越不重视。

与之相反，创办时间和"及早提出解决问题的预案"也成显著相关，但越是创业时间长的创业者越重视这项能力。

（五）创业学生经营绩效与创业能力的相关性

联大创业学生经营绩效与创业能力评价的匹配度总体较好。衡量匹配度的标准是：创业能力两个量表共计 48 个问题当中，有多少个问题的回答是和经营绩效的回答呈显著相关，并且呈正相关的趋势。

经过统计，"市场份额增长率较高""员工有较强烈的归属感及较高的忠诚度与满意度""顾客对贵公司非常信任，乐意提出产品或服务方面的改进意见"3 项经营绩效和创业能力匹配度最高，48 个问题中有 44 个和上述 3 项显著正相关，正相关率均达到 91.67%。在此之后，"顾客愿意不断购买并使用贵公司已有及新开发的产品或服务"正相关率 87.5%，"员工的缺勤率、离职率较低"正相关率 85.42%，"公司的投资回报率较高"正相关率 81.25%，"销售利润增长率较高"正相关率 66.67%。

（六）与宁波地区大学生创业者创业能力评价差异性

笔者在宁波地区以同样量表对当地创业大学生进行创业绩效评价。从两地对比结果来看，各选项独立样本 t 检验的概率值基本大于 0.05，表明联大学生与宁波地区大学生创业者创业能力评价方面基本一致。仅一项即"具备基本的文史、管理等人文社科知识"方面，独立样本 t 检验的概率值 0.046 < 0.05，表明在这个方面北京样本和宁波地区样本存在差异。

四　提升北京市大学生创业教育管理水平的基本建议

在对北京样本高校展开实证评价后，笔者在 2014 年至 2015 年扩大了高校创业能力评价的取样范围，发现全国高校大学生创业能力培养和发展方面有一些共性的问题。因此，这些实证分析得出的结论，将在下一章一并详细回应。在本章的最后，仅从原则层面提出提升北京市大学生创业教育管理水平的基本建议。

（一）立足首都产业发展需要开展创业教育的顶层设计

创业教育在设计上必然要体现当地产业结构的发展特点，符合当地经济发展的运行规律。首先，要以首都经济发展规划作为创业教育机制设计的重要依据。例如，北京市在"十二五"及"十三五"规划当中，均提出以技术升级为产业转型的关键，要求重点发展高技术产业、绿色环保产业、金融服务产业、文化创意产业以及商务旅游产业。作为地方大学的联大，在创业教育构成主体内也要进行相应的功能调整，例如在创业教学当中多以技术性创业企业作为研究的案例，创业资金评审中提高重点支持发展产业项目的评分比重，留学生创业园内加大对高技术型创业团队的引入，在创业教育评估过程中加大对主要发展产业关联度的考核要求等。

其次，以北京经济地理功能带的划分作为创业教育功能布局的重要依据。例如北京市"十二五"规划中按照产业分布的特点，将北京市重点发展地区划分为"怀柔文化科技高端产业区""通州高端商务服务区""丽泽金融商务区"以及"首钢高端产业综合服务区"四大板块。而"十三五"规划中北京城市总体规划表述发生改变：中心城和新城是市域结构的两翼。中心城是北京政治、文化等核心职能和重要经济功能集中体现的地区，其范围是市区中心地区以及其周围的 10 个边缘集团，加上回龙观与北苑北地区，面积约 1085 平方公里。新城则是在原有卫星城基础上，承担疏解中心城人口和功能、集聚新的产业、带动区域发展的 11 个规模化城市地区。地方大学在设计创业教育机制上，也应该按照不同区域不同的产业分布，合理做出调整，有意识地引导创业人才选择符合所在区域发展规划的创业项目。

（二）引入首都优质第三方资源进入创业教育的刺激系统

按照社会生态学理论，闭合性较高的社会组织形态，如当前大学体制下的创业教育体系，需要有效而广泛的外部接触，可以将北京的优质第三方资源纳入"学校—学生"的双向体系当中，给予良性刺激而促其发展。

应该加大对学生走向校外拓展创业教学空间政策上的支持。对学生参加创业各级各类实习给予学分激励，在创业经费的筹措上多使用外部资源，一方面减轻学校财政压力，另一方面加强社会对创业教育的支持度。在教育保障体系中，应该强化校企结合的力度。目前一些国家级和地方的公益基金、投资团体开展了各种针对大学生创业能力实训的项目和模拟企业运行的项目，学校应该积极引入外部资源，拓展创业教育的合作范围。在评估机制中，目前地方大学创业教育评估主要是内部评估，具有评估方单一的缺点，有可能存在评估指标偏颇、分析不客观、内容不全面的隐患。要积极引入校外专业的咨询评估机构，将其纳入创业教育评估机制当中。

本章小结

北京市着力打造全国科技创新中心。北京主动顺应网络时代大众创业、万众创新的新形势，充分发挥中关村国家自主创新示范区优势，坚持高端引领，构建创业创新生态圈，优化创业投资机制，加大科技金融对创业创新的推动作用。科技是北京市宏观创业布局的鲜明特征。

在这样的环境下，北京市教委开展了对大学生创业教育服务管理的专项计划——"大学生就业创业项目"。此项目主要有三大体现：北京地区高校优秀大学生创业项目评审、"一街三园"的市级大学生创业园以及北京高校示范性创业中心建设项目。

《北京高校大学生就业创业项目管理办法》的出台，标志着大学生创业投入有了具体的执行依据。但是，相对严格的经费执行规定，在一定程度上加重了大学生创业者及高校执行经费的负担，束缚了创业者和创业教育执行部门使用经费的热情和积极性。这样的局面在《北京市进一步完善财政科研项目和经费管理的若干政策措施》下达后可能会被改变。

在创业能力实证评价方面，北京样本高校创业团队在能力的评价方面基本呈正态分布的趋势，且正面评价较高。其中"具备基本的文史、管理等人文社科知识""可以为成就事业而牺牲其他""有效评估创业机会的潜在风险"这三项指标学生负面评价较高。这体现出学生样本对于创业应具备的综合素质能力、风险应对能力和相应的创业精神缺乏足够的认识。

为提升北京市大学生创业教育管理水平，创业教育管理者要立足首都产业发展需要开展创业教育的顶层设计，同时引入首都优质第三方资源进入创业教育的刺激系统。

第 十 章

科技类专业大学生创业能力与
创业教育管理评价

被放在首要位置的永远应该是独立思考和判断的总体能力的培养，而不是获取特定的知识。如果一个人掌握了他的学科的基本原理，并学会了如何独立地思考和工作，他将肯定会找到属于他的道路。除此之外，与那些接受的训练主要只包括获取详细知识的人相比，他更加能够使自己适应进步和变化。

——爱因斯坦《论教育》（1936）

中国作为世界经济大国正在向经济强国推进，科技创新、经济创新是大学生面临时代挑战的抉择。科技类专业大学生是科技生产力的重要创造者，其创业价值必将引领科技革命和产业革命的发展层次与深度，也是拉动社会就业及推动中国经济迈向世界舞台的强大动力。在我国科技类专业大学生创业日益引起政府、高校和学生个体高度重视的情况下，如何把握和指导大学生根据自己的能力特征、能力优势和已有的基本创业能力，防止"全民化、片面化、极端化"创业行为的产生，并卓有成效地开展创业活动是当前亟待解决的创业公共管理问题。

第一节　科技类专业大学生创业能力评价指标构建

理论模型之确立是开展实质研究的首要步骤。首先从回溯文献着手进行理论分析和逻辑论证，对概念重复的指标进行剔除，初步留存特征要素，形成"科技类专业大学生创业能力特征要素群落"。之后邀请专家对该要素群落进行初筛，剔除明显不符合研究需要的特征要素并补充群落内未涉及的要素，形成"科技类专业大学生创业能力评价备选要素池"。采取理论分析法、小组讨论法、专家评议法、访谈法等方法，对"要素池"内的备选指标进行归纳综合，在理论和逻辑上提取其共同因素，凝练上位指标，初步形成"科技类专业大学生创业能力评价要素体系"。最后按照评价要素体系设计高校版和社会企业版两份调查问卷，在具有代表性地区的大学及科技园进行实地访谈和随机问卷调查，根据调查问卷的数据收集结果进行实证分析，采用因子分析法等方式对指标体系进行重新调整，分析其效度和信度，得出最终的"科技类专业大学生创业能力评价指标体系"和开展实证分析用的调查问卷。

一 科技类专业大学生创业能力评价的思路

（一）核心概念的确立

首先我们要确立科技类专业大学生的范围。根据1997年6月国务院学位委员会国家教育委员会颁布的《攻读博士、硕士学位和培养研究生的学科专业目录》，我国学位按照下列学科门类授予：哲学、经济学、法学、教育学、文学、历史学、理学、工学、农学、医学、军事学、管理学。本书中所指的科技类专业大学生，就是依据学科门类，划定为工科或者理科的全日制高等院校学生，例如数学、计算机、物理、电子、化学、生物等专业的大学生。理科与工科学生在思维习惯上有共通性，在培养上都强调原发性创新意识，其核心能力也有明显区别于其他专业门类的特点，因此本书将其归为一类进行分析。在具体情景当中为了更加聚焦于科技创业，在分析对象理科生与工科生之间偏重于工科生，且主要群体针对本科生开展研究。目前对于科技类专业大学生这一群体的研究，与本书相关的领域主要聚焦在人文素质培养、心理及人格养成、就业能力培养、创新素质培养等社会化因素的研讨，具体研究科技类专业大学生创业方面的成果相对缺乏。

由于上一章已经对创业能力、大学生创业能力的概念做过介绍，因此本章将不再重复这一核心概念的构建工作。

（二）开展评价的基本思路

本书将科技类专业大学生创业的能力评价作为研究主题，选取北京、浙江、辽宁、湖北、重庆等创业先进地区的科技类专业大学生作为分析的样本，力图解决如下问题：厘清当前大学生创业发展历程与现状；建立一个独创性的、符合科技类专业大学生实际并与一般企业家不同的创业能力评价指标体系；深挖理论来解释这个体系，并据此建立评价模型；开展富有科技类专业大学生特色的大学生创业案例分析，以支持理论结果；通过实地调研及理论分析，提出影响科技类专业大学生创业能力发展的因素并做归因分析；根据上述研究与分析，抽出其一般规律，进而提出科技类专业大学生创业的能力培养对策建议和进一步研究的方向。

由此延伸的设计思路：首先通过文献的研读综合以往理论模型，对大学生创业事业发展进行历史性梳理和现状分析；之后依托理论分析的成果通过文献深挖和专家访谈提炼出一套能力特征要素体系，按照该要素体系编制科技类专业大学生创业能力评价调查问卷，对科技型创业企业和相关人群开展问卷调查的预测；依托预测试的结果进行统计检验和因子分析，得出基于实证的指标体系和评估量表并赋予权重；选取北京、浙江、辽宁、重庆等地科技类专业大学生进行问卷调查，结合个案研究，得出评价模型；分析当前大学生创业能力的问题及其影响因素，最后结合调研结果及创业教育运行机制提出发展对策。

二 科技类专业大学生创业能力特征要素的框定

在CNKI（知网）查阅大量文献，对文献中使用的各类创业能力特征要素进行收集和整理，通过理论分析和逻辑论证对概念重复的指标进行剔除，初步留存特征要素37项，形成"科技类专业大学生创业能力特征要素群落"。需要指出的是该群落内的备选项仅具有创业能力的部分特征，其结构是松散的，其内容是未经实证的仅具有素材的价值，需要进行进一步分析加工。

表 10 - 1   基于专家评议的科技类专业大学生创业能力特征要素①

序号	选项	最重要	重要	一般	不重要	最不重要	积分
1	机会识别能力	7	10	1	0	0	1
2	资源整合利用能力	6	9	2	0	1	5
3	团队组织管理能力	5	10	3	0	0	3
4	公共关系处理能力	3	6	8	1	0	10
5	战略制定能力	6	8	3	1	0	5
6	人力开发管理能力	3	10	5	0	0	5
7	机会评估能力	4	8	6	0	0	6
8	风险评估能力	7	8	3	0	0	3
9	创新方法使用能力	8	6	4	0	0	4
10	沟通能力	6	6	5	1	0	7
11	筹资能力	2	7	6	3	0	12
12	学习能力	7	7	3	1	0	5
13	承诺能力	6	8	4	0	0	4
14	决策能力	9	8	1	0	0	1
15	创新思维能力	10	7	1	0	0	1
16	市场预测判断力	4	11	3	0	0	3
17	信息获取加工能力	6	8	4	0	0	4
18	市场开拓能力	6	8	4	0	0	4
19	制度设计能力	3	7	8	0	0	8
20	抗挫折能力	10	7	1	0	0	1
21	自信	12	5	1	0	0	1
22	诚信	16	2	0	0	0	0
23	坚韧	11	7	0	0	0	0
24	责任心	15	3	0	0	0	0
25	进取心	11	6	1	0	0	1
26	敢于质疑	4	12	2	0	0	2
27	自律精神	8	7	3	0	0	3
28	职业道德	12	6	0	0	0	0
29	勤奋工作	5	11	2	0	0	2
30	精力充沛	5	10	3	0	0	3
31	人格感染力	5	9	3	1	0	5
32	乐观积极	8	7	3	0	0	3
33	分享	2	11	4	1	0	6
34	科技敏感度	10	7	1	0	0	1
35	对技术使用熟练度	3	6	8	1	0	10

① 本表中，除"积分"栏外，其余各栏的数字代表该选项在各个评价当中出现的频次。例如"机会识别能力"一项，在 18 位评价者当中，认为它"最主要"的有 7 位，"重要"的有 10 位，"一般"的 1 位。

续表

序号	选项	最重要	重要	一般	不重要	最不重要	积分
36	身体健康	4	13	1	0	0	1
37	较高的智商	2	6	10	0	0	10

"科技类专业大学生创业能力特征要素群落"建立之后,本书采用李克特 5 级量表的形式,将集群内的 37 项特征要素设计成问卷,邀请 18 位具有 8 年以上青年创业指导的行业专家进行填答,之后汇总 18 位专家的问卷调查及开放式问题的回答,得出专家对 37 项要素的评价意见。

在打分表中,积分原则为记负面评价分,即:一般记 1 分,不重要记 2 分,最不重要记 3 分,相加得其积分。[①] 经计算,各项积分平均值为 3.8。因此,积分在平均值以下的要素将直接送至备选指标池中,积分在平均值以上且在 10 分以下的要素将有条件保留,待下一步评议后考虑其取舍,积分在 10 分以上(含 10 分)的特征要素将直接剔除。按照打分结果,公共关系处理能力、筹资能力、技术使用熟练度、较高智商等 4 项特征要素被筛选。此外,18 位受访者当中有 10 位在开放式问题中提出应补充工程、试验类的科技类专业大学生科技能力相关特征要素。至此,本书得出"科技类专业大学生创业能力评价备选要素池"如下。

表 10 - 2 　　　　科技类专业大学生创业能力评价备选要素池

备选性质	备选指标项
保留备选要素	机会识别能力、团队组织管理能力、风险评估能力、决策能力、创新思维能力、市场预测判断力、抵抗挫折能力、自信、诚信、坚韧、责任心、进取心、敢于质疑、自律精神、职业道德、勤奋工作、精力充沛、乐观积极、科技敏感度、身体健康
有条件保留备选要素	资源整合利用能力、战略制定能力、人力开发管理能力、机会评估能力、创新方法使用能力、沟通能力、学习能力、承诺能力、信息获取加工能力、市场开拓能力、人格感染力、分享
补充备选要素	实验能力、工程能力、技术能力

---

① 例如,"资源整合利用能力"选项中,选"一般"的频数为"2"记 2 分,选"最不重要"项的频数为"1"记 3 分,共计 5 分。

在这个要素体系当中，"创业精神"一级要素体系主要的依据是参考胜任力理论。该理论认为高绩效的工作（岗位）胜任者会具有一定的管理心理学意义上的特征，从而支持其称职的表现。在备选要素池当中的选项也支持了这一观点。以此为基础，本书采用小组讨论法和文献内容分析法的形式，对备选要素进行整合和重新命名，形成涵盖9项三级指标、4项二级指标的一级指标。

"创业科技能力"一级要素体系主要是指科技类专业大学生创业者开展以技术类为主的创业活动时所独有的专业能力。在设计理念上，它既要体现出理工科学生的思维特点，也要体现出科技类专业大学生偏重实操的培养特点，还要体现出这一群体的务实作风。这一体系主要参考了人力资本的养成及特点理论，同时采用访谈法，对在京以理工类特色为主的大学内的管理学界学者、理工科专业教师、技术型企业创办者等群体进行访问，得出涵盖12项三级要素、4项二级要素的一级要素体系。

"创业管理能力"一级要素体系主要是指科技类专业大学生创业者开展创业活动所应具有的创业过程管理能力。该体系主要借鉴了蒂蒙斯—克里斯蒂安的创业过程理论。为了准确理解创业过程理论，笔者对中国人民大学、中国青年政治学院、中央民族大学等在京高校的蒂蒙斯创业过程理论专家开展专项访问，同时阅读蒂蒙斯—克里斯蒂安的创业学文献，经小组讨论，得出涵盖8项三级要素、3项二级要素的一级要素体系。

该要素体系的建立，得到了18位创业企业家、5位科技教育管理专业教授、5位创业教育专业教授（副教授）、3位理工科专业教授（副教授）的指导，与4位管理学博士开展了历时3个月的定期小组讨论而初步建立。该体系的科学性、严谨性、逻辑性得到了进一步增强，可以以此为基础设计科技类专业大学生创业能力评价问卷。由于该体系的建立主要还是基于理论分析和专家访谈，故而名之为"要素体系"。其实用性和适用性仍未得到验证，因此需要问卷调查取得的数据进行测试，由测试结果结合其他实证分析方法，得出最终的评价指标体系。

三 问卷的预试过程及取样情况

（一）问卷预试过程

预试的对象，分别是在校科技类专业大学生、高校教师，创业企业家。根据不同的对象采取不同的问卷进行调查。本次问卷调查在北京、大连、宁波、温州四个城市开展预测试，采用现场集中答题的形式展开，所得到的数据将为问卷的调整和最终评价指标体系的建立提供直接依据。

　　需要指出，选择北京、大连、宁波、温州的高校及创业企业进行调研的理由在于：首先，四地均属全国经济发达地区。北京市和大连市属于北方泛环渤海湾经济区域的城市代表，宁波和温州同属浙江，跨"长三角"经济区域及海峡两岸经济圈，属于东部沿海地区经济发达城市的典型代表。四地的选择既体现经济发达地区的共性，也可以体现出南北方地域差异。其次，四地均属我国大学生创业教育发达地区。因此本次调研取样对象所在区域具有较高的典型性、代表性。

　　（二）预试阶段取样样本量计算依据

　　预试的目的主要是为正式的实证评价提供经由因子分析法测试的评价指标和可资使用的调查问卷。因此，此次取样的样本量主要取决于因子分析的需要。进行因子分析时，预试样本应为多少才能使结果最为可靠，学者间没有一致的结论，但目前多数学者均赞同因素分析要有可靠的结果，受试样本数要多于量表题项。具有代表性的观点有，Comrey 提出受试样本的数量应该和量表题目数量相一致，Gorsuch 在数量上提出因子分析时受试样本不应少于 100 人，Tinsley 认为受试样本数量和每个分量表题目数量的比例应该是 1:1 至 1:10 之间，我国统计学著名学者吴明隆提出综合性的观点，认为分量表题目与受试者的比例至少为 1：3，且总数不应少于100 人。[①]　因此，本次预测的取样规则将按照吴明隆取样法计算取样数量，本次预试分量表 1 "创业精神"题目有 27 项，分量表 2 "创业科技能力"题目有 36 项，分量表 3 "创业管理能力"题目有 24 项，相对应的采样人数分别不应少于 81 人、108 人以及 72 人。为保证样本数既要充分支撑预测试需要，又要符合研究成本经济化的考虑，故此认定此次预试拟采样本数取最大值，即不应少于 108 份。本次预试经综合计算高校版和社会版共取得有效样本数为 157 份，达到预试的要求，可以满足因子分析的基本需要。

---

　　①　具体方法参见吴明隆《SPSS 统计应用实务》，中国铁道出版社 2001 年版。

(三) 高校取样调查情况

高校的在校科技类专业大学生是科技型创业活动的主要潜在主体。调查的高校教师，或为理工科专业教师，或为学校创业教育研究者，他们是学生在校期间创业能力培养的执行者，对学生创业能力有较深了解，对专业细节和存在的问题有较深理解。然而在校师生由于普遍缺乏创业实践经历，对于创业能力的评价主要来自于间接经验，因此其评估意见虽具有重要的参考价值，可以成为综合评估的组成部分，但不作为本次调研的主体。对这一类群体本项调查采用了随机问卷调查法。为了取得较好的调查效果，在全国不同地区的 4 所以理工类专业见长的高校（北京 1 所、大连1 所、宁波 2 所）中选取了相关师生进行调查。共发放调查问卷 60 份，回收有效样本 51 份，回收率 85%。其中，科技类专业大学生占 70%，教师占 30%。研究选取的随机样本，调查对象的统计学指标见表 10—3。

表 10 - 3   高校调查对象的统计学指标（N = 51）①

变量	类别	百分比
性别	男	51.92%
	女	48.08%
年龄	20—29 岁	84.62%
	30—39 岁	9.62%
	40—49 岁	1.92%
	50—59 岁	3.84%
	60 岁以上	0
教育程度	大学专科	3.84%
	大学本科	88.46%
	硕士	5.77%
	博士	1.93%
职业	在校学生	84.62%
	大学专业课教师	9.62%
	大学创业教育的管理者/研究者	5.76%
接受创业培训	是	63.46%
	否	36.54%

① N 指样本数量。下文均同。

总体而言，高校调查对象性别分布平均，年龄主要集中在30岁以下，以大学本科学历为主，主要是在校学生，并且有大部分人曾经接受过创业培训。这样的样本分布是符合本书需要的。

（四）企业取样调查情况

问卷调研的企业对象主要是科技型企业的创办者或身为股东的中高级管理者。他们是创业活动的具体参与者，对创业活动有较深的了解，对于创业能力的体认来自于实践的经验，故此可以作为本次调研的主要受访对象。本书在北京、大连、宁波、温州等地的科技园或者大学生创业孵化园进行实地访谈和随机问卷调查，四地共有97家科技型企业的创业者接受调查，发放问卷130份，回收有效问卷106份，回收率81.5%。企业调查对象的统计学指标见表10—4。企业绩效基本情况见表10 – 5。

表 10 – 4　　　　　企业调查对象的统计学指标（N = 106）

变量	类别	百分比
性别	男	71.70%
	女	28.30%
年龄	20—29 岁	43.40%
	30—39 岁	36.79%
	40—49 岁	15.09%
	50—59 岁	3.77%
	60 岁以上	0.95%
教育程度	高中以下	12.26%
	大学专科	35.85%
	大学本科	38.68%
	硕士	9.43%
	博士	3.78%
职业	企业创办者	64.15%
	企业中高级管理者	24.53%
	政府及社会组织创业管理指导者	1.89%
	其他	9.43%
接受创业培训	是	66.04%
	否	33.96%

表 10 – 5　　　　　　　　　　企业调查对象的绩效情况

变量	类别	百分比
自己是否开办企业	是	73.58%
	否	26.42%
所在企业创办的时间	不到 1 年	23.58%
	1—3 年	40.57%
	4—10 年	25.47%
	10 年以上	10.38%
从事的行业	农、林、牧、渔业	5.66%
	工业	19.81%
	建筑业	4.72%
	批发业	14.15%
	零售业	15.09%
	交通运输业	0.94%
	仓储业	0.94%
	信息传输业	2.83%
	软件信息技术	6.60%
	房产开发	0.94%
	物业管理	1.89%
	租赁和商务	0.94%
	其他行业	25.49%
全职工作的人数	5 人以下	39.62%
	6—10 人	18.87%
	11—20 人	12.26%
	21—100 人	19.81%
	101 人以上	9.44%
年均销售纯利润	10 万元以下	26.42%
	11 万—50 万元	35.85%
	51 万—100 万元	12.26%
	101 万—300 万元	10.38%
	301 万—500 万元	8.49%
	501 万—1000 万元	2.83%
	1001 万—3000 万元	0.94%
	3001 万元以上	2.83%

续表

变量	类别	百分比
销售利润增长率较高①	1分（完全不符合）	6.60%
	2分	13.21%
	3分	50.94%
	4分	20.75%
	5分（完全符合）	8.50%
投资回报率较高	1分（完全不符合）	3.77%
	2分	5.66%
	3分	45.28%
	4分	32.08%
	5分（完全符合）	13.21%
市场份额增长率较高	1分（完全不符合）	1.89%
	2分	15.09%
	3分	45.28%
	4分	25.47%
	5分（完全符合）	12.27%
员工缺勤率、离职率较低	1分（完全不符合）	5.66%
	2分	7.55%
	3分	26.42%
	4分	29.25%
	5分（完全符合）	31.12%
员工有较强烈的归属感及较高的忠诚度与满意度	1分（完全不符合）	3.77%
	2分	3.77%
	3分	29.25%
	4分	34.91%
	5分（完全符合）	28.30%
顾客愿意不断购买并使用贵公司已有及新开发的产品或服务	1分（完全不符合）	4.72%
	2分	2.83%
	3分	29.25%
	4分	38.68%
	5分（完全符合）	24.52%
顾客对贵公司非常信任，乐意提出产品或服务方面的改进意见	1分（完全不符合）	1.89%
	2分	2.83%
	3分	28.30%
	4分	36.79%
	5分（完全符合）	30.19%

① 说明：1分表示完全不符合；2分表示基本不符合；3分表示有些符合；4分表示基本符合；5分表示完全符合。

从样本分布总体情况观察，企业调查对象男性多于女性，大多数人集中在 40 岁以下的年龄段，主要的教育程度集中在大学专科和本科，绝大多数属于企业的创办者或中高级管理者，对于创业培训也并不陌生。这样的样本群体符合研究需要。从社会版问卷受访者的企业类型来考察，主要集中在企业初创期（3 年以下），行业类型分布多样化，工业、批发和零售行业占比略多。企业的全职工作人员主要是 5 人以下，年销售利润主要集中在 50 万元以下。这样的企业基本可以判定为初创企业，其绩效评估也是符合初创企业的特征，表现在财务指标方面，销售利润、投资回报率乃至市场份额增长有空间，与成熟企业相比仍有差距；非财务指标方面，员工表现令人满意，顾客忠诚度和参与度发展较高，体现出旺盛的生命力。

四 科技类专业大学生创业能力评价指标的确立

本书将收集到的问卷样本进行探索性因子分析，首先开展 KMO 统计量和巴特利球形检验，以此判断是否适合开展因子分析。其次进行因子提取及再命名，最后对因子结构进行信度检验。

（一）KMO 统计量和巴特利球形检验

统计学中，当 KMO 值越大时（越接近 1 时），表示变量间的共同因素越多，变量间的相关系数越低，越适合进行因素分析。依据学者 Kaiser 的观点，KMO 值进行因素分析的普通准则至少在 0.6 以上。巴特利球型检验用于检验数据的分布，以及各个变量间的独立情况。可接受的显著性概率值为 0.000 < 0.05。此次检验结果如下表所示：

表 10 - 6 　　　　　　KMO 统计量和巴特利球形检验结果

	取样足够度的 KMO 度量值	巴特利球型检验（P）
创业精神量表	0.897	0.000
创业科技能力量表	0.90	0.000
创业管理能力量表	0.90	0.000

可见各量表 KMO 值呈现质量为良好（> 0.800）至优秀（> 0.900）的标准，表明该预测试卷的各个题目之间具有共同的因素存在，适合进行因素分析。显著性概率值为 0.000 < 0.05，适合进行因素分析。

（二）因子提取及再命名

本书采用主成分分析法进行因子分析，采用最大变异法进行直交转轴，转轴时采用内定的 Kaise 正态化方式处理。本书依循 3 个基本原则对不合适的题目进行删减：删除在两个或两个以上的公共因子上具有接近因子载荷的题目，即某个题目在两个或两个以上的公因子上的载荷差不多（这里采用的删除标准是因子载荷的数值为小数点后第一位数字相同）；某个公因子下只有 1 个题目，这样的题目要删除；删除在公共因子上的最大载荷小于 0.35，共同度小于 0.4 的题目。

"创业精神"量表各因子旋转在 14 次迭代后收敛。由于是直交转轴，故综合总系数可视为变量与因素相关系数矩阵，即因素结构矩阵。依据以上原则，创业精神量表删除 1 个题目，共提取公共因子 6 个，共可解释 65.338% 的原变量信息。"创业科技能力"量表经过 3 次计算，删除 7 个题目，提取 5 个公共因子，共可解释 66.568% 的原变量信息。"创业管理能力"量表无题目删除，量表提取 4 个公共因子，共可解释 66.204% 的原变量信息。各提取的公共因子按照语义分析法、内容分析法的要求重新进行命名。

（三）信度检测

信度指量表一致性或稳定性的程度。信度测量的标准系数常用的是科隆巴赫（Cronbach）Alpha 系数。行为研究及心理学研究当中，一般能力与成就测验的信度系数在 0.90 以上。"创业精神""创业科技能力""创业管理能力"等 3 个量表的信度值见下表：

表 10-7　　　　　　　　　　　量表信度测试结果

	科隆巴赫 Alpha	基于标准化项的科隆巴赫 Alpha	项数
创业精神	0.926	0.928	26
创业科技能力	0.955	0.955	29
创业管理能力	0.957	0.957	24

总体而言，调整后的指标体系，其指标内容未有实质性删改，这证明以理论导向的指标选取经受住了实践的考验，理论与实践在本书的评价指

标框架内达成合意。

(四) 科技类专业大学生创业能力评价指标权重

本书以 AHP 层次分析法处理指标体系之权重问题[①]。以一级指标权重计算为例，邀请 8 名专家 (包括理工科专业教师、创业学者、科技创业型企业家等) 对各指标进行分析判断，再对专家个体判断矩阵中的极端判断信息进行剔除。首先计算所有专家个体判断矩阵中每一信息元素的算术平均数和标准差，其次剔除超过算术平均数两个标准差以外的个体判断信息，然后再次计算算术平均数，以此作为专家对这一元素的综合判断信息，最后综合成专家群体判断矩阵，如表 10—8 所示。

表 10 - 8　　　　　　　　创业能力评价一级指标判断矩阵

大学生创业能力	创新精神	创业科技能力	创业管理能力
创新精神	1	1/2	3/2
创业科技能力	2	1	3
创业管理能力	2/3	1/3	1

在科技类专业大学生创业能力评价一级指标专家群体判断矩阵基础上，计算该判断矩阵的最大特征值 $\lambda_{max} = 3$ 及相应的标准化特征向量 W = [0.27, 0.54, 0.18] T。

一致性检验：一致性指标 $CI = \dfrac{\lambda\ max - n}{n - 1} = \dfrac{3 - 3}{3 - 1} = 0$

一致性比率 $CR = \dfrac{CI}{RI} = \dfrac{0}{0.58} = 0 < 0.10$

因此认为，该专家综合判断矩阵具有满意的一致性，计算出来的特征向量是认可的，即大学生就业能力评价各一级指标的权重，"创业精神"权重 0.27，"创业科技能力" 0.55，"创业管理能力" 0.18。据此计算方法可算出各二级和三级指标的权重，最终得出科技类专业大学生创业能力评价指标体系及其权重如下。

---

① AHP 层次分析法 (Analytic Hierarchy Process)，是对定性问题进行定量分析的一种社会学分析方法。

表 10 - 9　　**科技类专业大学生创业能力评价指标体系**

一级指标	二级指标	三级指标
创新精神 （0.27）	行动能力（0.17）	开拓事业（0.6）
		积极竞争（0.4）
	务实质疑（0.12）	质疑精神（0.5）
		抵抗挫折（0.5）
	个人素养（0.17）	职业品质（0.6）
		人文修养（0.4）
	改革意愿（0.17）	改革意愿（1）
	承担责任（0.17）	承担责任（1）
	事业成就感（0.2）	事业成就感（1）
创业科技能力 （0.55）	创新思考能力（0.3）	创造性思考能力（0.5）
		科技思维敏感度（0.3）
		科研实验理解能力（0.2）
	过程控制能力（0.2）	问题意识（0.5）
		数据分析处理能力（0.2）
		科研实验设计能力（0.3）
	科技表达能力（0.1）	技术吸收理解能力（0.6）
		科技报告撰写能力（0.4）
	工程实践能力（0.1）	工程设备操作维护能力（0.4）
		工程过程质量控制能力（0.6）
	成果转化能力（0.3）	技术实现能力（0.5）
		技术转化能力（0.5）
创业管理能力 （0.18）	机会评估能力（0.31）	机会评估能力（1）
	资源整合能力（0.15）	资源识别能力（0.7）
		战略决策能力（0.3）
	团队控制能力（0.23）	团队建构能力（0.5）
		团队运行能力（0.5）
	创业实践能力（0.31）	机会使用能力（0.4）
		资源使用能力（0.4）
		沟通能力（0.2）

第二节 科技类专业大学生
创业能力评价

在开展创业能力评价指标体系建设之后，应据此采用科学方法开展实地的创业能力评价，厘清我国科技类专业大学生创业能力的水平，由此构建评价模型。同时采用案例研究的方法，对评价结果进行定性层面上的验证。

一 运用模糊综合法开展创业能力实证评价

综合评价研究的方法大体可以分为两类。一类属于基于经验的传统方法，如专家打分评价法，其特点是适用面广，计算简单，解释较为直观易于理解，主要缺点是主观随意性较大；另一类是基于数学的理论方法，如层次分析法（AHP）、模糊综合评判法、数据包络分析法（DEA）、人工神经网络评价法（ANN）、灰色综合评价法等，其特点是理论基础牢固，可在最大限度上排除主观因素的干扰，提高综合评价的客观性和公正性，因此目前被社会科学领域研究者的广泛采用。本书集成了层次分析法与模糊综合评判法对创业能力进行评价。在运用层次分析法确定各指标的权重后分层次进行模糊综合评判，最后综合总评价结果。

（一）取样基本情况

为厘清目前我国科技类专业大学生创业能力的水平，特以评价指标体系生成调查问卷，对北京、重庆、宁波、武汉4个城市的9所高校开展实证调查。这些高校分布于东部、中部、西部三大经济地区，类型涉及理工院校和综合性大学，性质包括公办大学和民办院校，层次包括"985工程"院校、"211工程"院校及一般院校。调查随机发放调查问卷1200份，其中向理工科学生发放900份，高校教师100份，创业者200份，共计回收有效问卷1096份。调查对象的统计学指标见表10—10。

表 10 – 10　　　　　　　调查对象的统计学指标（N = 1096）

变量	类别	百分比
性别	女	27.17%
	男	72.83%
年龄	20—29 岁	70.75%
	30—39 岁	24.21 %
	40—49 岁	3.02%
	50—59 岁	1.96%
	60 岁以上	0.06%
受教育程度	博士	0.22%
	硕士	2.22%
	大学本科	68.96%
	大学专科	25.17%
	高中及以下	3.43%

（二）实证评价过程

首先，建立评价指标集。主准则层评价指标集的建立：U ＝ {U1，U2，U3}。其中 U—科技类专业大学生创业能力评价指标集；U1—创新精神；U2—创业科技能力；U3—创业管理能力。其次，建立评语集。以评价者对评价对象可能做出的各种总的评价结果为元素建立评语集，本书设置评语等级数为 5，即评语集为：V ＝ {V1，V2，V3，V4，V5}。其中，V—评语集合；V1—非常不满意；V2—不满意；V3——一般；V4—满意；V5—非常满意。最后，采用模糊综合评价法对各能力综合评价值进行汇总排序。具体步骤为：首先，构建单指标模糊评价关系矩阵 R ＝（rij）m × n，其中 rij 表示从评价指标 ui 着眼，该评判对象能被评为 vj 的隶属度，rij 表示第 i 个因素 ui 在第 j 个评语 vj 上的频率分布；然后，引入 V 上的一个模糊子集 B ＝ A ＊ R（＊为算子符号，一般采用普通矩阵乘法；A 为该评价指标的对应权重向量），称 B ＝（b1，b2，…，bn）为模糊评价，如果评判结果 $\sum b_j \neq 1$，应将它归一化。bj 表示被评价对象具有评语 vj 的程度，具体反映了评判对象在所评判的特征方面的分布状态。这样求出的 B 仍然是一个列向量，还不能直接用于各评价对象的比较与排序，因此尚需进一步的分析处理。设相对于各评语等级 vj，给定参数列向量：C = （c1，c2，…，cn）T，则可以求出等级参数评判结果为：p = B×C，由于 p 是一个实数，就可以根据 p 的大小对不同评价对象的优劣进行比较与排序。

以"创业科技能力"为例，首先从指标层因素集中的单个因素出发进行评价，计算综合评价值。例如根据受访者回答数据建立"创新思考能力"单项的模糊评价关系矩阵，其中，科技思维敏感度由 3 道问题表征，科研实验理解能力由 2 道问题表征，则取本指标所有问题相对应的评语等级隶属度的平均值，作为该指标的隶属度。全部指标做相同处理。其次建立二级模糊综合评价。根据数据建立模糊评价关系矩阵，提取权重向量。提取准则层因素的权重向量，计算综合评价值。同理可对"创新精神"和"创业管理能力"进行评价。最后开展三级模糊综合评价，均按照上述方法计算综合评价值，此处不赘述。

（三）实证评价结果

通过模糊综合评价，最后得出如表 4 显示的科技类专业大学生对创业能力评价的结果。按照非常满意为 95 分，满意为 85 分，一般为 70 分，不满意为 60 分，非常不满意为 50 分进行赋分，得出科技类专业大学生创业能力得分。设定 85 分及以上为优秀，80—84 分为良好，60—79 分为合格。

表 10 - 11   科技类专业大学生创业能力评价结果

	非常不满意	不满意	一般	满意	非常满意	分数	等级
总体	0.0208	0.0455	0.2250	0.3506	0.3581	83.34	良好
创新精神	0.0198	0.0442	0.2010	0.3298	0.4052	84.24	良好
创业科技能力	0.0201	0.0515	0.2731	0.3596	0.2958	81.88	良好
创业管理能力	0.0225	0.0408	0.2009	0.3625	0.3733	83.91	良好

从表 10—11 可以看出，总体而言科技类专业大学生创业能力处于良好的水平，其中创业管理能力和创业精神基本持平，创业科技能力相对较低。可见科技类专业大学生在创业科技能力是其创业能力结构中的重心，

但也是相对的短板，仍有提升空间。

上述现象可以参考蒂蒙斯（Timmons）创业过程理论进行初步解释。在创业初期需要创业者具有深厚和良好的专业能力，对于科技类专业大学生而言，科技能力的水平可以很大程度上左右其发掘和把握机会的质量，而科技能力的提升则有相当的难度。科技能力对除了机会以外如资源应用和团队管理等创业管理能力以及创业精神的影响程度较弱，且此类管理能力和创业精神在创业初期要求较低，大学生经过几年系统性的高等教育基本可以达到初步应对的程度，故评价较好。然而需要注意的是，到了创业中期阶段则对资源应用和管理能力有了大幅度的提升要求，对资源的重组、机会的再创造、团队的运行提高到战略高度。本书观察对象主要是在校大学生，符合创业初期甚或前创业阶段主体的能力表现。

二　科技类专业大学生创业能力评价结果的案例验证

本书开展了基于深度访谈的案例分析，以期从定性的角度对实证评价结果进行验证，并丰富实证分析的结构与内涵。

（一）案例研究的设计

案例研究旨在解决如下问题：科技类专业大学生创业者真实体验和表现出来的创业过程能否以及在多大范围内重现创业能力评价体系指标，其表现出来的特征和问题与定量实证得出的结果契合度有多高。在流程设计上重点解决以下问题：案例选择的原则和数量、案例研究主要采用的资料、资料获得的方式。

本书案例选择的首要原则是典型性，这也和选择案例的数量有关系。Eisenhardt 认为从案例研究中构建理论至少需要 4 个以上的案例，或 1 个案例中嵌套几个小案例，否则结论难以令人信服。[1] 但是 Yin 认为单案例研究在特定条件下有其独到的价值，而且许多适用于单案例研究的情况并不适合进行多案例研究。本书采用 Yin 的观点，认为案例数量对评判案例研究方法品质的判定的影响是很小的。通过对单个或者少数典型案例进行细致的研究发现新的理论关系，改进旧的理论体系，就应当更加聚焦于重

---

[1]　Eisenhardt K. M. "Building theories from case study research", *Academy of Management Review*, 1989, 14（4）, pp. 532—550.

点案例的深度研究而非泛泛地对众多案例进行表面研究，案例研究的品质在于它的效用而非案例数量。因此对于创业案例研究，可根据收集资料的难度和研究问题的具体需要来选择案例数目。

本书采用双案例（Two-case）分析法，选择两个典型性案例进行分析。为保证案例的典型性，首先，案例的对象必须是科技类专业大学生；其次，创业的时间在 3 年以内，符合企业生长周期理论对于创业期的规定；再次，创业的内容和技术类创新相关；最后，在地域分布上，西部地区选择一例以补充在指标构建时未在西部采样的不足，东部地区选择一例以期加深和验证之前定量分析的结论。案例采集地分别是重庆市和北京市，两地均为区域性政治、经济、科技、文化教育中心，且在高校创业方面代表国家先进水平，因此具有较好的典型性。

对访谈内容和访谈题目的确立，主要参考创业过程理论进行设计，以受访者回顾其创业过程为主线开展访谈。其优势是以时间为线索容易达成访谈的一致性，随着访谈的深入容易唤醒受访者的记忆。

案例研究通常采用的资料有 6 个来源，分别是文件、档案记录、访谈、直接观察、参与性观察、实物证据。本书受到异地调研的时间和经费限制，参与性观察和档案记录不具有较高的操作性，而大学生创业处于初级阶段，实物证据较少获得。因此本书主要采用访谈的形式获得资料，辅助采用文件和直接观察的形式。资料获得的方式及流程，首先参考 Yin 提出的案例访谈要素及伦理要求设计《案例访谈知情同意书》（详细格式见附录）。之后采用电话联系的方式确定受访者，在约定的时间和地点实地开展访谈。访谈开始前对受访者宣读《案例访谈知情同意书》，待获得其同意后开始进行访谈并记录，访谈结束后通过查阅文件和直接观察的形式收集辅助信息。整理完毕案例材料后结合文件材料形成文字整理版发给受访者，请其对内容的真实性进行确认，对有异议的地方进行修正，由此形成最终的案例研究分析资料。

对案例资料的处理和分析的原则是：对访谈文字资料进行表格化处理，提取其能力特征，计算其数量在多大程度上与创业能力评价指标体系相重合，相符程度若小于 60% 则判定为不合格，重新开始收集分析案例的过程。可接受的案例进入描述分析阶段，结合时间序列大事记等对其能力结构特征进行描述，最后得出验证性结论。

（二）案例 1：重庆大学生创业案例

本案例访谈对象是重庆某大学生命科学学院的丁同学（水污染处理创业团队负责人），生物学专业，理科生。访谈前由访谈员向受访者宣读并解释案例访谈知情同意书，待其表示同意后开始录音。本次访谈要求受访者回答 3 个问题，分别是：（1）介绍你的背景。（2）你的创业过程是怎样的？（3）回想起来，创业对于你意味着什么？应受访者隐私保护要求，不公开其姓名和企业名称。

以下是访谈资料的文字整理版及能力特征提取简表。

表 10 - 12　　　　　重庆案例访谈受访者创业能力特征提取表

问题	回答	能力特征提取
（1）介绍你的背景。	我是江苏泰州人，重庆某大学生命科学学院 2011 级学生。我从小就对生物感兴趣，高中时特地从文科转到理科，因为我心里的目标，就是将来要从事生物教育或科学研究。我的父母不是很赞成，我爸爸是居委会办事人员，妈妈那边一大家子全是公司会计，从小家里对我的期望是做会计，我没听他们的。	事业成就感 质疑精神
（2）你的创业过程是怎样的？	选择这个项目具有一定偶然性。2011 年冬天，我参加学院带队的教委大学生创新训练计划项目比赛，现场观摩的时候，我对一项生物学方向的研究课题，叫作"某某（某种真菌，按照受访者要求隐去其名）对重金属离子镉的富集作用分子机理研究"产生了兴趣。我联想到，重庆市内大约有 20% 多的园林水景观、养殖池塘水质污染十分严重，还有近一半的水质污染比较严重，但一直缺乏环保有效的解决措施。当时有很多技术，我对这种生物解决水质问题的方式最感兴趣，因为符合我的专业方向，也可以在这个技术的基础上改进，所以最终选了这个项目。	创新思考能力（含 3 项） 机会评估能力 改革意愿 问题意识 技术吸收理解能力 科研实验设计能力

续表

问题	回答	能力特征提取
	回到学校以后我和学院的领导和老师谈了我的想法，老师们很支持，我的研发团队是由我们学校化工技术、环境科学类专业的同学组成的，现在我们在实验室中已经自主培育和种植了某某，这是一种真菌，它具有吸收重金属离子和有机杂质生长、抑制细菌繁殖的作用。过程比较曲折，这种真菌是比较少有的，我们不断改良，不断实验，自己摸索，实在搞不清楚的，就请老师帮忙，遇到过较大的挫折，但是都坚持过来了。现在不管怎么说，技术上基本成熟了，达到了市场化运作的要求。	数据分析处理能力 工程实践能力（含2项） 成果转化能力 （含2项） 抵抗挫折
	初期市场很难跑，一般重庆市的园林景观之类的地方，它的水质处理基本上是被大企业垄断了。没办法，我回到学校联系了老师，在老师的指导下，我学会了一些基本的企业管理和市场运营知识，写基于技术优势的创业计划书。目前我们能做到的，是一步一步开拓小市场，采取先服务再收费的模式，在市场上积累口碑，然后通过参加重庆市或者全国的技术型比赛或者创业比赛扩大知名度，吸引潜在客户和潜在投资者的目光。说实话，在这一点学校帮了我不少忙，我的第一笔外部融资20万元就是在学院的帮助推荐下拿到的。我的团队一开始只有2人，主要是做研发，后来业务需要，有了财务部门和市场部门，目前有10个人在团队里。公司正在进行工商注册手续，名字叫重庆某某环保净水科技有限公司。	科技报告撰写 职业品质 创业实践能力 （含3项） 开拓事业 资源识别能力 团队建构能力
(3) 回想起来，创业对于你意味着什么？	我想我这几年创业最大的收获就是个人的综合提升。创业让我发现了知识和技能的欠缺，本专业的专业技术太重要了。所以目前我想等毕业了还是要继续读研究生，同时做深这个项目，提高我自己的专业水平。另外团队的成员对于我也很重要，我的团队中有退出的，很影响项目进展，我觉得做事不够踏实、责任心差的人，很难融入我的团队。	团队运行能力

依据重庆受访者提供的文件总结其创业项目大事记如下：

2011 年 11 月，参加比赛，观摩时诱发想法，开始酝酿创业项目。

2012 年 2 月，组建团队正式开始技术研发。

2013 年 6 月，核心技术基本研发成功。

2013 年 12 月，联系完成了 2 个净化业务，第一次获得市场认可。

2013 年 12 月，参加了重庆市第四届创业大赛，获得一等奖。

2014 年 1 月，外部融资成功，获得 20 万元前期投资。

2014 年 10 月，重庆创新创业大赛总冠军。

2014 年 11 月，注册成立公司。

通过对访谈内容及受访者提供的材料分析，可以看出受访者所表现出来的能力特征有 25 项，可以重现全部指标的 86.2%，在本书中是可以接受的。该受访者在创业科技能力方面表现较多，这一维度多项指标的特征可以进行提取。丁同学认为在未来他应该攻读研究生学位，目的是增强其技术能力，而观察其创业团队的发展历程，其技术开发长达 1 年的时间，这两项特征体现两个可能的解释：一方面，它在一定程度上印证了创业科技能力在评价体系权重层面的重要性；另一方面则表明受访者在现实中的创业科技能力方面有所欠缺，不足以支撑其创业的全局，需要进一步深造学习。其指标特征在创业精神方面表现相对较弱，丁同学也提出在市场开拓环节遇到困难，1 年的时间内主要是依靠学校资源进行解决，而其个人的行动能力、承担责任、战略决策能力、人文素养等要素也不明显。这样的能力结构可能会限制其未来的发展。通过对其特征的整体描述，可以看出该案例符合评价指标体系的内涵，并且符合对科技类专业大学生的创业能力进行实证评价的结论。

（三）案例 2：北京大学生创业案例

本案例访谈对象是北京某大学信息学院黄同学（虚拟现实技术研发创业团队负责人），计算机科学与技术专业本科大三学生，工科生。访谈前由访谈员向受访者宣读并解释案例访谈知情同意书，待其签字表示同意后开始录音。本次访谈要求受访者回答 3 个问题，分别是：（1）介绍你的背景。（2）你的创业过程是怎样的？（3）回想起来，创业对于你意味着什么？应受访者隐私保护要求，不公开其姓名和企业名称。

以下是访谈资料的文字整理版及能力特征提取简表。

表 10 − 13   北京案例访谈受访者创业能力特征提取表

问题	回答	能力特征提取
(1) 介绍你的背景。	我叫黄某，北京某大学信息学院计算机科学与技术专业，本科大三学生。我是山东青岛人，家里人在企业和事业单位工作。 开始对互联网创业活动感兴趣是在高中时期产生的。那时候我迷上了《电脑报》，那里有大量的 IT 行业信息和创新性的文章，让我看得很激动。我觉得互联网，尤其是移动互联网是个大的发展趋势，也是我感兴趣的领域。可是报刊里深入的技术文章不太看得懂，所以我想等考大学时一定要学这个专业。高考结束后填报专业，我的分数超过了一本线几十分，所以就大着胆子报考了北航这所理想的高校，山东的学生报考北京高校并不容易，最终并没有被北航录取。但我还是觉得一定要到北京去学习，哪怕不是一本学校。因为北京是首都，是多少人理想中的腾飞之地，有其他地方不具备的科技优势和资源优势，事业平台更好，所以尽管家里人对我的选择非常不理解，我还是放弃了地方重点大学来到北京读书。	
(2) 你的创业过程是怎样的?	我的创业过程比较曲折，经过了几次转型。 大一的时候我就更关注实用技术，掌握了网站开发的各种技能。那时和一个朋友一起，我们两个试着做了一个"高考志愿估分填报系统"，算是我通过各种实验做的第一个成型的产品。这个产品成型之后，紧接着的商业开发并不理想，是因为大一的时候商业化的思路和战略眼光并不成熟，只在几所学校做过推广之后便停滞了。资金问题、营销方案、产品的权威性，这都是这次创业没有绕过的坎。	实验操作能力 实验设计能力 技术吸收能力 资源识别能力 资源使用能力

续表

问题	回答	能力特征提取
	大二的时候我的研究重点转移到了移动互联网领域，我参加了"华北五省计算机应用大赛"。通过赛前的培训和学习，我逐渐掌握了手机 APP 的开发技术，也初步构建了自己的技术小组。那个时候我开始有意识地参加各种活动和业界的会议，一方面是为了认识企业界人士，了解业内发展的趋势和亮点；另一方面也是为了寻找合适的合作伙伴，发展壮大团队。不仅是开发团队，还有运营和投资者伙伴。2013 年10 月，在参加"车库咖啡 IT 橘子沙龙"活动时，我认识了一位企业家，我们合作开发了一款叫"求友"的婚恋 APP 应用，而且进行了商业运行。通过这款应用的开发和运行，我们团队初步有了自己的移动应用商业化思路。当时，我感觉到团队发展状况良好，团队积极性非常高，经过讨论，团队成员非常赞同合伙创业，愿齐心协力为梦想一搏，我们十个小伙伴和两位从事互联网行业多年的学长一起在 2013 年底注册成立了公司。那个时候我们的主营业务是移动互联网领域最热的"微信 + 微站 + APP"一体化外包业务，除了"求友"，还设计研发了"大牛家政""身边校园"等产品，外包项目赚了大概有 4 到 5 万元。创业初期，经验的积累是最重要的，我们通过外包项目的合作，逐渐拥有了开发商业项目的能力，同时也学习到了成熟企业丰富的营销和运营的经验。在参与微信公众平台的运营工作中，我们深刻地体会到移动互联网将冲击几乎所有传统行业，移动互联网随时随地的特性使它能贯穿人的整个生活，长期持续深刻地改变我们的社会。2014 年 1 月，还在家乡青岛享受寒假生活的我，收到了来自"腾讯"的邀请函，特地回到北京参加"腾讯移动开放战略大会"。在这次开放大会上，看到各行各业对移动互联网关注如此热切，行业内新模式百花齐放，让我进一步认识到移动互联网的潜力不可估量，我们也加快了脚步。2014 年 5 月，在"全国大学生移动应用创新大赛"中，我们非常荣幸地被选为五佳团队，中国教育电视台也对我们的"家教地图"产品有兴趣，愿意通过媒体平台为我们宣传推广，我们开始大力度推广"家教地图"。	机会使用能力 技术实现能力 问题意识 质疑精神 抵抗挫折 战略决策能力 改革意愿 团队建构能力

问题	回答	能力特征提取
	但也就在那个时候，我也发现当前互联网发展是有问题的。目前的移动互联网市场饱和度高，企业竞争非常大。移动互联网项目理论上市场很大，但是实际上大公司都有稳定的市场份额，大量的小公司冒出来，没有资本做大规模和持久的线下推广，存活不容易。我对这样的业界生态是有疑问的，未来发展的方向在哪儿，我也在寻找。 我的企业团队内部管理和工作机制也有问题。最早的时候我的团队有13个人，我个人持有股份40%，有10个股东，均分剩余的股份。可是随着时间推移，一部分人的创业激情消退了，准备考研或者去大企业工作。还有的人，因为跟不上技术的革新，对未来的发展产生了畏难情绪。加上当时股权分配可能不太合理，做多做少，分配利润时得到的差不多，干得多的人就不高兴。 面对这些问题，我也反思了很久，还是得静下心来逐个解决。一方面，企业内部开始调整，原有的13人团队现在老成员就剩6人了，这让我感觉改革势在必行，我们开始进行股权重组和绩效考核制度。部门划分为3个，分别是技术研发、产品运营和宣传推广。我决定将宣传放到最重要的位置，并开始吸纳新人，规范化管理。 另一方面，在发展方向上，对互联网发展趋势的判断是至关重要的。出于对新事物的敏感，我一直都对行业创新高度关注并收集整理，靠这些来想象未来互联网的模样。今年6月份，偶然的一次巧合，刚巧有一位做游戏开发的朋友跟我聊起虚拟现实（VR）技术。让我想起2014年5月的时候，我参加"Unity亚洲开发者大会"，本来是去了解Unity跨平台游戏开发引擎目前的发展状况，却无意中接触到了Oculus公司的虚拟现实眼镜，当时感觉非常震撼，但离生活太遥远，所以没有高度关注。听朋友说，6月26日的"Google I/O大会"上，谷歌的Cardboard虚拟现实纸盒将大家的积极性瞬间点燃了，人人都可以体验虚拟现实，人人都可以开发虚拟现实，人人都可以将自己的虚拟现实应用和谷歌的虚拟地球融合！	科技敏感度 创造性思考 机会评估能力 事业成就感 开拓事业 技术转化能力 积极竞争 敢于承担责任

问题	回答	能 力 特 征 提取
	听到这些信息之后，当晚我将当前的虚拟现实技术收集起来并认认真真地分析了一遍，觉得下一代互联网真的很有可能就叫"虚拟现实互联网"。"虚拟现实互联网"，以智能眼镜作为硬件载体，因为智能眼镜全息视觉效果震撼、便携性非常高；以谷歌地球等虚拟现实系统作为软件载体，因为智能地球将整个地球高精细模拟成真正的 3D 环境；以 Unity 作为开发工具，因为 Unity 是全球最受欢迎的跨平台 3D 开发工具。这样的组合会开发出非常多的让人震撼的新产品，带上智能眼镜，尽情地在虚拟现实世界游览、交友、购物。一想到这些场景，我们就充满了激情！ 　　在团队讨论了当前的行业形势后，我们开始将研发重点从传统的 APP 开发转移到 Unity 跨平台 3D 开发上。我们探索研发了一款叫"十万八千剑"的 3D 手机游戏，带有虚拟现实模式，并专门对此进行优化。这项技术革新让我们一举获得了 2014 年学校计算机应用大赛总决赛的一等奖。现在我们的思路非常清晰，前期要做虚拟现实设备提高品牌知名度并积累资金，当前智能头盔和眼镜等一体化设备的设计制作和销售利润是非常高的。同时，一定要不断进行软件技术研发，软硬一体化，不断优化虚拟现实应用的体验，不断增加虚拟现实系统的功能，力求将"世界"的感觉淋漓尽致展现。但新兴行业的最大问题在于，可资借鉴的经验为零，很多事情要靠自己的探索，可能会犯错。路，总是要靠自己去走。	
（3）回想起来，创业对于你意味着什么？	总结我到目前为止的创业历程，我觉得创业时激情很重要，但要能够保持下去才行。第二重要的是方向要对，要选对行业。对行业发展趋势的判断我是有自信的，但光有好的方向还不行，成功离不开执行力。在我看来，执行力跟管理有直接联系。做好人资管理，让团队发展得越来越好；做好工作管理，让团队战斗力不断提高。除此之外，宣传工作也是加速发展必不可少的前提条件，要懂得如何去拓展市场，如何同别人沟通和良好的表达。	团队运行能力 人际沟通能力

依据北京受访者提供的文件总结其创业项目大事记如下：

2011 年，在技术学习中实验制作第一个产品，开始出现创业想法。

2013 年初，组建团队正式开始技术研发，没有明确发展方向。

2013 年 10 月，开展技术产品研发并开始商业化运作。

2013 年 12 月，注册成立公司。

2014 年 5 月，"全国大学生移动应用创新大赛"五佳团队。

2014 年 6 月，开始公司业务转型与改组。

通过对访谈内容及受访者提供的材料分析，可以看出受访者所表现出来的能力特征有 24 项，可以重现全部指标的 82.7%，在本书中是可以接受的。该受访者在创业科技能力方面同样表现较多，这一维度多项指标的特征可以进行提取，唯其项目的特征使然，实验和工程操作方面的特征指标不明显。黄同学受访时多次谈到技术，认为对行业和技术的深刻理解和准确判断，是企业发展的基础。观察其创业团队的发展历程，不到 3 年的创业实践，他的企业发生了非常明显的转型，这是伴随对技术和市场的认识变化而变化的，在一定程度上，既印证了创业科技能力在评价体系当中的重要性，又反映了受访者对创业科技能力的复杂性和掌握难度认识不足。访谈中他谨慎地突出了创业精神要素的重要性，认为这是自己创业的起点，但也提出光有精神要素而没有持续性的坚持，创业也会遇到挫折。黄同学基于胜任要素的个人的职业素养、人文素养等要素不明显，在创业实践中也面临技术转型、团队重建、市场竞争的问题，虽然提出了改进措施，在目前却没有看到明显的成效。这样的能力结构可能会限制其未来的发展。通过对其特征的整体描述，可以看出该案例符合评价指标体系的内涵，并且可以验证对科技类专业大学生的创业能力进行实证评价的结论。

第三节　创业能力问题影响因素及归因分析

通过以上基于模糊综合评价方法得出的科技类专业大学生创业能力评价结果，用案例分析法得出的验证性结论，可以梳理当前我国的科技类专业大学生在创业能力方面出现的问题及其影响因素，并做归因分析。

一　科技类专业大学生创业能力存在的问题

(一) 创业科技能力相对薄弱

大多数学生承认创业科技能力是其创业能力当中较弱的一项。而在创业能力评价指标构建的过程中，专家（包括成功创业者）赋予科技能力的权重是最高的，可见当前科技类专业大学生在创业科技能力方面距离成功创业所要求的还有差距。从学生问卷填写情况来看大多数创业科技能力的自我评价呈偏向右侧的钟形曲线分布，表明在剔除答题者心理自我保护及自我期许的干扰因素下，学生在极端负面评价和极端正面评价较少，对创新要求和实操要求较高的技术能力趋向普通评价的态势更加明显。（图 10 – 1、10 – 2、10 – 3）

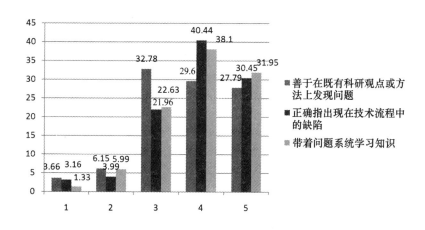

图 10 – 1　问题意识能力表现对比[①]

以北京某参加问卷调查的科技型企业为例，其创业团队负责人系北京某综合大学信息学院信息与计算机科学专业在校大四学生，项目为"基于微信平台的企业推广"。据其介绍："刚开始只想做微信的深度开发。之后发现只做这个的话竞争太强烈，对我们没有什么优势，所以后来还做

---

① 数值单位：百分比。表明问卷受访者在某个问题当中所有选项的分布。其中，横轴"1—5"的值，1 为最负面评价，5 为最正面评价，下图若无特别说明均同。

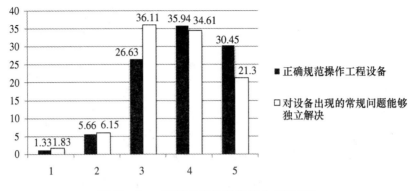

图10-2　工程设备操作维护能力表现对比

了买服务送路由器安装和日常维护维修等增值活动，这种方式前期投入小，后期需要自己制作，因此需要我们的网络人员必须懂得制作和维护网站，懂得路由器出了问题如何去解决。但是这需要专业培训，我们掌握得不是很精通。而且随着时代的发展，科技的更新速度也会很快。所以一旦出现新的科学技术或产品，我们肯定是要聘请专门的技术人员来培训我们自己。我想不光是我，我们的成员刚进公司必须要接受一定的技术培训，我们能给员工培训的只是最基本的知识，肯定是不够用的"。

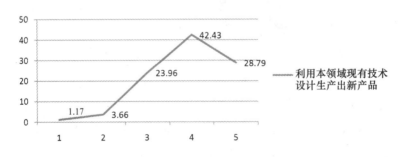

图10-3　技术实现能力表现曲线

宁波镇海大学生科技孵化园某技术型外贸公司负责人，2013年毕业于宁波某高校自动化专业。在接受前期访谈时也提到了受制于技术实现能力水平的困惑："我的业务主要是给北美地区供应大型成套农业机械的配件。由于我有工科学习的基础，这几年又一直在学习外贸英语，所以能看懂国外订购方发来的设计图纸。经过一年多的研究，我发现北美地区需要的农业机械其实我们完全可以自己设计和生产。要是实现成套生产，出口出去的利润比现在只提供配件的利润大得多。可惜，我找遍了以前学自动化和机械的同学，他们不少人现在都开了自己的公司和工厂，大多数只是做点国内配件的订单，没有想过做成套，也不具备那个技术，成熟的大企业谈起来也很费劲，我的利润被压得很低。现在没有办法，找了我之前的同学正在做生产试验，等试产成功了再想出口成套的事情。可是这样一来，我们的研发成本又高了一大截，而且国外经济形势波动太大，他们的订单能否坚持到我们研发成功还不好说"。类似问题在沿海制造业城市并非孤例。

（二）创业精神个别方面有待加强

创业精神在科技类专业大学生当中表现较好，其评价选择的曲线呈明显偏右分布。但是个别指标也呈现出较弱评价，比较明显的是开拓事业和问题预判能力，表明科技类专业大学生在创业实操阶段的积极心理、抵御挫折的能力有待加强。这一点从北京和重庆两例访谈结果也得到证实。科技类专业大学生对于个人的职业素养、人文素养等要素体现也不甚明显。（图 10 – 4、10 – 5）

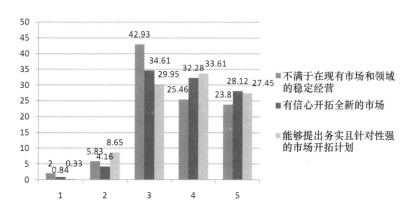

图 10 – 4　开拓事业能力表现比较

二　影响科技类专业大学生创业能力的公共管理障碍

科技类专业大学生创业能力培养是一项实践性很强的系统工程。任何

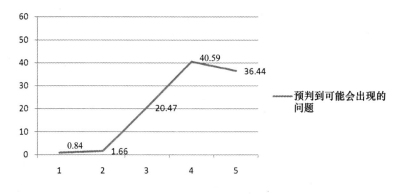

图 10 - 5　问题预判选项表现曲线

责任主体的缺位均可能导致技术型人才创新创业能力发展遇到阻碍。根据上文科技类专业大学生在创业能力方面遇到的问题主要出现在实操性不足的分析结论，表明高校、产业界、国家战略执行层面均在不同程度上在科技类专业大学生创业能力培养上存在针对性不够以及协作性不强的问题。

（一）高校创业教育的相对薄弱

高校作为大学生创业能力培养的主要主体，肩负唤醒创业意识、开展创业教育、提供创业实训能力培养的责任。目前多数院校创业教育处于发展的初级阶段，课程设计和内容较浅，师资队伍培养较难，激励和诱导要素没有完全体现，难以提供有效的创业实训机会，整体上还没有形成鼓励创业的氛围，不能完全满足科技类专业大学生创业实操能力提升的需要。

以北京某综合性大学为例，其负责大学生创业教育的教师在接受访谈时对该校创业教育现状表述如下："我们学校是市属地方院校，理工科专业相对齐全，在校生人数3万人左右。目前我们学校创业教育的课程是依托学校就业指导部门开设的，最早只是就业指导必修课程中的一个章节，后来有承担学生工作的辅导员老师陆续开起了创业基础选修课程，但人数不是很多。课时比较少，因为老师们都要承担其他工作，创业教育开课只是兼职。而且，大多数老师也没有能力开展一对一的指导，毕竟自己都没有创过业，或者也没有企业工作的经历。遇到创业比赛自己指导不了参赛学生，就请校外的行业专家来给审阅一下，并不固定。本校有理工科专业的老师，但是开设创业相关课程的积极性不高。一是平时的科研任务比较重，还有就是不知道如何进行专业化的讲授，对于生产经营也不熟悉。我们光靠课堂讲授很难让学生体会到创业真实的环境，曾经想过利用学校的科技园开展创业实训，但是学校科技园主要是引入校外比较成熟的技术型企业入驻，听说门槛不低，学生做的初创项目在没有得到 A 轮融资前很难进入。况且我们之前各部门也没有关于大学生创业的合作机制，甚至有老师一直也对大学创业教育持质疑态度，不鼓励学生创业，总认为认真完成作业和毕业设计，考上研究生或者找一份国企的工作才是理工科学生的出路。就这样，我们现在的创业教育课程，教学内容比较浅，指导性不够强，所以学生参与课程的热情也都不高。甚至有的学生只是为了拿到学分才勉强来听课。"

通过以上表述可以看出，当前高校创业教育在师资培养、课程设计、实习实训等方面均有所欠缺，难以唤醒学生的创业热情，也难以将这种热情催化成创业能力运用于创业实践之上。从师资人员方面而言，按照当前高校现有的工作条件，高校中专门从事大学生创业能力培养的专职人员不多，大部分教师都处于兼职状态。从数量上的人员分配考虑，以有限的某个部门的专职人员实现覆盖全校的个性化创业培养比较困难。从培养对象的特征分析，科技类专业大学生具有不同学历层次、不同专业、不同年级等多方面的区别，复杂多样的群体属性也增加了个性化指导的难度。从师资培养的内外环境观察，由于高校和社会缺少有效的对接和沟通机制，教师队伍亲自参与创业实战的经历较少，大多数人对创业的理解仅仅停留在理论阶段，照本宣科式的大学生创业能力培养课程不能从根本上满足大学生创业的现实需求，不能适应复杂多变的创业环境。

大学生创业能力培养是全面过程，务必通过融入专业教育和紧密联系科技类专业大学生的技术背景及成长路线才能取得实效。构建全方位的大学生创业教育课的难度系数较高，一方面，将创业能力培养活动融入专业化的学科教育时，要求教师在熟悉学科教学内容的前提下准确把握学科内在创新与创业要素，通过专业教学引导学生掌握相关的创业知识；另一方面，将创业能力培养活动融入人才培养全过程，要求教师既要紧密结合大学生的技术发展成熟度，从年级或者培养层次特征上纵向设计创业能力培养计划，又要根据学生个人成长需求及项目发展需求从横向上打通学科壁垒和专业樊篱，与其他专业教师合作设计创业能力培养活动。因此创业教育的改革涉及现有教育体制中教育思想、教育内容、教育方法、师资构建和整个人才培养方案的全面调整。

(二) 创业能力培养产业协同性不足

没有产业与企业的参与合作，科技类专业大学生创业能力的提升就失去了最有效的平台。创业行为的基本载体是基于项目研发、论证、运作的市场化操作，其最终的形态仍旧是企业型社会组织。目前学校与企业之间在创业教育方面已经开展了合作探索，但协同性仍有提升空间。

科技型企业对大学生创业者的技术平台支持较少。企业作为国家科技研究三大主体之一承担重要的技术性研究与成果转化任务。对于地方及中央直属国有大型科技类企业而言，发掘当地高校青年技术潜力，培育创新创业项目既是本身后备发展需要，也是国有企业社会责任的担当。然而，目前普遍意义上的长效合作没有搭建，仅出现临时性合作现象，例如为创业大赛冠名的企业负责人作为校外专家召开创业讲座等。这样的合作易流于形式，甚至对创业能力培养造成隐患。企业即使在创业大赛中发现有潜力的学生创业成果或创意也由于缺乏长期合作而随着时间的流逝而搁置。邀请企业家到学校担任创业导师是值得提倡的做法，但囿于个体经验和个性差异，企业家的授课内容和教学效果缺乏有效监管与考评，每个创业讲座或报告自成体系，授课内容缺乏科学性、系统性甚至针对同一话题出现截然矛盾的观点与结论，这对大学生而言只是徒增困扰。没有项目的长效支撑，没有企业专家成体系科学化的跟踪指导，科技类专业大学生创业能力无从得到实质提升。

投资型企业受近几年国际宏观经济形势波动影响，投资证券或期货市场风险加大，开始逐步关注高校科技类专业大学生的原创项目，希望从多元化和大量的初期投资当中获得收益，由此积极参加各级各类创新创业比赛充当评委和项目猎头。这种行为有助于学生技术转化能力提升，激发创业热情和促进创业项目融资孵化。但倚重投资机构也有弊端，投资机构参与创业项目本质上是短期逐利，不乏机构在包装大学生创业项目后转手出让，不再后续支持，甚至有机构恶意收购企业后吸收其技术复制多家"僵尸公司"谋取不当利益。对本不具有成熟创业管理能力的科技类专业大学生造成极大伤害。学校和这样的机构合作不仅背离了校企协同的初衷，也是对创业事业的损害。

（三）国家战略执行层面比较滞后

仅依靠高校教育和个别企业参与，科技类专业大学生整体创业能力难以得到快速提升。国家人才战略在技术人才创新创业能力培养上具有统揽全局、整体推进的重要作用，具体政策是对战略目标的分解细化，是其执行阶段的主要载体。目前对于科技类专业大学生创业能力培养影响较大的专项政策分别是始自2010年的"卓越工程师教育培养计划"和"大学生创业引领计划"，两个计划分别从"高端创新技术人才培养""创业引领就业"两个国家战略要点影响科技类专业大学生创业能力培养。运行5年来两个计划都较好地完成了目标，也留下了执行层面的不足与遗憾。

"卓越工程师教育培养计划"（以下简称"卓越计划"）是《国家中长期教育改革和发展规划纲要（2010—2012年）》提出的高等教育重大改革计划，目前有194所高校参与"卓越计划"，占目前全国开设工科专业的普通本科院校总数的19.1%。在所有"卓越计划"参与高校中，"985工程"大学27所、"211工程"大学38所、普通本科院校110所、新建本科院校19所。参与高校包括了原来隶属于工业行业部委且具有较强行业背景的全部高校，覆盖了全国除新疆、西藏两地的大部分省市。参与高校在教育部指导和部署下，在相关政府机构支持下，开展了大量的工程人才能力培养改革和工程教育教学改革工作，并初步取得了卓有成效的成绩。

但在具体执行中，"卓越计划"在创新创业能力培养方面仍有不足。林健指出，"仅有少数行业组织在'卓越计划'通用标准的基础上制定出本行业专业领域人才培养标准，这使得相关专业学校培养标准制定缺乏行业标准作为依据。个别参与高校的学校培养标准过于抽象简单甚至是通用标准的简化。在师资队伍建设的问题上，参与高校虽然出台了政策将丰富工程实践经历、提高工程能力作为对工科教师的要求，但在操作层面上又担心科研论文发表和理论研究成果会受到影响，进而影响学科建设步伐和地方大学学术水平提高。有高校提出在工科教师的聘任和考核上教育部需要出台具体的办法，否则工程教育改革工作难以落到实处。"[1] 在这样的氛围中很难调动起工科教师提升工程能力的兴趣，遑论将之传递给学生。

---

[1]　林健：《高校"卓越工程师教育培养计划"实施进展评析（2010—2012）（上）》，《高等工程教育研究》2013年第4期，第1—12页。

李健评论说:"在国际化的进程中高校在执行中容易忽略工程人才培养特色,一些地方高校为了能够与欧美名校和国际知名教授合作可能会放弃工程科技能力提升的初衷,趋同于境外合作高校人才培养,反而淡化卓越计划的改革重点。"①

以上这些可以体现出当前政策设计制定环节中出现的问题,即重视数量规模和社会影响,但在具体执行中对项目精细化管理、绩效考核监督、长效投资与管理机构的设置却相对较弱。

同样的问题在"大学生创业引领计划"当中也有所体现。为更好地贯彻落实党中央、国务院"促进以创业带动就业"的战略部署,2010年5月4日人力资源与社会保障部启动实施"大学生创业引领计划"(简称"计划")。提出"2012年实现引领45万名大学生创业"的任务目标,要求各地加强大学生创业培训、政策扶持以及创业孵化体系建设等方面的政策引导,为大学生从事创业营造良好政策环境。政策实行以来产生了良好的效果:一是放宽市场准入条件,10个省市对大学生创办个体工商户实行"零成本"注册或个体经营试营业制度;二是给予创业补贴,5个省为创业大学生发放一次性创业补贴2000—4000元,6个省市对高校毕业自主创业给予社会保险补贴和岗位补贴,上海市对无法进入各类园区的大学生创业者给予一定额度的经营场地房租补贴,安徽明确创业见习大学生享受就业见习资金补贴,并规定吸纳高校毕业生创业的创业见习基地享受与就业见习基地同等扶持政策;三是加大资金扶持力度,16个省市设立大学生创业专项资金或创业引导资金,用于开展大学生创业指导、创业培训和创业资助等工作,9个省将自主创业大学毕业生的贷款额度提高到8万至10万元,各地放宽了对贷款最高额度的限制。② 然而数字之外大学生创业的实际效果却无法查清。以创业人数为例,2010年计划当中要求实现引领45万大学生创业,在2014年开始的第二期建设当中规定到2017年实现80万大学生创业。

---

① 林健:《高校"卓越工程师教育培养计划"实施进展评析(2010 - 2012)(下)》,《高等工程教育研究》2013年第5期,第13—24页。

② 编辑部:《架创业桥,拓就业路——大学生创业引领计划显成效》,《中国人才》2011年第7期,第35页。

但根据路军援引 2014 年的人力资源与社会保障部调查数据，我国大学生初次创业成功率仅为 2.4%。① 按照这样的比率，即使是 2017 年按照计划完成甚至是超额完成二期人数目标，其实际的效果如何仍有待讨论。此外，在"引领计划"当中对计划实施过程中的具体管理机构、经费来源与管理等仅做了原则性规定，对于计划实施当中的绩效评估与监督在 2010 年一期当中甚至没有做专门规定，2014 年二期建设通知中虽加强了对绩效监督的表述，但也属于原则性规定。

第四节　科技类专业大学生创业能力优化的对策建议

科技类专业大学生创业能力的培养本身是一个复杂系统，它涉及高校、企业（产业）、国家等多个层面、多个维度的相互联系、相互作用。根据上文实证研究的研究结论，本章有针对性地提出了以提升科技类专业大学生创业科技能力为核心，统筹发展创业精神与创业管理能力，构建创业能力培养的优化路径，包括"高校""产业""国家"三个层面，与"激励""保障""评估"三个维度。

一　从教学到实践，完善高校创业教育体系

高校激励大学生参与创业教育的途径包括教学诱导、营造创业氛围和设置奖助学金等物质和精神方法。由于创业教育具有较高的实际操作要求，针对目前创业课程和实训方面的薄弱环节，高校要从高质量的课程、创业专家型师资、创业实训平台等方面给予保障。学校要做好创业教育评估工作，对已经开展创业实践的科技类专业大学生团队进行跟踪回访，及时发现教学上和实训上的不足，以此反馈教学管理和提升教学。

（一）课程改革开展创业教学诱导

这是针对当前创业教育理论重于实践问题的具体措施。教学诱导需要教师接受和采用新的教学方法。在创业教学活动中，针对科技类专业大学生教师可以运用任务驱动和典型示范的教学方法诱导学生自发产生创业想

---

① 路军：《实施大学生创业引领计划关键在于提高创业成功率》，《思想理论教育》2014 年第 10 期，第 81—84 页。

法，激发创业热情，培养创业能力。在任务驱动环节，教师以科技类创业活动的技术要点和难点设置具体任务，要求学生分组完成任务，并按照小组完成任务的过程及结果给予点评和打分，这就诱发了学生的竞争热情和团队合作意识，在完成任务过程中使学生获得专业知识和经验。在典型示范环节，教师引介技术型创业者或者企业中的研发负责人进入学校，对实践性和操作性较强的教学内容进行传授。这些企业家都是真实创业的成功典范，与企业家的互动交流可以在感性上诱发学生的创业热情，有效地激发学生的模仿意识，巩固学生对创业的兴趣，增强创业教育黏合度。

为增强教学诱导的效果可以考虑在组织结构上有所调整，成立专门的创业中心或者创业学院，并与目前大学普遍存在的技术创新中心、产品开发中心、就业咨询机构等开展合作，发挥这些组织机构的创业教育与辅导功能。比如由创业中心负责提供创业课程研发资源，通过与科技转化部门的合作强化其与工程科技相关产业及学术之间的联系，发布创新创业横向攻关课题。还可以与校内就业咨询机构合作，从行业与职业发展前景上为学生开展创业咨询和提供实践平台，以增强学生的创业信心。

（二）学科融合营造创新创业氛围

针对高校创业教育教师、学科、专业培养等方面缺乏联系的现实问题，高校自身应营造一个开放、宽容、有利于发挥学生兴趣爱好或施展才华的校内联合创业氛围。国内外一大批成熟创业孵化地区如硅谷、中关村等地的经验证实，积极且专注的创业氛围在培养创业精神、激励大学生创业方面起着举足轻重的作用。在组织上，积极鼓励学生组建各类科技创业社团，例如 GEEK（极客）俱乐部、创新者沙龙、科学与商业交流会、虚拟创业工作坊等。刘林青等认为，成立科学与商业互相交流的组织可以让科技类专业大学生接触商业知识和技能，这些知识和技能的获得是在与商科同学交往的宽松氛围内获得，没有课堂教学压力，更易为学生接受。在活动上，可以利用课余时间将对科技创业感兴趣的学生聚集起来，举办各种分享会、展示会、午餐会等体验活动。这些组织开展的创业活动或项目，有助于推动科技类专业大学生创业者团队构建与运行能力的形成。[1]

---

[1] 刘林青、夏清华、周潞：《创业型大学的创业生态系统初探——以麻省理工学院为例》，《高等教育研究》2009 年第 3 期，第 23—30 页。

在教育管理上，则可以参照国外一些高校的成功经验进行改革，在学制和学籍的管理方面可更加灵活，解放有志于创业的学生。教育部 2014 年 12 月 10 日下发的《关于做好 2015 年全国普通高等学校毕业生就业创业工作的通知》规定，各高校要面向全体大学生开发开设创新创业教育专门课程，并纳入学分管理；高校要建立弹性学制，允许在校学生休学创业。高校可以依据自身条件，在教育部文件基础上结合办学所在地经济社会条件做进一步探索。

（三）物质激励：设置创业奖助学金

设置专门的创业奖励帮扶经费可以极大地调动学生参与创业教育积极性。学校设置的创业奖助学金可以采取校企合作的方式，引入当地高科技企业资金作为创业学生的帮扶资金。该笔经费可以设置约定的激励条件，例如鼓励或者优先支持学生开展技术类创业活动，资金不占学生创办企业的股份，不参与分红，学生在经营一定时期后视经营绩效返还部分或者全部经费。奖助学金的激励作用是呈扩大趋势的：成功获得创业资金的学生成就感被激发，其开展基于技术的创业活动也会激励后继者的模仿行动；引入当地科技型企业提供经费支持既可以提高地方校企结合的水平，也可以激发受资助学生的技术认同感和地区归属感。创业奖助学金激励作用的大小需要客观而科学的评估，学校要根据实际情况进行调整，随时关注可能会出现的激励边际效益递减问题。

（四）院系合作共建创业开课体系

多类型、融合化的课程体系是科技类专业大学生创业能力培养的核心。这是因为融合化的课程体系可以打通理工科、经管科、人文艺术学科的专业壁垒，通过多样化教育有效提升创业者的创业科技能力和创业管理能力。

在设置创业能力培养课程时应该充分考虑借鉴国际先进经验。我们以美国为例再次检视斯坦福大学：20 世纪 60 年代末斯坦福大学商学院首先开设创业教育课程，进入 90 年代斯坦福大学工学院开始实施创业教育，并取得突出成绩。鉴于技术型创业者属于复合型高级人才的特点，斯坦福大学工学院非常重视创业教育的跨学科性。为此，学院积极推进与该校商学院的合作，寻求资源共享和优势互补。在充分开发创业科技能力培养系列课程的同时，于课程设置上坚持创业教育与通识教育、人文教育与科学教育相结合，达到创业精神与创业管理能力的同时跟进。斯坦福技术创业项目组（STVP）是斯坦福大学工学院管理科学与工程系（MS&E）组建的，该项目组宗旨之一是推动高新技术创业研究。斯坦福大学工学院依托STVP开展创业教育教学、研究与国内外合作，其开发的针对工学院学生的技术创业项目是理工院校创业教育实践活动的成功范例之一，在世界范围内被广泛接受与模仿。

赵金华研究认为伯克利大学努力建立与附近大企业公司的联系使学校、学生、企业三方受益。"旧金山—帕洛阿尔托科学工业综合体"是美国西海岸最大的地区性科学工业综合体，其主要技术和人才依托就是伯克利大学。伯克利大学工学院创业教育的特点在于高科技创业教育。为此，伯克利大学工学院与商学院合作，选择科技含量高的项目进入该校所有的全球企业实验室进行孵化。[①]

目前，我国大陆地区高校的创业教育多由经管院系、就业指导部门、团委等开出，与技术型院系的联系较薄弱，不利于科技类专业大学生整体创业能力的培养。建议在校级层面成立专门的创业教育管理机构，统合学校文、理、工、管等多学科资源，为理工科学生的创业提供有效课程以提升其吸收整合资源能力，提供专业咨询指导以提升其创业决策能力，提供中介帮助以提升其技术转化和消化能力。

（五）专兼并举培养创业师资队伍

目前创业教育的师资培养分成两个阶段，初级阶段是以 KAB（Know about business）师资培养为典型，强调教师对创业的通识化认知，除了较为简单的培训内容还要强化教师的教学基本能力。高级阶段的培养模式则强调教师对创业全过程的把握和了解，并对某一个模块例如股权融资、绩效管理、技术估值和转化等有深入研究和实践的能力。具备上述专业能力的专职教师是当前非常稀缺且培养需要较长周期，因此可以考虑在理工学科和经管学科的教师当中组建师资培养合作组，打造一支由理论型教师和实践型教师、理工背景教师和经管背景教师构成的创业型师资队伍，并把普及创新创业意识纳入全校师资培养规划中。具体过程中可以在理工科学

---

① 参见赵金华《基于科技创新的我国理工院校创业教育》，博士学位论文，南京大学，2014年。

院内加强对创业教育师资的引进力度和培养力度，邀请技术型和商科专家来学院讲学授课，并组织教师观摩，开展产学研合作，选送教师到科技型企业参与生产运作、组织管理、市场营销等。

（六）虚实结合推进创业实训实验

创业活动高度的实操性导致进行成本偏高，因此有必要在实际创业之前进行必要的实训实验以降低试错成本，较快提升学生创业能力。创业实训实验室实质上可以理解为创业思维和商业模式的塑造基地。在虚拟创业环境中锻炼学生的团队合作能力和组织能力，以创业实践为载体，以任务实训为手段，以学生为中心。通过案例学习、创业团队虚拟训练模式，帮助学生根据自身特点挖掘创业创意，为将来真正创业做好一份可行的商业计划书。同时依托线上的创业虚拟实训系统开展对抗加合作的虚拟经营，帮助学生修正创业项目，提升创业成熟度。

（七）过程管理构建创业教育评估

高校应该构建学生创业教育的效果评估机制。学校应该对所培养的理工科人才进行跟踪调查，搜集其对学校大学生创业能力培养目标、创业能力培养实施措施的评价及要求，借此对大学生创业教育机制进行再造与完善。

教育绩效考评理论上可以分为两大类。一是作业绩效（task performance），即确定创业教育的可视量化效果指标，包括学生创业知识掌握度、创业能力成长情况，可以用培养前后综合考评方法取得的成绩之差作为该指标取值依据。该体系还包括学生创业成功率，指在一定时期内创业成功学生与创业学生总数之比，可以考虑以年创业成功率作为该指标的度量。[1] 二是关系绩效（contextual performance），建立个体创业能力发展档案，科技类专业大学生创业能力评估可根据毕业校友对学校培养计划的反馈，以及建立学生个人的创业能力发展档案来施行。[2] 在创业教育评估上要考虑评价时间节点，即分为事前、事后、事中三个节点。比如对接受创

---

[1]　作业绩效具体参见舒福灵、赖艳、景玲、李幼平《高校创业教育评价体系探究》，《教育探索》2012 年第 1 期。

[2]　关系绩效可具体参见马玉海、张月《高校创业教育的评价体系及其构建》，《创新与创业教育》2012 年第 2 期。

业教育的大学生进行创业能力评测，要考察大学生在接受创业教育前后，其个体创业精神、创业技术能力、创业管理能力、创业实践活动产生的差异以此来考核创业教育所产生的作用。

二 以共建促发展，构建产学创业合作机制

当前，高校与产业界针对科技类专业大学生创业能力提升的协同合作还处于初级阶段。校企之间合作核心应该是在不违背各自行业底线前提下谋求共赢。对于产业界而言，其激励是双方面的，既可以解决自身寻找潜力项目和投资机会的问题，又可以通过实在的技术比赛和资本对接激励学生参与创业，从而全面提升学生的创业能力。对于高校而言，学生创业能力实操的强化保障是首要的，做法包括搭建产学合作的办事机构，邀请企业导师加入创业教学，在企业建立校外创业实训基地等。双方要形成良好的全方位评估机制，对学校在学生创业能力提升方面的做法和效果进行互动式评估与研判。

（一）引介企业资源合作创业竞赛

学校应该积极与企业合作，共同为科技类专业大学生举办综合或专项创业竞赛。台湾地区科技类高校普遍重视科技类专业大学生以自主知识产权成果参加创业竞赛。与大陆地区创业竞赛的政府主导模式不同，台湾地区的创业竞赛主要是由财团法人或社会机构主办，有利于科技知识成果向产业部门的快捷转化。企业通过举办竞赛可以为学生的创业能力提升搭建有效平台。例如举办机械创新设计大赛、计算机知识与技能技术竞赛、数学建模竞赛、电商设计竞赛、企业管理模拟挑战赛等赛事。这些赛事可激励富有创新精神的理工科学生投入到竞争式展示之中，方便企业寻找有市场价值的技术创意并进入后续转化阶段。

根据国内外高校的经验，企业可将自身在技术研发、运营和管理过程中遇到的现实问题反馈给参赛小组，借助参赛小组的科技能力和创新能力寻找解决问题的途径。通过这种形式，高校可以利用知识、技术和人才的集中优势引导学生挖掘和发展创业能力，尽可能选择科技含量较高的创业项目。

在参赛期间，学校要为参赛小组提供专业的创业管理和商业运营的教育及培训，配备相关专业教师与入选的参赛团队成员讨论项目所开发的产

品的技术重点和难点，配备经管类教师对产品或者服务的商用价值，以及知识产权保护、开发潜在市场、同类产品分析、备选的市场和应用等问题提供意见和建议。与来自企业、工程技术领域、管理领域的专业人士一起合作式地讨论，可以极大地提升学生科技工程能力、商业能力、创业管理能力。

（二）资本对接拓展创业融资渠道

企业与高校的资本对接制度，是实现协同培养创业型科技类专业大学生的重要方式。企业向高校资本对接可以分成两种范式。一种是间接对接，企业出资提供高校科技创业事业发展经费，包括企业向高校捐赠奖学金、资助实验室建设、提供创业大赛所需的经费以及捐赠仪器设备等。这在很大程度上拓宽了高校创业教育资源的获取渠道，改善了高校在培养学生创业能力方面的财务环境和硬件条件。高校可以借鉴国内外经验，加强校友服务和人文关怀，不断吸引校友企业家及有关科技型企业对高校技术人才的创业教育捐款捐物，建立一套完善的经费资助制度。另一种是直接对接，可以在学校设置直接投资基金，对萌芽中的创新创意进行扶持，对相对成熟的技术成果进行投资。按照法律约定企业可以获得未来的部分所有权和收益权，同时做好知识产权保护、合同签署等法律风险处置工作。

（三）产学合作搭建创业合作平台

为了培养学生的创业能力，校企双方可以开展更深入的合作。在组织机构上可以成立产学合作战略平台，这一产学合作组织解决的是特定区域、特定行业，在整体发展过程中与高校科技创业人才的合作培养问题，重在解决原则的确立、战略的制定、宏观目标的决定等问题。在目标实施和分解过程中可以进一步设立具体的合作组织管理机构，比如成立校企合作办公室。在校企合作办公室的指导和支持下，遴选行业内具有代表性且参与意识强烈的科技型企业人员参加专业教学指导委员会，根据企业和产业需要修改教学大纲、调整课程内容、开展创业项目、邀请企业人员担任兼职讲师、教授[1]，借此明确科技类专业大学生的创业能力培养目标与规

---

[1] 校企合作的模式参见夏亚莉《校企合作委员会——高等工程教育校企合作的新尝试》，硕士学位论文，华东师范大学，2008年。

格，提高人才培养质量和其对社会需求的适应性。

（四）深挖人力资本改革导师制度

采用双导师制度，以兼职方式聘用科技企业相关人员来填补高校创业导师空缺，成为众多高校的现实选择，这是高校与产业界在学生创业能力培养上联合的一种重要方式。企业家既是创业学生重要的人脉资源也是产学之间形成联系的纽带。高校可邀请一些科技型企业的校友或其他有影响力的企业家担任客座教授或者创业导师，为学生提供丰富创业能力培养的资源。除邀请产业界人士到学校为学生开讲座或者直接负责创业课程讲授外，还可以邀请企业家到学校参与专业教学过程，使企业家站在学校角度感受高校教师与产业界专业人员在授课内容、方式上的差异，使企业家更快地调整自己的授课方式及教学内容，更好地符合大学生知识技能的接受水平。

（五）团队创业建立校外见习机制

科技类专业大学生走出校门、走进企业，建立理工科相关专业学生创业见习制度，在创业管理能力培养上具有重要作用。现有的企业实习或见习制度基于个体就业而开设，对创业团队针对性不强，缺乏整体性，因此有必要建立新型的创业见习制度。其原则是学生创业团队以整体的形式加入特定企业当中进行团体见习，团队中的个体按照团队分工进入见习企业的针对性岗位进行实训和实习，团队负责人跟随企业主要负责人进行管理实习，负责团队的日常管理和学习。见习期满后由企业出具见习意见，退出企业或者由企业出资入股成立新企业。

上述创业见习模式在学生创业能力培养方面意义是重大的：第一，在校企双方合作共赢的基础上，企业可以定期为高校学生提供实习场所与机会；第二，见习期间，企业导师的指导让学生了解本专业的基本生产工艺与发展前景及发展方向，学生对所学专业有更进一步的感性认识并为后续的专业学习打下良好基础；第三，能够深入了解相关企业的初创期、发展期、成熟期等过程，在见习过程中逐步提升自己的创业管理能力；第四，多样化的创业见习模式可以拓展学生的眼界，比如让学生参加国有大企业的见习，能系统了解大型国有企业的管理制度与工作岗位等，而参加跨国企业的见习，则可以认识跨国企业的技术与先进的管理理念，培养国际视野，同样有助于创业管理能力提升。①

（六）任用独立机构开展合作评估

产业界的专业人士可以参与对学生创业能力的评价。例如学校创业教育效果评估时可以邀请科技企业人士参与其中，作为外聘专家独立行使评估权，增强创业能力培养效果评估的权威性和客观性，甚或委托独立第三方企业或社会组织开展外部评审。在开展创业见习活动的企业内部，企业与学校相关部门可以成立创业见习工作组，定期对见习团队的表现进行评价，指出问题改正缺陷，与学校合作提供完整的报告供双方参考。与学校开展产学技术转化合作的双方还可以对学生创业团队的技术研发、吸收、转化、应用的效果进行评价，为项目的实施落地提供条件。

三　从战略到政策，实现科技人才培养目标

战略制定和实施需要政策执行作为载体。国家对科技类专业大学生创业能力的激励应以政策激励和财政激励为核心，同时做好创业能力提升的制度保障工作，完善现有针对大学生能力提升的专项计划，考虑实施专门针对科技类专业大学生的专项计划，做好各项制度的绩效评估与监督工作，保证战略执行效果。

（一）部门协力整合创业激励政策

国家层面对科技类专业大学生创业能力的激励核心的内容，即制定和完善各项激励政策，如科技创新创业政策、激励中小企业发展的创业政策、鼓励大学变革和创新的教育政策和新的科技行业福利政策等。

各类政策相互协调配合，形成有利科技类专业大学生创业能力发展的政策环境。例如科技部门可以出台相应的激励政策以支持理工科类大学生开展与相关的科技创业活动，鼓励各地科技园、创业园或创业孵化器为学生创业提供服务支持和帮助。工商税务部门可以出台优惠的税收政策、便利的执照许可申办流程。共青团组织和教育部门可以出台鼓励大学生创业的教育专项扶持计划。国家层面可以出台政策协调政府机构、非政府组织、公司企业的力量，为创业提供咨询、指导和服务，促使整个社会形成

---

① 见习制度可参考李伯聪等《以创新创业型人才培养为核心打造专业新特色》，《高等工程教育研究》2011 年第 5 期。

有利于创业的大环境，释放科技类专业大学生的创业热情，激发青年草根创业阶层创业潜能。国家应该鼓励以受到年轻人青睐和关注的移动端媒体为代表的各种媒体，对创业典型和成功创业事迹进行大量宣传报道，提升科技创业者形象地位，塑造积极向上的创业精神，让创业从极少数人的偏好成为科技类专业大学生职业选择之一，积极营造宽容创业失败的社会氛围。

（二）细化管理加大创业财政投入

加大对科技类专业大学生在参加科技创业活动方面的财政投入，可以从转化属性、保证增量、拓展渠道、加强管理等方面有所突破。

首先，各级政府应成立大学生科技创业专项资金，把大学生科技创业的资金投入当作常规性财政预算项目纳入年度预算，只有这样才有可能使针对大学生的科技创业的资金支出成为常态化，让科技类专业大学生通过创业实践来提升创业能力。

其次，要提高经费预算占政府财政支出的比例，扩大覆盖面，保证一定年度增幅。目前，我国政府提供的大学生科技创业相关经费的绝对数额及规模偏小，且主要聚焦于高技术性企业和相对成熟的创业型企业，难以覆盖一般科技类专业大学生创业者。

再次，政府要吸引社会上的闲置资金或投资精度欠佳的资金投入到科技类专业大学生科技创业，实现资金来源多样化。在当前全球经济态势疲软、经济增速放缓的大背景下民间闲置资本增多，应考虑通过市场方式吸引更多社会资本进入大学生科技创业投资领域。现阶段考虑到政府所提供的创业投入总量的提升需要一定的周期，可以在保持的同时引入捐赠基金、银行和保险基金及个人资金，拓展大学生科技创业资金的来源。

最后，要强化科技创业财政投入的管理机制，随着经费总量的增加及来源渠道的扩展，财政投入管理愈加复杂，需要完善创业资金的管理机制，协调企业、政府和创业者三方利益。科技创业经费投入的管理机构应该成为地区性独立机构，申恒运总结美国高校风险投资成功经验，提出："如果把科技类专业大学生的创业管理当作一项事业，希望能够有运行的正常轨道，资金的管理机构是不可缺少的。这些创业专项资金管理机构应保持与大学技术部门（如知识产权办公室、科技园、理工科各学院）的密切联系，积极参加高校的创业计划大赛和技术发明发布会，及时了解大学师生科研项目的进展和问题，在高校园区、科技园或高新技术企业孵化器内设立咨询机构和中介服务人员。"①

　　可以以"卓越计划"的投资情况为例进行说明。虽然国家在"卓越计划"的实施上没有专项经费，但"卓越计划"参与高校通过各种渠道自筹经费，在教学改革方面投入经费 40234.46 万元，在教学条件建设上投入经费 151458.84 万元，在学生实习经费上投入 29534.07 万元，共计 221227.37 万元。从"卓越计划"启动到 2012 年年底，全国签约实施"卓越计划"的高校与企业通过各种渠道分别筹措了 22.12 亿元和 4.16 亿元用于计划实施。

表 10-14　　企业参与高校合作投入"卓越计划"的相关经费　　（单位：万元）

学校类型	2010 年	2011 年	2012 年	合计
"985"高校	2211.36	3694.82	6389.24	12295.42
"211"高校	455.30	5216.26	7069.00	12740.56
普通本科院校	938.73	4354.39	9246.86	14539.98
新建本科院校	289.60	750.59	1030.42	2070.61
合计	3894.99	14016.05	23735.52	41646.56

　　资料来源：数据结合林健（2013）调查结果②经作者整理得出。

　　虽然目前"卓越计划"得到了教育部在学科建设和工程实践教育上的政策倾斜，但从长远发展的角度看，其实施仍然存在较大的经费缺口，主要体现在校企联合培养、国际化合作教育、工科教师队伍建设以及工程实践教育资源投入上。因此需要"卓越计划"参与高校的上级政府在财政中依照学生均数逐年投入专项建设经费，确保计划的深入开展和有效实施。据林健调查结果显示，少数参与计划的地方高校的试点专业，在获得国家级专业综合改革试点项目和国家级工程实践教育中心的名额后，尚未从所在省份的省级财政中获得与中央部门高校等额的专项经

---

　　①　申恒运、陈福生：《美国研究生科技创业能力培养机制及其启示》，《学位与研究生教育》2011 年第 4 期，第 78—81 页。

　　②　其他数据参见林健《高校"卓越工程师教育培养计划"实施进展评析（2010—2012）（下）》，《高等工程教育研究》2013 年第 5 期。

费拨款。[①] 建议政府及时制定出专项经费的使用和管理办法，一方面明确经费的使用范围和具体要求，使这些经费能够在计划实施过程中发挥最大效益；另一方面又满足经费管理和日后审计的要求。政府要继续开展校企共建工程，实现教学的经费分担合作，拓展技术人才能力培养的经费来源。

（三）顶层设计构筑创业管理机构

有学者在研究欧美国家青年创业能力培养政策保障的实践案例后得出结论，认为国家层面所设立的"科学创业中心"或是"全国大学生创业委员会"等组织机构对于科技类专业大学生创业能力的培养发挥着举足轻重的作用。[②] 根据中国国情，可以依托相关部委在国家层面设立大学生科技创业委员会，专门服务于全国开展科技型创业的大学生。大学生科技创业委员会成员可包括政府领导（如分管文教的政府负责人、教育或科技部门负责人）、各级团组织相关人员、科技型企业创业者或高层、大学生科技创业者代表，整合政府、社会、企业、个人等资源，创建科技型创业的技术、信息、展示的网络系统，引导和鼓励大学生以科技创业带动经济社会良性发展。

（四）基于特色出台专项培养计划

针对科技类专业大学生创业科技能力的重要性和培养难度，有必要出台针对性较强的专项培养计划。我国近年来针对高等教育和创新创业事业出台实施了一系列培养计划。1999 年颁布实施的《面向 21 世纪教育振兴行动计划》提出"加强对教师和学生的创业教育，鼓励他们自主创办高新技术企业"。十年后颁布的另一份纲领性文件《国家中长期人才发展规划纲要（2010—2020 年）》对科技创新人才的培养提出新的要求，具体实施了"旨在培养造就一大批创新能力强、适应经济社会发展需要的高质量各类型工程技术人才"的"卓越工程师教育培养计划"，以及 2010 年首次提出 2014 年继续执行第二期的"大学生创业引领计划"。

借助全球视野也可以看到，欧美国家纷纷出台一些针对科技型创业人

---

① 林健：《高校"卓越工程师教育培养计划"实施进展评析（2010—2012）（上）》，《高等工程教育研究》2013 年第 4 期，第 1—12 页。

② 具体参见高树昱《工程科技人才的创业能力培养机制研究》，博士学位论文，浙江大学，2013 年。

才的培养政策。比如芬兰的《创业教育行动计划》、美国的《2020年的工程师——新世纪工程学发展的远景》、德国的《全球工程教育卓越计划》和《借教育抢占先机——德国能力计划》。这些专项计划的核心目标是培养年轻科技人才的创业能力和创业精神，使其将来能成为真正的科技创业者或者具有创业型思维的人，从而能对技术进步和经济社会的可持续发展做出贡献。政府可以充分参考和借鉴上述国内外科技人才培养计划或项目，从国家层面进一步完善目前的"大学生创业引领计划"，在充分评估调研的基础上制订、实施针对性更强的科技类专业大学生创业能力培养专项计划。

（五）立足战略实施政策执行评估

战略管理决定长期绩效，因此只有从战略高度在国家顶层设计层面上制定与实施相应的培养战略，在战略的实施层——各项专门政策和专项计划上持续性地开展效果评估，才能有效实现科技类专业大学生创业能力培养预定目标。近年来国家从不同角度制定出台了一系列战略性纲要文件，如《国家中长期科学和技术发展规划纲要》《国家中长期人才发展规划纲要》和《国家中长期教育改革和发展规划纲要》等，体现出"科技兴国，人才强国"的重要战略思想。在战略规划方面，可在结合本国国情的基础上借鉴欧美国家科技创业人才培养战略框架，进一步明确科技类专业大学生创业型人才培养的战略目标、战略重点、战略措施及战略方案，并将战略分解落实到针对性更强的专项计划当中，依托前文所述的创业管理机构开展战略评估和专项计划绩效评估工作，定期反馈给战略制定及决策机构，适时调整方略进行过程管理，最终实现人才培养战略目标。

本章小结

基于对大学生创业能力的内涵确定，结合文献分析、专家评议等理论分析方法，构建出一个针对性较强的科技专业大学生创业能力评价指标体系。通过对北京、大连、宁波、温州4地97家科技创业型企业及4所理工科专长高校师生的问卷访谈对指标体系进行验证。该体系的构建，为技术性创业人才培养改革提供了数据支持和范式参考。

运用模糊综合法开展创业能力实证评价。结果发现，总体而言，理工科大学生创业能力处于良好的水平，其中创业管理能力最高，略高于创业精神，而创业科技能力相对较低。可见，创业科技能力和创业精神方面是其创业能力结构中的重心，但也是相对的短板，仍有较大的提升空间。同时，对北京、重庆两地采集的案例验证了实证评价结果。

当前高校创业教育在师资培养、课程设计、实习实训等方面均有所欠缺，难以唤醒学生的创业热情，也难以将这种热情催化成创业能力运用于创业实践上。高校与企业之间，以科技型企业和投资型企业为代表，在创业教育方面已经开展了合作探索，但协同性仍有提升空间。国家战略执行层面比较滞后，现有针对理工科大学生创业能力提升的专项计划没有完全发挥其应有的作用。

理工科大学生创业能力的优化路径是复合式、层次化的结构。从执行主体层面上可以划分为高校、产业、国家三个主体，体现出对理工科大学生创业能力由内而外，再到宏观环境的培养格局。其中高校承担的任务较为细致，产业界起到合作、利用、转化的桥梁作用，国家层面的任务最为宏观。但无论主体如何变动，其在理工科大学生创业能力培养方面均体现出激励、保障、评估的功能维度，对创业教育、产业合作、政策效果的评价结果又将反馈给激励和保障层面，以利其调整、改进和发展。三个层面和三个维度构成创业能力优化路径网络，共同在理工科大学生创业者培养方面起到作用。

参考文献

论文

[1] 编辑部：《架创业桥，拓就业路——大学生创业引领计划显成效》，《中国人才》2011 年第 7 期。

[2] 蔡立辉：《论公共管理的特征与方法》，《武汉大学学报》（社会科学版）2002 年第 7 期。

[3] 蔡立辉、吴旭红、包国宪：《政府绩效管理理论及其实践研究》，《学术研究》2013 年第 5 期。

[4] 陈龙、朱永华、刘海波：《大学生创业支持体系评价》，《武汉工程大学学报》2010 年第 6 期。

[5] 陈亮：《我国政府绩效管理的现状分析及优化》，硕士学位论文，山东师范大学，2014 年。

[6] 陈振明：《公共管理范式的兴起与特征》，《中国人民大学学报》2001 年第 1 期。

[7] 陈庆云：《公共管理研究中的若干问题》，《中国人民大学学报》2001 年第 1 期。

[8] 陈小钢：《基于流程优化的政府绩效管理研究》，博士学位论文，暨南大学，2006 年。

[9] 陈建先、王春利：《政府责任的语义辨析》，《探索》2007 年第 4 期。

[10] 陈国权：《论责任政府及其实现过程中的监督作用》，《浙江大学学报》（哲学社会科学版）2001 年 2 期。

[11] 董保宝、葛宝山：《经典创业模型回顾与比较》，《外国经济与管理》2008 年第 3 期。

[12] 杜玉波：《努力开创高校创新创业教育和青年自主创业工作新局

面》，《创新与创业教育》2011 年第 5 期。

[13] 高婧、邹壁宇：《创业咖啡能否滚烫依旧》，《中国企业家》2016 年第 2 期。

[14] 高微：《大学生创业教育存在的问题与对策研究》，《全国商情·经济理论研究》2009 年第 10 期。

[15] 高培勇：《公共财政：概念界说与演变脉络——兼论中国财政改革 30 年的基本轨迹》，《经济研究》2008 年第 12 期。

[16] 高树昱：《工程科技人才的创业能力培养机制研究》，博士学位论文，浙江大学，2013 年。

[17] 韩晨光、曲绍卫、张伟：《大学创业教育三维塔式机制理论模型》，《实验技术与管理》2014 年第 8 期。

[18] 韩晨光、曲绍卫：《理工科大学生创业能力评价指标体系构建》，《实验技术与管理》2016 年第 7 期。

[19] 韩晨光：《验证性案例分析在大学生创业研究中的应用》，《职业》2015 年第 3 期。

[20] 古红梅、张伟、韩晨光：《地方大学创业教育机制体系构建的思考与实践》，《北京联合大学学报》（人文社会科学版）2014 年第 1 期。

[21] 胡鞍钢、马伟：《现代中国经济社会转型：从二元结构到四元结构年 1949—2009 期》，《清华大学学报》（哲学社会科学版）2012 年第 27 期。

[22] 胡希：《创业公共政策研究——基于激励创业者进入的视角》，博士学位论文，暨南大学，2008 年。

[23] 黄健荣：《论公共管理之本质特征、时代性及其它》，《公共管理学报》2005 年第 8 期。

[24] 黄炳沧：《创业行为、个人特质、人际网路及社会倾向之关联性研究》，博士学位论文，台湾大学，1993 年。

[25] 黄德林、宋维平、王珍：《新形势下农民创业能力来源的基本判断》，《农业经济问题》2007 年第 9 期。

[26] 贺小刚：《企业家能力评测：一个定性研究的方法与框架》，《中国社会科学院研究生院学报》2005 年第 11 期。

［27］洪亚卡：《大学生自主创业存在的问题及应对措施》，《淮南职业技术学院学报》2009 年第 9 期。

［28］霍宏：《校园文化活动与大学生创业能力培养初探》，《中国市场》2008 年第 6 期。

［29］焦桂芳：《对当前小微企业发展状况的研究和分析》，《中国商贸》2012 年第 10 期。

［30］贾旭东：《基于扎根理论的中国城市基层政府公共服务外包研究》，博士学位论文，兰州大学，2010 年。

［31］贾宝强：《公司创业视角下企业战略管理理论与实证研究》，博士学位论文，吉林大学，2007 年。

［32］句华：《美国地方政府公共服务合同外包的发展趋势及其启示》，《中国行政管理》2008 年第 7 期。

［33］金瑞莲：《大学生创业能力培养机制探析》，《吉林教育》（教科研版）2007 年第 9 期。

［34］林强、姜彦福、张健：《创业理论及其架构分析》，《经济研究》2001 年第 9 期。

［35］林强、姜彦福：《中国科技企业孵化器的发展及新趋势》，《科学学研究》2002 年第 4 期。

［36］林嵩：《创业资源的获取与整合——创业过程的一个解读视角》，《经济问题探索》2007 年第 6 期。

［37］林健：《高校"卓越工程师教育培养计划"实施进展评析（2010—2012)》，《高等工程教育研究》2013 年第 4 期。

［38］林健：《高校"卓越工程师教育培养计划"实施进展评析（2010—2012)》，《高等工程教育研究》2013 年第 5 期。

［39］李志永：《日本大学创业教育的发展与特点》，《比较教育研究》2009 年第 3 期。

［40］李志刚：《基于创业导向与创业能力的本科培养体系探讨》，《科技创业月刊》2006 年第 11 期。

［41］李宗海、梅婷：《将 SYB 引入高职创业教育的思考》，《职教论坛》2008 年第 4 期。

［42］李国杰、程学旗：《大数据研究：未来科技及经济社会发展的重大

战略领域——大数据的研究现状与科学思考》，《中国科学院院刊》2012 年第 6 期。

[43] 李希明、土丽艳、金科：《从信息孤岛的形成谈数字资源整合的作用》，《图书馆论坛》2003 年第 12 期。

[44] 李伯耿、陈丰秋、陈纪忠、吴嘉：《以创新创业型人才培养为核心打造专业新特色》，《高等工程教育研究》2011 年第 5 期。

[45] 刘军：《我国大学生创业政策研究》，博士学位论文，山东大学，2015 年。

[46] 刘力云：《政府审计与政府责任机制》，《审计与经济研究》2005 年 7 月。

[47] 刘晓洋：《思维与技术：大数据支持下的政府流程再造》，《新疆师范大学学报》（哲学社会科学版）2016 年第 3 期。

[48] 刘林青、夏清华、周潞：《创业型大学的创业生态系统初探——以麻省理工学院为例》，《高等教育研究》2009 年第 3 期。

[49] 廖蔚雯：《加拿大中小企业创业月及财务系统对我国的启示》，《事业财会》2007 年第 8 期。

[50] 路军：《实施大学生创业引领计划关键在于提高创业成功率》，《思想理论教育》2014 年第 10 期。

[51] 马玉海、张月：《高校创业教育的评价体系及其构建》，《创新与创业教育》2012 年第 2 期。

[52] 马鸿佳、董保宝、常冠群：《网络能力与创业能力——基于东北地区新创企业的实证研究》，《科学学研究》2010 年第 7 期。

[53] 茅铭晨：《政府管制理论研究综述》，《管理世界》2007 年第 2 期。

[54] 荣鹏飞、葛玉辉、李良容：《小微企业的人力资源管理问题及对策研究》，《中国人力资源开发》2012 年第 5 期。

[55] 芮国星、华瑛：《大学生创业大赛中创业团队创业能力综合评价模型研究》，《东北师大学报》（哲学社会科学版）2009 年第 11 期。

[56] 隋博文、董雄报：《创业能力评价体系与经管类研究生创业问题探析》，《科技情报开发与经济》2008 年第 10 期。

[57] 尚虎平：《行将勃兴的"治理绩效管理"潮流——基于第三次明诺布鲁克会议的预测》，《公共管理学报》2010 年第 1 期。

［58］施险峰：《新时期培养大学生创新创业能力的实践与探索》，《管理观察》2009 年第 4 期。

［59］舒福灵、赖艳、景玲、李幼平：《高校创业教育评价体系探究》，《教育探索》2012 年第 1 期。

［60］申恒运、陈福生：《美国研究生科技创业能力培养机制及其启示》，《学位与研究生教育》2011 年第 4 期。

［61］唐钧：《政府形象风险及其治理》，《中国行政管理》2010 年第 5 期。

［62］唐靖、姜彦福：《创业能力的概念发展及实证检验》，《经济管理》2008 年第 5 期。

［63］杨雪、李文生：《基于 BP 神经网络的大学生创业素质评价》，《华北水利水电学院学报》（社会科学版）2010 年第 2 期。

［64］杨桦、刘权：《政府公共服务外包：价值、风险及其法律规制》，《学术研究》2011 年第 4 期。

［65］杨光：《大数据时代的西方公共管理变革》，《计算机与网络》2014 年第 23 期。

［66］杨武斌：《创业环境是创业成功的外部条件》，《科技创业》2004 年第 8 期。

［67］俞可平：《治理和善治引论》，《马克思主义与现实》1999 年第 5 期。

［68］俞可平：《大力建设创新型政府》，《探索与争鸣》2013 年第 5 期。

［69］王雁、孔寒冰、王沛民：《世界一流大学的现代学术职能——英国剑桥大学案例》，《清华大学教育研究》2002 年第 1 期。

［70］王林雪、邓俊荣、彭璐：《大学生创业素质模型的构建及其评价》，《中国青年科技创新与创业》2007 年第 9 期。

［71］王晓成：《论公共危机中的政府公共关系》，《上海师范大学学报》（哲学社会科学版）2003 年第 6 期。

［72］王昌义：《中国火炬计划情况介绍》，《高科技与产业化》1995 年第 3 期。

［73］王宏峰：《非正式创业投资市场的发展及启示》，《经济理论与经济管理》2002 年第 4 期。

[74] 王国东等：《关于构建高等职业院校大学生创业能力评价体系的思考》，《辽宁农业职业技术学院学报》2006 年第 12 期。

[75] 汪丁丁：《制度创新的一般理论》，《经济研究》1992 年第 5 期。

[76] 邬贺铨：《大数据时代的机遇与挑战》，《求是》2013 年第 4 期。

[77] 吴友石、王振岩、李幸平：《鼓励自主创业，提高大学生就业能力的对策》，《河北北方学院学报》（社会科学版）2009 年第 6 期。

[78] 夏亚莉：《校企合作委员会——高等工程教育校企合作的新尝试》，硕士学位论文，华东师范大学，2008 年。

[79] 肖璐、范明：《家庭社会网络对青年创业动机的影响机制研究》，《中国科技论坛》2013 年第 2 期。

[80] 徐献红：《金融危机下的大学生创业能力培养》，《经济师》2009 年第 8 期。

[81] 徐增辉：《新公共管理研究：兼论其对我国行政改革的启示》，博士学位论文，吉林大学，2005 年。

[82] 臧旭恒、曲创：《从客观属性到宪政决策——论"公共物品"概念的发展与演变》，《山东大学学报》（人文社科版）2002 年第 2 期。

[83] 张涵、王忠：《国外政府开放数据的比较研究》，《情报杂志》2015 年第 8 期。

[84] 张帏、高建：《斯坦福大学创业教育体系和特点的研究》，《科学学与科学技术管理》2006 年第 9 期。

[85] 张巍：《绩效评估与政府责任机制创新研究》，博士学位论文，湘潭大学，2013 年。

[86] 张成福：《责任政府论》，《中国人民大学学报》（哲学社会科学版）2000 年第 2 期。

[87] 张凯竣、雷家骕：《基于成就目标理论的青年创业动机研究》，《科学学研究》2012 年第 8 期。

[88] 张晓晴：《中国创业投资公司治理机制研究》，博士学位论文，西北大学，2006 年。

[89] 张定淮、涂春光：《论责任政府及其重建机制》，《中国行政管理》2003 年 12 期。

[90] 张毅菁：《从信息公开到数据开放的全球实践：兼对上海建设政府

数据服务网的启示》,《情报杂志》2014 年第 10 期。

[91] 周天勇:《鼓励创业和就业是社会公平的基础》,《审计与理财》2006 年第 11 期。

[92] 周树志:《公共管理与行政管理、私人管理》,《学术研究》2007 年第 1 期。

[93] 周树志:《公共行政、公共政策、公共管理》,《中国行政管理》2001 年第 2 期。

[94] 竺乾威:《从新公共管理到整体性治理》,《中国行政管理》2008 年第 10 期。

[95] 郑方辉、毕紫薇:《第三方绩效评价与服务型政府建设》,《华南理工大学学报》(社会科学版)2009 年第 8 期。

[96] 郑方辉、段静:《省级政府绩效评价模式及比较》,《中国行政管理》2012 年第 3 期。

[97] 朱秀梅、蔡莉、陈巍、柳青:《新创企业与成熟企业的资源管理过程比较研究》,《技术经济》2008 年第 4 期。

[98] 朱燕空、郑炳章:《基于 AHP 的创业机会评价指标权重研究》,《石家庄学院学报》2008 年第 9 期。

[99] 朱晓丹:《大学生创业意识与能力培养体系构建的研究》,《北方经贸》2007 年第 11 期。

[100] 祝春梅、宋文军、李淑慧:《略论大学生创业创新能力的培养》,《佳木斯大学学报》(社会科学版)2006 年第 7 期。

[101] 赵金华:《基于科技创新的我国理工院校创业教育》,博士学位论文,南京大学,2014。

[102] [英] 鲍勃·杰索普:《治理的兴起及其失败的风险:以经济发展为例的论述》,漆蕪译,《国际社会科学杂志》(中文版)1999 年第 2 期。

[103] Allen D. N. and Rahman S. , "Small Business Incubators: A Positive Environment for Entrepreneurship", *Journal of Small Business Management*, 1985 (23) .

[104] Chandler and Hanks, "Market Attractiveness Resource-based Capabilities Venture Strategies and Venture Performance", *Journal of Business Venturing*, 1994 (4) .

[105] Chen C. C. and Greene P. G. , "Does Entrepreneurial Self-efficacy Distinguish Entrepreneurs from Managers?", *Journal of Business Venturing*, 1998 (13) .

[106] Christian B. , "Defining the Field of Research in Entrepreneurship", *Journal of Business Review*, 2000 (16) .

[107] De Noble A. , Jung D. and Ehrlich S. , "Initiating New Ventures: The Role of Entrepreneurial Self-efficacy", Paper presented at the Babson Research Conference, Boston, 1999.

[108] Eisenhardt K. M. , "Building Theories from Case Study Research", *Academy of Management Review*, 1989 (4) .

[109] Georgina Fogel, "An Analysis of Entrepreneurial Environment and Enterprise Development in Hungary", *Journal of Small Business Management*, 2001 (1) .

[110] Gnyawali D. R. and Fogel D. S. , "Environments for Entrepreneurship Development", *Entrepreneurship Theory and Practice*, 1994 (4) .

[111] Ireland R. , Hitt M. , Camp S. and Sexton D. , "Integrating Entrepreneurship and Strategic Management Actions to Create Firm Wealth", *Academy of Management Executive*, 2001 (15) .

[112] Klapper L. , Laevena L. , and Rajan R. , "Entry Regulation as a Barrier to Entrepreneurship", *Journal of Financial Economics*, 2006 (82) .

[113] Lumpkin G. T. and Dess U. , "Clarifying the Entrepreneurial Orientation Construct and Linking It to Performance", *Academy of Management Review*, 1996 (1) .

[114] Li W. , "Two Essays on Capital Constraints and Firm Dynamics: Policy Analysis and Business Cycle Properties", PhD Paper for University of Minnesota, 1997.

[115] Man T. W. Y. , Lau T. and Chan K. F. , "The Competitiveness of Small and Medium Enterprise: a Conceptualization with Focus on Entrepreneurial Competencies", *Journal of Business Venturing*, 2002 (17) .

[116] Maria J. , Carod A. and Blasco A. S. , "Determinants of Entry Are Not

Independent of Start-up Size：Some Evidence from Spanish Manufacturing", *Review of Industrial Organization*, 2005（27）.

[117] Markman G. D. , Baron R. A. , "Person-entrepreneurship Fit：Why Some People Are More Successful as Entrepreneurs than Others", *Human Resource Management Review*, 2003（2）.

[118] Patrick M. , Kreiser, Louis D. Marino and K. Mark Weaver. , "Reassessing the Environment-Eo Link：the Impact of Environmental Hostility on the Dimension of Entrepreneurial Orientation", *Academy of Management Proceedings*, 2002（G1—G6）.

[119] Shane S. and Venkataraman S. , "Entrepreneurship as a Field of Research：A Response to Zahra and Dess, Singh, and Erickson", *Academy of Management Review*, 2001（26）.

[120] Shane S. and Venkataraman S. , "The Promise of Entrepreneurship as a Field of Research", *Academy of Management Review*, 2000（25）.

[121] Singh R. A. , "Comment on Developing the Field of Entrepreneurship through the Study of Opportunity Recognition and Exploitation", *Academy of Management Review*, 2001（26）.

[122] Wood R. and Bandura A. , "Social Cognitive Theory of Organizational Management", *Academy of Management Review*, 1989（14）.

[123] Woodward W. , "A Social Network Theory of Entrepreneurship：an Empirical Study", University of North Carolina at Chapel Hill. 1988.

[124] Zahra S. and Dess G. , "Entrepreneurship as a Field of Research：Encouraging Dialogue and Debate", *Academy of Management Review*, 2001（26）.

专著及报告

[125] 高华平：《韩非子译注》，中华书局 2015 年版。

[126] 国家发展和改革委员会：《2015 年中国大众创业万众创新发展报告》，人民出版社 2016 年版。

[127] 国务院办公厅政府信息与政务公开办公室：《国务院大众创业万众创新政策选编》，人民出版社 2015 年版。

［128］黄群慧：《企业家激励约束与国有企业改革》，中国人民大学出版社 2000 年版。

［129］林尚立：《当代中国政治形态研究》，天津人民出版社 2001 年版。

［130］李零：《兵以诈立——我读〈孙子〉》，中华书局 2012 年版。

［131］李军鹏：《责任政府与政府问责制》，人民出版社 2009 年版。

［132］瞿同祖：《清代地方政府》，法律出版社 2003 年版。

［133］吴明隆：《SPSS 统计应用实务》，中国铁道出版社 2001 年版。

［134］徐继华等：《智慧政府——大数据治国时代的来临》，中信出版社 2014 年版。

［135］杨伯峻：《论语译注》，中华书局 2006 年版。

［136］杨伯峻：《春秋左传注》，中华书局 2011 年版。

［137］《马克思恩格斯全集》第 46 卷，人民出版社 1980 年版。

［138］在沪教育部直属高校毕业研究生就业工作协调组：《高校毕业生自主创业研究课题报告》2009 年。

［139］［英］洛克：《政府论》，叶启芳、瞿菊农译，商务印书馆 2008 年版。

［140］［英］狄更斯：《双城记》，石永礼、赵文娟译，人民文学出版社 2015 年版。

［141］［英］安东尼·吉登斯：《第三条道路及其批评》，孙相东译，中央党校出版社 2002 年版。

［142］［英］达霖·格里姆赛：《PPP 革命：公共服务中的政府和社会资本合作》，济邦咨询公司译，中国人民大学出版社 2016 年版。

［143］［德］爱因斯坦：《爱因斯坦文集》第 3 卷，许良英等编译，商务印书馆 1979 年版。

［144］［英］维克托·舍恩伯格：《大数据时代》，盛扬燕、周涛译，浙江人民出版社 2012 年版。

［145］［美］戴维·奥斯本、特德·盖布勒：《改革政府——企业精神如何改革着公营部门》，周敦仁译，上海译文出版社 1996 年版。

［146］［美］彼得·德鲁克：《创新与企业家精神》，蔡文燕译，机械工业出版社 2013 年版。

［147］［美］詹姆斯·罗西瑙：《没有政府的治理》，张胜军等译，江西

人民出版社 2001 年版。

［148］［美］格伦·布鲁姆等：《有效的公共关系》，明安香译，华夏出版社 2002 年版。

［149］［美］Jiawei Han、Micheline Kamber：《数据挖掘：概念与技术》，范明、孟小峰译，机械工业出版社 2001 年版。

［150］［美］奈特：《风险、不确定性和利润》，王宇、王文玉译，中国人民大学出版社 2005 年版。

［151］［美］熊彼特：《经济发展理论》，何畏、易家详译，商务印书馆 1990 年版。

［152］［美］熊彼特：《资本主义、社会主义与民主》，吴良健译，商务印书馆 1999 年版。

［153］［美］约翰·沃克、哈罗德·瓦特：《美国大政府的兴起》，刘进、毛喻原译，重庆出版社 2001 年版。

［154］［日］大前研一：《专业主义》，裴立杰译，中信出版社 2015 年版。

［155］［澳］欧文·休斯：《公共管理导论》，张成福等译，中国人民大学出版社 2015 年版。

［156］［澳］欧文·休斯：《公共管理导论》，彭和平等译，中国人民大学出版社 2001 年版。

［157］、Bozeman B. and Straussman D. J. , Public Management Strategies: Guideline for Managerial Effectiveness, San Francisco: Jossey-Bass Publishers, 1999.

［158］Casson M. , the Entrepreneur: an Economic Theory, Totowa NJ: Barnes and Noble Boos, 1982.

［159］Hood C. , the Art of the State: Culture. Rhetoric. And Public Management, Oxford: Claremont Press, 1998.

［160］Kayne Jay, State Entrepreneurship Policies and programs, Kansas City: Kauffman Foundation, 1999.

［161］Lundstrom A. and Stevenson L. , Entrepreneurship Policy: Theory and Practice, New York: Springer Science Business Media, Inc, 2005.

［162］Lawton Alan and Rose Aidan, Organization and Management in the Public Sector, London: Pitman, 1991.

[163] McGann J. and Sabatini R. , Global Think Tanks: Policy Networks and governance, Rutledge: Political Studies Review, 2011.

[164] Robert Behn, Rethinking Democratic Accountability, Washington, DC:? Brookings Institution Press, 2001.

[165] Romzek and Barbara S. , Where the Buck Stops: Accountability in Reformed Public Organizations in Patricia, SanFrancisco: Jossey-Buss, 1998.

[166] Stevenson, Roberts and Groesbeck, New Business Ventures and the Entrepreneur, New York: McGraw-Hill, 1994.

[167] Timmons and Andover, Brick-House-299 Entrepreneurial Mind, Mass:? House Publishing Company, 1989.

[168] Timmons and Spinelli, New Venture Creation: Entrepreneurship for the 21st Century, New York: McGraw-Hill/Irwin, 2003.

[169] Timmons, New Venture Creation, Singapore: McGraw-Hill, 1999.

文件及规定

[170] 国务院:《批转教育部面向 21 世纪教育振兴行动计划的通知》(国发〔1998〕4 号),1999 年 1 月 13 日。

[171] 中共中央国务院:《国家中长期人才发展规划纲要(2010—2020 年)》(中发〔2010〕6 号),2010 年 4 月 1 日。

[172] 中共中央国务院:《关于印发〈国家中长期教育改革和发展规划纲要(2010—2020 年)〉的通知》(中发〔2010〕12 号),2010 年 7 月 8 日。

[173] 国务院:《关于印发〈实施国家中长期科学和技术发展规划纲要(2006—2020 年)若干配套政策〉的通知》(国发〔2006〕6 号),2006 年 2 月 7 日。

[174] 中共中央中组部:《关于做好大学生"村官"有序流动工作的意见》(组通字〔2010〕32 号),2010 年 5 月 10 日。

[175] 国务院办公厅:《关于加强普通高等学校毕业生就业工作的通知》(国办发〔2009〕3 号),2009 年 1 月 19 日。

[176] 国务院办公厅:《转发科学技术部、财政部关于科技型中小企业技

术创新基金的暂行规定》（国办发［1999］47 号），1999 年 5 月
21 日。

[177] 教育部：《关于大力推进高等学校创新创业教育和大学生自主创业
工作的意见》（教办［2010］3 号），2010 年 6 月 1 日。

[178] 教育部：《关于实施卓越工程师教育培养计划的若干意见》（教高
［2011］1 号），2011 年 1 月 8 日。

[179] 教育部：《普通本科学校创业教育教学基本要求（试行）》（教高
厅［2012］4 号），2012 年 8 月 1 日。

[180] 教育部：《关于印发〈普通本科学校创业教育教学基本要求（试
行）〉的通知》（教高厅［2012］4 号）2012 年 8 月 11 日。

[181] 教育部：《关于做好 2015 年全国普通高等学校毕业生就业创业工
作的通知》（教学［2014］15 号），2014 年 11 月 28 日。

[182] 人社部：《关于实施大学生创业引领计划的通知》（人社部发
［2010］31 号），2010 年 5 月 4 日。

[183] 人社部：《关于实施大学生创业引领计划的通知》（人社部发
［2014］38 号），2014 年 5 月 22 日。

[184] 工信部：《关于印发〈中小企业划型标准规定〉的通知》（工信部
联企业［2011］30 号），2011 年 6 月 18 日。

[185] 财政部，国家税务总局：《关于支持和促进就业有关税收政策的通
知》（财税［2010］84 号），2010 年 12 月 22 日。

[186] 上海市人事局，上海市科委：《上海市浦江人才计划管理办法》
（试行）（沪人社外发［2015］50 号），2015 年 12 月 31 日。

[187] 国务院：《关于大力推进大众创业万众创新若干政策措施的意见》
（国发［2015］32 号），2015 年 6 月 16 日。

[188] 国务院办公厅：《转发科技部等部门关于促进科技成果转化若干规
定》（国办发［1999］29 号），1999 年 3 月 30 日。

[189] 国务院：《关于城镇非农业个体经济若干政策规定》，1981 年 7 月
7 日。

[190] 中共中央 国务院：《关于广开就业门路，搞活经济，解决城镇就
业问题的若干决定》（中发［1981］42 号），1981 年 10 月 17 日。

[191] 国家工商行政管理局：《城乡个体工商户管理暂行条例实施细则》

（工商个字［1987］第 231 号），1987 年 9 月 1 日。

[192] 中共中央：《关于科学技术体制改革的决定》（中发［1985］6
号），1985 年 3 月 13 日。

[193] 国务院：《关于进一步推进科技体制改革的若干规定》（国发
［1987］6 号），1987 年 1 月 20 日。

[194] 国务院：《关于批准国家高新技术产业开发区和有关政策规定的通
知》（国发［1991］12 号），1991 年 3 月 06 日。

[195] 中共中央国务院：《关于加速科学技术进步的决定》（中发［1995］
8 号），1995 年 5 月 06 日。

[196] 国家科委：《国家高新技术产业开发区管理暂行办法》（国科发火
字［1996］061 号），1996 年 11 月 04 日。

[197] 国务院：《关于"九五"间深化科学技术体制改革的决定》（国发
［1996］39 号），1996 年 9 月 15 日。

[198] 国家科委、国家体改委：《关于大力发展民营科技型企业若干问题
的决定》（国科发改字［93］348 号），1993 年 6 月 12 日。

[199] 国家科委：《关于对我国高新技术创业服务中心工作的原则意见》
（国科发火字［1994］304 号），1994 年 11 月 09 日。

[200] 国家经贸委：《关于鼓励和促进中小企业发展的若干政策意见》
（国办发［2000］59 号），2000 年 8 月 24 日。

[201] 国务院：《关于鼓励支持和引导个体私营等非公有制经济发展的若
干意见》（国发［2005］3 号），2005 年 8 月 12 日。

[202] 中共中央 国务院：《关于加强技术创新，发展高科技，实现产业
化的决定》（中发［1999］14 号），1999 年 8 月 20 日。

[203] 国务院办公厅：《转发科技部等部门关于建立风险投资机制若干意
见的通知》（国办发［1999］105 号），1999 年 12 月 30 日。

[204] 深圳市政府：《深圳市创业资本投资高新技术产业暂行规定》（深
圳市人民政府令第 96 号），2000 年 10 月 11 日。

[205] 北京市人大：《中关村科技园区条例》（北京市人民代表大会常务
委员会公告第 25 号），2000 年 12 月 8 日。

[206] 国家发改委：《创业投资企业管理暂行办法》（发展改革委第 39 号
令），2005 年 11 月 15 日。

［207］中共中央：《关于完善社会主义市场经济体制若干问题的决定》
（中国共产党第十六届中央委员会第三次全体会议通过），2003 年
10 月 14 日。

［208］国务院：《关于推进资本市场改革开放和稳定发展的若干意见》
（国发［2004］3 号），2004 年 1 月 31 日。

［209］科技部等：《关于促进科技成果转化的若干规定》（国税发
［1999］65 号），1999 年 3 月 30 日。

［210］科技部：《关于加快高新技术创业服务中心建设与发展的若干意
见》（国科发火字（2000）157 号），2000 年 4 月 12 日。

［211］科技部：《关于"十五"期间加大推进科技企业孵化器建设的意
见》（国科发高字正［2001］240 号），2001 年 7 月 15 日。

［212］科技部：《关于进一步提高科技企业孵化器运行质量的若干意见》
（国科发火字［2003］96 号）2003 年 4 月 07 日。

［213］科技部：《关于印发〈科技企业孵化器（高新技术创业服务中心）
认定和管理办法〉的通知》（国科发高字［2006］498 号），2006
年 12 月 07 日。

［214］中共中央：《关于全面深化改革若干重大问题的决定》（中国共产
党第十八届中央委员会第三次全体会议通过），2013 年 11 月
12 日。

［215］国务院办公厅：《关于政府向社会力量购买服务的指导意见》（国
办发［2013］96 号），2013 年 9 月 26 日。

［216］财政部：《关于推广运用政府和社会资本合作模式有关问题的通
知》（财金［2014］76 号），2014 年 9 月 23 日。

［217］财政部：《关于政府和社会资本合作示范项目实施有关问题的通
知》（财金［2014］112 号）2014 年 11 月 30 日。

［218］财政部：《政府和社会资本合作模式操作指南（试行）》（财金
［2014］113 号），2014 年 11 月 29 日。

［219］国家发改委，《关于开展政府和社会资本合作的指导意见》（发改
投资［2014］2724 号），2014 年 12 月 2 日。

［220］财政部、民政部、国家工商总局：《政府购买服务管理办法（暂
行）》（财综［2014］96 号），2014 年 12 月 15 日。

［221］宁波市政府：《宁波市政府服务外包暂行办法》（宁波市人民政府令第 169 号），2009 年 12 月 1 日。

［222］深圳福田区政府：《关于完善政府购买服务机制的实施意见》（福府办［2010］11 号），2010 年 3 月 25 日。

［223］安徽省政府办公厅：《关于印发〈"创业江淮"行动计划（2015—2017 年）〉的通知》（皖政办［2015］39 号），2015 年 7 月 3 日。

［224］国务院：《中华人民共和国政府信息公开条例》（国务院令第 492 号），2007 年 4 月 5 日。

［225］徐州市财政局：《徐州市政府购买第三方绩效评价服务暂行办法》（徐财规［2014］1 号），2014 年 9 月 23 日。

［226］中共中央办公厅、国务院办公厅：《关于加强中国特色新型智库建设的意见》（中办发［2014］65 号），2014 年 12 月 30 日。

［227］天津市教委：《关于构建高校众创空间促进大学生创新创业的实施意见》（津教委［2015］25 号），2015 年 5 月 22 日。

［228］重庆市教委：《关于建设高校众创空间促进师生创新创业的实施意见》（渝教科［2015］40 号），2015 年 8 月 26 日。

［229］北京市教委\北京市财政局：《北京高校大学生就业创业项目管理办法》（京教学［2015］4 号）2015 年 7 月 29 日。

［230］北京市教委：《关于印发北京地区高校示范性创业中心建设标准的通知》（京教学［2015］2 号），2015 年 5 月 5 日。

［231］北京市委办公厅、北京市政府办公厅：《北京市进一步完善财政科研项目和经费管理的若干政策措施》，2016 年 9 月 6 日。

新闻报道及网站信息

［232］中国创业培训网：《SYB 项目实施介绍》（http：//www. siyb. com. cn/htm/6154/104325. html）

［233］《（台湾大学）创意创业学程设置办法》（http：//www. ntu. edu. tw/chinese2009）

［234］朝阳科技大学：《创新育成中心管理考核办法》（http：//www. cyut. edu. tw/~incubatr/chhtml/1_1. php. ）

［235］网易科技：《2015 创业社群大会：中关村没有冬天》（http：//

tech. 163. com/15/1223/17/BBHMPBJQ00094PDU. html)

［236］北京商报网：《创业大街的咖啡凉了吗：企业生死存亡本是自然》
（http：//www. bbtnews. com. cn/2015/1231/135010. shtml）

［237］千龙网：《中关村创业大街孵化千个创业团队，有力回击"咖啡凉
了"》（http：//interview. qianlong. com/2016/0613/673956. shtml）

［238］凤凰财经：《李克强：办事创业要盖几十个公章，群众恼火损害政
府形象》（http：//finance. ifeng. com/news/special/2013lianghui/
20130317/7783182. shtml）

［239］Don Macke，Deb Markley：Entrepreneuiship Quick Test. （htttp：//
www. Eneigizingentrepreneurs. org/content/cr. php. ）

后　记

　　这本书主要围绕创业公共管理的 5 个话题，即"政策""责任""合作""技术"以及"绩效"展开铺陈。对于当前创业事业的公共管理，最直接的分析材料就是各级各类政府或部门出具的政策，这有利于我们对创业事业的国家意志进行历史性把握。政策所要解决的问题（或称需要协调的矛盾），主要是确定利益主体的权责，外部关系的处置，采用何种技术流程，以及最后需要何种结果考评。这一点见解，正是本书构思上的起点。

　　但由于学识有限，我们对创业公共管理的研究只能是挂一漏万。举例而言，创业公共管理政策执行效度、创业公共管理责任归属与合作的界限划分、创业公共管理智库的建立与管理、技术发展对创业公共管理的影响实证、创业质量与创业管理质量评价的区别等问题，都属于浅尝辄止，没有深入研究。老实说，全书撰写完毕后的遗憾，远远大于成书的满足感。只能寄希望于学界同仁给予批评指正，让我们可以吸取宝贵的意见开展后续研究。

　　本书在撰写过程中，获得中国青年政治学院副院长李家华教授，北京科技大学许放教授，北京联合大学党委副书记周志成教授、张伟处长、石美玉处长、何霄云副处长的大力支持，在此深表谢意。感谢北京大学政府管理学院王展博士，与他开展的讨论给予我极大的启发。感谢北京高校毕业生就业指导中心创业服务部高旭老师，他在政策分析和调研协调方面给予了很大的帮助。感谢调研省市及相关兄弟院校同人的支持，让实证分析可以顺利进行。也要感谢中国社会科学出版社编辑刘芳女士，她为本书的出版付出了极大的耐心。最后要感谢我的妻子郭婧女士，她在本书撰写过程中是最可靠的后盾，顽强地帮我抵御住了家里那个五岁大魔王的不断侵袭。

韩晨光于丰台富锦

2016 年 12 月 23 日